Das Gebot der einheitlichen Auslegung gemischter Abkommen

Europäische Hochschulschriften
Publications Universitaires Européennes
European University Studies

Reihe II
Rechtswissenschaft

Série II Series II
Droit
Law

Bd./Vol. 4383

PETER LANG
Frankfurt am Main · Berlin · Bern · Bruxelles · New York · Oxford · Wien

Tina Sell

Das Gebot der einheitlichen Auslegung gemischter Abkommen

Die Auslegungszuständigkeit des EuGH

PETER LANG
Europäischer Verlag der Wissenschaften

Bibliografische Information Der Deutschen Bibliothek
Die Deutsche Bibliothek verzeichnet diese Publikation in der Deutschen Nationalbibliografie; detaillierte bibliografische Daten sind im Internet über <http://dnb.ddb.de> abrufbar.

Zugl.: Regensburg, Univ., Diss., 2005

D 355
ISSN 0531-7312
ISBN 3-631-54081-7

www.peterlang.de

Meinen Eltern

Vorwort

Die vorliegende Arbeit wurde im Wintersemester 2004/2005 von der Juristischen Fakultät der Universität Regensburg als Dissertation angenommen. Rechtsprechung und Literatur befinden sich auf dem Stand von Oktober 2004.

Meinen herzlichsten Dank möchte ich an dieser Stelle meinem Doktorvater, Herrn Prof. Dr. Robert Uerpmann-Wittzack, aussprechen, der meine Arbeit durch kritische Anregungen und wertvolle Hinweise stets unterstützt hat.

Herrn Prof. Dr. Rainer Arnold danke ich für die zügige Erstellung des Zweitgutachtens.

Mein Dank gilt auch Frau Dr. Katja Ziegler vom Institute of European and Comparative Law, Universität Oxford, die mich in einer schwierigen Phase meiner Promotion mit fachlichem Rat ermutigt hat.

Dank gebührt ferner dem Max-Planck-Institut für ausländisches und internationales Privatrecht in Hamburg, deren Bibliothek ich unter anderem nutzen konnte.

Ich danke meinen Eltern für ihre immerwährende Unterstützung und Liebe sowie allen Freunden, die mich während der Erstellung dieser Arbeit begleitet haben. Mein ganz besonderer Dank gilt Heinz Weidt, ohne dessen liebevolle Hilfe, stetigen Rückhalt und unermessliche Geduld ich diese Arbeit nicht hätte vollenden können.

Hamburg, den 24.02.2006

Tina Sell

Inhaltsverzeichnis

Abkürzungsverzeichnis

a.A.	andere Ansicht
ABl.	Amtsblatt der EG
Abs.	Absatz
ADD.	Absracts of Declassified Document
AETR	Europäisches Übereinkommen über die Arbeit des im internationalen Straßenverkehr beschäftigten Fahrpersonals vom 1.September 1970
ArchVR	Archiv des Völkerrechts
Art.	Artikel
BayVBl.	Bayerische Verwaltungsblätter
BFH	Bundesfinanzhof
BFHE	Sammlungen der Entscheidungen des Bundesfinanzhofs
BGBl.	Bundesgesetzblatt
BGHZ	Entscheidungen des Bundesgerichtshofes in Zivilsachen
Bsp.	Beispiel
BVerfGE	Entscheidungen des Bundesverfassungsgerichts
bzw.	beziehungsweise
CMLRev.	Common Market Law Review
CONF	Dokument der Konferenz der Vertreter der Regierung der Mitgliedstaaten
ders.	derselbe
dies.	dieselbigen
d.h.	das heißt
Dt.	Deutschland
DVBl.	Deutsches Verwaltungsblatt
EAG	Europäische Atomgemeinschaft
EFG	Entscheidungen der Finanzgerichte
EG	Europäische Gemeinschaften, Europäische Gemeinschaft (nach dem EGV)
EGKS	Europäische Gemeinschaft für Kohle und Stahl
EGV	Vertrag zur Gründung der Europäischen Gemeinschaft
EJIL	European Journal of International Law
EMRK	Europäische Menschenrechtskonvention
EP	Europäisches Parlament
ER	Europäischer Rat
EU	Europäische Union, Vertrag über die Europäische Union
EuG	Europäischer Gerichtshof erster Instanz
EuGH	Gerichtshof der Europäischen Gemeinschaften

EuGVÜ	Europäisches Übereinkommen über die gerichtliche Zuständigkeit und die Vollstreckung gerichtlicher Entscheidungen in Zivil- und Handelssachen
EuR	Europarecht
EUV	Vertrag über die Europäische Union
EuZW	Europäische Zeitschrift für Wirtschaftsrecht
EWG	Europäische Wirtschaftsgemeinschaft
EWGV	Vertrag zur Gründung der Europäischen Wirtschaftsgemeinschaft
EZB	Europäische Zentralbank
f.	folgende Seite
ff.	folgende Seiten
FG	Finanzgericht
Fn.	Fußnote
Frk.	Frankreich
FS	Festschrift
GA	Generalanwalt
GASP	Gemeinsame Außen- und Sicherheitspolitik
GATS	General Agreement on Trade in Services (Allgemeines Abkommen über den Handel mit Dienstleistungen)
GATT	General Agreement on Tariffs and Trade (Allgemeines Zoll- und Handelsabkommen)
GRUR Int.	Gewerblicher Rechtsschutz und Urheberrecht International
GTE	von der Groeben/ Thiersing/ Ehlermann (s. Literaturverzeichnis)
h.M.	herrschende Meinung
Hrsg.	Herausgeber
IAEO	International Atomic Energy Organisation
ICLQ	International and Comparative Law Quarterly
IGH	Internationaler Gerichtshof
ILO	International Labor Organisation
i.S.	im Sinne
i.V.m.	in Verbindung mit
JIR	Jahrbuch für Internationales Recht
JuS	Juristische Schulung
JZ	Juristische Zeitung
lit.	litera
n.F.	neue Fassung
NJW	Neue Juristische Wochenschrift
Nr.	Nummer
PJZS	Polizeiliche und Justitielle Zusammenarbeit in Strafsachen
Rdn.	Randnummer
RIW	Recht der internationalen Wirtschaft
Rs.	Rechtssache

s.	siehe
S.	Satz; Seite
Slg.	Sammlung der Rechtsprechung des EuGH und des EuG
sog.	So genannnte(n/r/s)
SPS	Agreement on Sanitary and Phytosanitary Measures (Übereinkommen über gesundheitspolizeiliche und pflanzenschutzrechtliche Maßnahmen)
TRIPs	Agreement on Trade-related Aspects of Intellectuel Property Rights (Übereinkommen über handelsbezogene Aspekte der Rechte des geistigen Eigentums)
u.	und
u.a.	und andere
Uabs.	Unterabsatz
UNCED	United Nations Conference on Environment and Development (Konferenz der Vereinten Nationen über Umwelt und Entwicklung)
verb. Rs.	verbundene Rechtssachen
vgl.	vergleiche
VN	Vereinte Nationen
WTO	World Trade Organization (Welthandelsorganisation)
WVRK	Wiener Übereinkommen über das Recht der Verträge vom 23. Mai 1969
WVRK II	Wiener Konvention über das Recht der Verträge zwischen Staaten und internationalen Organisationen oder zwischen internationalen Organisationen vom 21. März 1986
ZaöRV	Zeitschrift für ausländisches und öffentliches Recht und Völkerrecht
Z.B.	zum Beispiel

Einleitung

A. Gegenstand der Untersuchung

Einen in der Völkerrechtspraxis der EU besonders häufig anzutreffenden Sonderfall bei multilateralen Verträgen stellen die gemischten Abkommen dar. Gemischte Abkommen sind für die internationalen Beziehungen der Europäischen Union (EU) von großer rechtlicher Bedeutung. Sie werden bei verschiedensten Gelegenheiten verwendet und dominieren inzwischen die Vertragspraxis der Gemeinschaften. Daher kann an der Existenz gemeinschaftsrechtlicher gemischter Abkommen auch nicht mehr gezweifelt werden[1]. Ihr Abschluss ist als praktisch notwendig anzusehen und birgt sowohl große Chancen als auch Gefahren.

Gemischte Abkommen der Europäischen Gemeinschaft (EG)[2] werden Gegenstand dieser Untersuchung sein. Die Besonderheit dieser Verträge ist, dass die Abschlusskompetenzen zwischen der EG und den Mitgliedstaaten geteilt sind, so dass beide den Vertrag abschließen müssen. Ihre rechtlichen Probleme lassen sich in eine völkerrechtliche und eine gemeinschaftsrechtliche Ebene aufteilen[3]. Die völkerrechtlichen Schwierigkeiten gemischter Abkommen betreffen Fragen wie: Können sowohl die Gemeinschaft als auch die Mitgliedstaaten die Erfüllung des gesamten Vertragsinhalts schulden?, oder: Kann die innergemeinschaftliche Kompetenzverteilung auf die völkerrechtliche Ebene durchschlagen? Auf gemeinschaftsrechtlicher Ebene ist z.B. umstritten, ob das gemischte Abkommen in seiner Gesamtheit innergemeinschaftliche Geltung erlangt[4].

Diese Abhandlung untersucht einen gemeinschaftsrechtlichen Aspekt gemischter Übereinkommen. Sie hat die Auslegungszuständigkeit des Europäischen Gerichtshofs (EuGH)[5] hinsichtlich gemischter Verträge zum Gegenstand. Dabei ist die Frage zu beantworten, ob ein Gebot der einheitlichen Auslegung zugunsten des Gerichtshofs besteht.

Die Eigenheit des gemeinschaftsrechtlichen gemischten Abkommens, nämlich die Kompetenzaufteilung zwischen der Gemeinschaft und ihren Mitgliedstaaten, stellt das Problem für die Auslegungskompetenz des EuGH dar. Es ist umstritten, ob der EuGH für die Auslegung sämtliche Bestimmungen gemischter Abkommen zuständig ist. Außer Frage steht, dass der Gerichtshof für die Vertragsvorschriften zuständig ist, die der Abschlusskompetenz der EG unterfallen. Problematisch hingegen ist, ob der Gerichtshof auch solche Vorschriften eines gemischten Vertrags auslegen darf, die den Kompetenzbereichen

---

1 *Hernfeld*, in: Schwarze, EU-Kommentar, Art. 310 Rdn. 6 EG; *Krück*, Völkerrechtliche Verträge im Recht der Europäischen Gemeinschaften, S. 102 ff.

2 Im Folgenden auch als „Gemeinschaft" bezeichnet.

3 *Streinz*, Europarecht, Rdn. 429 f.

4 *Streinz*, Europarecht, Rdn. 430.

5 Im Folgenden auch als „Gerichtshof" bezeichnet.

der Mitgliedstaaten angehören. Hierfür sind grundsätzlich die nationalen Gerichte zuständig. Daher ist zunächst auch angenommen worden, dass der EuGH nicht für die Auslegung solcher Bestimmungen zuständig sei, die eine Verpflichtung der Mitgliedstaaten darstellen[6]. Dieser Standpunkt könnte aber einem Wandel unterlegen sein. Im Laufe der Zeit scheint der EuGH immer häufiger die Notwendigkeit einer einheitlichen Auslegung für Bestimmungen gemischter Abkommen bejaht zu haben, womit die Annahme einer großzügigen Auslegungszuständigkeit des EuGH einhergeht. Insbesondere in jüngeren Entscheidungen zum Übereinkommen über handelsbezogene Aspekte der Rechte des geistigen Eigentums (TRIPs)[7] scheint der EuGH seine Zuständigkeit für die Auslegung einer Norm des gemischten Vertrags TRIPs, dessen Einordnung in den ausschließlichen gemeinschaftsrechtlichen Kompetenzbereich nicht möglich gewesen ist, anzunehmen, nur um dessen einheitliche Auslegung gewährleisten zu können[8]. Ob nun der Gerichtshof tatsächlich für die Auslegung aller Normen gemischter Abkommen zuständig ist, und damit ein Gebot der einheitlichen Auslegung bei gemischten Abkommen besteht, wird die eigentlich zu lösende Aufgabe dieser Untersuchung sein.

Das der Veranschaulichung dienende Hauptbeispiel dieser Arbeit wird das TRIPs sein. Dieses gemischte Übereinkommen eignet sich als Anschauungsbeispiel gerade deshalb gut, weil bei diesem die Kompetenzverteilung zwischen der EG und den Mitgliedstaaten als noch ungeklärt gilt und sich dadurch viele unterschiedliche Konstellationen für eine mögliche Begründung der Auslegungszuständigkeit des EuGH bilden lassen. Zudem hat sich der EuGH bereits mehrmals zum Teil recht ausführlich mit dem TRIPs beschäftigt[9]. Die Untersuchung dieser Entscheidungen wird daher einen wesentlichen Bestandteil dieser Abhandlung bilden.

B. Gang der Untersuchung

Die vorliegende Arbeit besteht aus drei Teilen.

In einem ersten Teil werden der Gerichtshof sowie dessen Zuständigkeiten vorgestellt. Hierbei werden zunächst die allgemeinen Aufgaben der europäi-

---

6 *Ehlermann*, Mixed Agreements: A List of Problems, in: O'Keeffe/Schermers, Mixed Agreements S. 3 (18); *Meessen*, Das Abkommen von Lomé als gemischter Vertrag, EuR 1980, 36 (48).

7 Das TRIPs ist Anhang 1C des Übereinkommens zur Errichtung der Welthandelsorganisation (WTO), das im Namen der Gemeinschaft hinsichtlich der in ihre Zuständigkeit fallenden Bereiche durch den Beschluss des Rates vom 22.12.1994, ABl. 1994, L 336, 1 genehmigt worden ist; Text in BGBl. II 1994, 1565 bzw. 1730.

8 EuGH, Rs. C-53/96 (Hermès), Slg. 1998, I-3603; etwas differenzierter EuGH, verb. Rs. C-300 und 392/98 (Dior und Assco), Slg. 2000, I-11307.

9 EuGH, Gutachten 1/94 (WTO), Slg. 1994, I-5267; EuGH, Rs. C-53/96 (Hermès), Slg. 1998, I-3603; EuGH, verb. Rs. C-300 und 392/98 (Dior und Assco), Slg. 2000, I-11307.

schen Judikative beschrieben. Sodann wird die Zuständigkeit des EuGH für völkerrechtliche Verträge im Allgemeinen dargestellt, wobei verschiedene gerichtliche Kontrollverfahren für reine Gemeinschaftsabkommen aufgezeigt werden. Zu prüfen wird dann sein, ob der Gerichtshof in demselben Umfang für gemischte Abkommen zuständig ist. Anhand der Vorstellung des *Hermès*-Urteils wird gezeigt, wie der EuGH seine Auslegungszuständigkeit für Normen gemischter Abkommen handhabt. In dieser Entscheidung betont der EuGH die Bedeutung einer einheitlichen Auslegung von Normen gemischter Abkommen.

Der zweite Teil dieser Arbeit wird die Rechtsprechung des EuGH jeweils vor und nach dem *Hermès*-Urteil behandeln. Bereits bevor die *Hermès*-Entscheidung ergangen ist, hatte der Gerichtshof die Notwendigkeit der einheitlichen Auslegung von völkerrechtlichen Abkommen häufiger betont. Es wird genauer betrachtet werden, wie der Gerichtshof mit völkerrechtlichen Verträgen, aber insbesondere mit gemischten Abkommen umgegangen ist. Es wird die Tendenz hin zu einer meist großzügigen Auslegungspraxis deutlich erkennbar werden. Allerdings scheint der Gerichtshof in einer nach dem *Hermès*-Urteil ergangenen Entscheidung seine bis dahin meist großzügig angenommene Auslegungszuständigkeit für Normen völkerrechtlicher Abkommen nun etwas differenzierter zu betrachten. Die *Dior*- und *Assco*-Rechtssache wird einer genauen Betrachtung unterzogen werden.

In dem dann folgenden dritten Abschnitt wird versucht werden, verschiedene Begründungsansätze für eine einheitliche Auslegung gemischter Abkommen durch den EuGH zu finden. Unter Beachtung der vorgestellten Rechtsprechung werden einzelnen Gesichtspunkte gemischter Verträge wie Abschlusskompetenzen, innergemeinschaftliche Geltung, völkerrechtliche Haftung oder das bei gemischten Abkommen bestehende Kooperationsgebot herausgegriffen. Diese einzelnen Problemfelder werden sodann gesondert betrachtet, sowie deren Auswirkungen auf die Auslegungszuständigkeit gemischter Übereinkommen untersucht werden. Möglicherweise lässt sich auf diese Art eine umfassende Auslegung aller Normen gemischter Abkommen durch den EuGH begründen.

Am Ende dieser Untersuchung wird eine Zusammenfassung der gewonnenen Erkenntnisse stehen.

C. Definition gemischter Abkommen

I. Allgemein

Nach einer allgemeinen Definition ist jeder völkerrechtliche Vertrag, zu dem eine internationale Organisation, einige oder alle ihre Mitgliederstaaten und ein oder mehrere Drittstaaten Vertragspartner sind, ein gemischtes Abkommen[10].

---

10 *Schermers*, A Typology of Mixed Agreements, in: O'Keeffe/Schermers, Mixed Agreements, S. 23.

Entscheidend ist, dass dabei weder die internationale Organisation noch deren Mitgliederstaaten die Vertragsmaterie umfassend regeln können.

II. Gemeinschaftsrechtliche gemischte Abkommen

Um die vorausstehende Definition gemischter Abkommen auf die gemeinschaftsrechtliche Ebene übertragen zu können, muss geklärt werden, wer innerhalb der EU tatsächlich völkerrechtliche Verträge abschließen kann. Voraussetzung für den Abschluss völkerrechtlicher Verträge ist die Völkerrechtsfähigkeit der Vertragspartner.

1. Völkerrechtsfähigkeit der EU

Die Völkerrechtsfähigkeit der EU ist stark umstritten.

a. Argumente für die Völkerrechtsfähigkeit der EU

Für die Völkerrechtsfähigkeit der EU wird vorgebracht, dass durch den Vertrag von Maastricht die EU als internationale Organisation eigener Art errichtet worden sei[11]. Der Internationale Gerichtshof (IGH) hat bereits 1949 entschieden, dass internationale Organisationen grundsätzlich Rechtspersönlichkeit besitzen, wenn unter anderem aus ihren Satzungsbestimmungen gefolgert werden kann, dass die Organisationen zur Erreichung ihrer Ziele Verträge mit Drittstaaten abschließen können, Immunitäten und Privilegien verliehen bekommen und völkerrechtlich handlungsfähig sind[12]. So wird vorgebracht, dass die EU mit dem Europäischen Rat nach Art. 4 EU ein Organ besitzt, über das die anderen Gemeinschaften nicht verfügten[13]. Darüber hinaus würden alle anderen Organe nach Art. 5 EU hinzu kommen, die insgesamt zur Verwirklichung der EU eigenen Aufgaben und Ziele originäre Kompetenzen besäßen[14]. Ferner könnten Drittstaaten nicht mehr isoliert der EG, sondern nur noch der EU nach Art. 49 EU beitreten[15]. Die Aufnahmebedingungen würden zwar in

---

11 *Dörr*, Zur Rechtsnatur der EU, EuR 1995, 334 (335 ff., 347); *Ress*, Die EU und die neue juristische Qualität der Beziehungen zu den Europäischen Gemeinschaften, JuS 1992, 985 (986); von einer „gestuften internationalen Organisation" spricht *Wichard*, in: Calliess/Ruffert, EUV/EGV, Art. 1 Rdn. 19 ff. (22) EG.

12 IGH, ICJ Rep. 1949 (Reparations for injuries), 173, 178 ff.

13 Art. 7 Abs. 1 EG; Art. 3 Abs. 1 EAG; (Art. 7 EGKS); *Ress*, Die EU und die neue juristische Qualität der Beziehungen zu den Europäischen Gemeinschaften, JuS 1992, 985 (986).

14 Z.B. für den EuGH: Art. 35 Abs. 6,7; 46 lit. b-e EU; für das EP: Art. 21 Uabs. 2; 39 Abs. 3; 49 Uabs. 1 EU; für den ER: Art. 13 Abs. 1, 2 EU; für den Rat: Art. 13 Abs. 3; 30 Abs. 2 lit. b; 32 EU; für die Kommission: Art. 22 Abs. 1; 42 EU; *Busse*, Die völkerrechtliche Einordnung der EU, S. 162 ff.; *von Bogdandy/Nettesheim*, Die EU: Ein einheitlicher Verband mit eigener Rechtsordnung, EuR 1996, 3 (24 f.).

15 *Borchardt*, Die rechtlichen Grundlagen der EU, Rdn. 96.

Verträgen zwischen den Mitgliedstaaten und dem antragstellenden Staat geregelt, der eigentliche völkerrechtliche Beitrittsakt, der das Verhältnis unter den Mitgliedstaaten regelt, liege aber gemäß Art. 49 Uabs. 1 EU in der Kompetenz des Rates, der Kommission und des Europäischen Parlaments und damit in der Kompetenz der Unionsorgane[16]. Außerdem könne der Rat zur Durchführung der Gemeinsamen Außen- und Sicherheitspolitik (GASP) und der Polizeilichen und Justitiellen Zusammenarbeit in Strafsachen (PJZS) Übereinkommen mit Drittstaaten und internationalen Organisationen gemäß Art. 24 und 38 EU abschließen[17]. Damit stehe der EU Völkerrechtsfähigkeit zu[18].

b. Argumente gegen die Völkerrechtsfähigkeit der EU

Dem wird entgegen gehalten, dass im Vertrag von Amsterdam der EU weder ausdrücklich noch inzident Völkerrechtsfähigkeit verliehen worden sei[19]. Die wohl noch h.M. kommt zu dem Schluss, der EU stehe keine Völkerrechtsfähigkeit zu[20]. Es wird vorgebracht, dass die EU keine eigenen Organe besitze, die völkerrechtliche Kompetenzen wahrnehmen könnten, da Art. 5 EU der EU lediglich im Wege der Organleihe die Organe der Gemeinschaft zur Verfügung stelle[21]. Auch der Europäische Rat nach Art. 4 EU sei kein Organ, zumal er kaum Rechtssetzungsbefugnisse habe, sondern vornehmlich die „allgemeinen politischen Zielvorstellungen'' festlege[22]. Ferner handle es sich bei den Bereichen der GASP und der PJZS nicht um vergemeinschaftete Politiken, sondern weitgehend um intergouvernementale Aufgaben der Mitgliedstaaten[23].

---

16 *Wichard*, in: Calliess/Ruffert, EUV/EGV, Art. 1 Rdn. 7 EG; *Trüe*, Verleihung von Rechtspersönlichkeit an die EU und Verschmelzung zu einer einzigen Organisation – deklaratorisch oder konstitutiv?, S. 42 f., 53.

17 *Wichard*, in: Calliess/Ruffert, EUV/EGV, Art. 1 Rdn. 12 EG.

18 *Wichard*, in: Calliess/Ruffert, EUV/EGV, Art. 1 Rdn. 9 ff. EG; *Trüe*, Verleihung von Rechtspersönlichkeit an die EU und Verschmelzung zu einer einzigen Organisation – deklaratorisch oder konstitutiv?, S. 59 ff.; *von Bogdandy/Nettesheim*, Die Verschmelzung der Europäischen Gemeinschaften in der EU, NJW 1995, 2324 (2327); *dies.*, Die EU: Ein einheitlicher Verband mit eigener Rechtsordnung, EuR 1996, 3 (23 ff.); *Ress*, Die EU und die neue juristische Qualität der Beziehungen zu den Europäischen Gemeinschaften, JuS 1992, 985 (986); *Wessel*, Revisiting the International Legal Status of the EU, EFARev. 2000, 507 (507 ff.).

19 *Pechstein/König*, Die EU, Rdn. 64 ff.

20 *Krück*, in: Schwarze, EU-Kommentar, Art. 11-28 Rdn. 20 EU; *Bleckmann*, Europarecht, Rdn. 164; *Dashwood*, External Relations Provisions of the Amsterdam Treaty, in: O'Keeffe/Twomey, Legal Issues of the Amsterdam Treaty, S. 201 (218); *Oppermann*, Europarecht, Rdn. 1681; *Pechstein/König*, Die EU, Rdn. 56 ff., 85; *Schweitzer/Hummer*, Europarecht, Rdn. 66; *Streinz*, Europarecht, Rdn. 121b; unentschlossen *McGoldrick*, International Relations Law of the EU, S. 36 ff.

21 *Krück*, in: Schwarze, EU-Kommentar, Art. 11-28 Rdn. 20 EU; Art. 281 Rdn. 3 EG; *Everling*, Reflections on the Structure of the EU, CMLRev. 1992, 1053 (1061).

22 *Pechstein/König*, Die EU, Rdn. 174.

23 Ebenda, Rdn. 78.

Die Vertretungskompetenz nach Art. 18 EU wird als Umschreibung einer partiellen Vertretungsmacht für die Mitgliedstaaten interpretiert[24]. Hinsichtlich Art. 49 EU wird die Auffassung vertreten, dass der Beitritt auch weiterhin den Abschluss einzelner Beitrittsverträge mit allen Mitgliedstaaten voraussetze; der Gehalt von Art. 49 EU erschöpfe sich darin, die Einzelbeitritte zu den Gemeinschaften und die Beteiligung in den Bereichen der GASP und der PJZS zu einem Paket zu verschnüren[25]. Folglich sind nach dieser Auffassung in Titel V (GASP) und VI (PJZS) eigentlicher Akteur allein die Mitgliedstaaten. Darüber hinaus besitze die EU keinen eigenen Haushalt[26]. Die Aufgaben für die GASP und PJZS fielen nämlich gemäß Art. 28 Abs. 2 und 3, Art. 41 Abs. 2 und 3 EU und Art. 268 Uabs. 2 EG dem EG-Haushalt zur Last, sofern der Rat nicht feststelle, dass die Ausgaben von den mitgliedstaatlichen Haushalten zu tragen seien. Schließlich zeige der neue Art. 24 EU, dass die EU grundsätzlich keine Vertragsabschlusskompetenz besitze[27]. Dies könne auf die fehlende Rechtspersönlichkeit zurückgeführt werden. So wird die EU nicht nur als nicht rechtsfähige internationale Organisation, sondern auch als „Staatenverbund"[28] oder als „rein materiell-rechtlicher Verbund von Staaten und internationalen Organisationen"[29] gesehen.

c. Stellungnahme

Letztere Argumente vermögen zu überzeugen. Der EU ist im Vertrag von Amsterdam eben gerade keine dem Art. 281 EG entsprechende Völkerrechtsfähigkeit durch die Mitgliedstaaten verliehen worden. Dies geschah entgegen einem detaillierten Vorschlag der irischen Ratspräsidentschaft, der EU internationale Rechtspersönlichkeit zuzuschreiben[30]. Auch ist das Europäische Parlament davon ausgegangen, dass mit dem Vertrag von Amsterdam der EU keine Rechtspersönlichkeit zugewiesen worden ist[31].

---

24 Ebenda; a.A. *Trüe,* Verleihung von Rechtspersönlichkeit an die EU und Verschmelzung zu einer einzigen Organisation – deklaratorisch oder konstitutiv?, 44 ff., 53.

25 *Pechstein/König*, Die EU, Rdn. 79 ff.; *Pechstein*, Rechtsubjektivität für die EU?, EuR 1996, 137 (141).

26 *Busse*, Die völkerrechtliche Einordnung der EU, S. 203 f.; *Pechstein/König*, Die EU, Rdn. 368 ff.; a.A. *von Bogdandy/Nettesheim*, Die EU: Ein einheitlicher Verband mit eigener Rechtsordnung, EuR 1996, 3 (6).

27 *Pechstein/König*, Die EU, Rdn. 83.

28 BVerfGE 89, 155 (181, 188).

29 *Pechstein/König*, Die EU, Rdn. 92 ff.

30 Konferenz der Vertreter der Regierung der Mitgliedstaaten, Die EU zwischen heute und morgen. Allgemeiner Rahmen für einen Entwurf zur Revision der Verträge, CONF 2500/96, S. 90 ff.; s. auch den daran anschließenden Entwurf der niederländischen Präsidentschaft, CONF 2500/96 ADD. 1, S. 47 ff.

31 Entschließung des EP vom 1. Juli 1998, Dokument PE 167.909, EuZW 1998, 165, Nr. 16, wonach das EP eine Änderung des EU-Vertrages dahingehend verlangt, dass die EU Rechtspersönlichkeit erhält.

Darüber hinaus ist in Titel V des EU-Vertrags nichts an sprachlicher Ausgestaltung zu finden, was den Eindruck erwecken könnte, der EU solle Völkerrechtsfähigkeit zukommen. Art. 24 EU spricht zwar davon, dass der Rat internationale Abkommen zur Durchführung der GASP und auch, durch den Verweis des Art. 38 EU auf Art. 24 EU, im Rahmen des Titels VI abschließen kann, stellt aber nicht klar, für wen bzw. in wessen Namen der Rat diese Abkommen schließen soll, ob für die Gesamtheit der Mitgliedstaaten oder für die im Rahmen der GASP handelnde Union. Der Verweis in Art. 24 Abs. 1 S. 3 EU auf die nationalen Ratifizierungsverfahren dieser Abkommen spricht für eine ausschließliche Bindung der Mitgliedstaaten und nicht für eine völkerrechtliche Bindung der Union[32]. Ein Mitgliedstaat, dessen Vertreter im Rat erklärt, dass in seinem Land bestimmte verfassungsrechtliche Vorschriften eingehalten werden müssen, ist nach Art. 24 EU durch eine solche Übereinkunft entweder vorläufig bis zur Behebung der verfassungsrechtlichen Schwierigkeiten oder, falls diese nicht möglich ist, endgültig nicht gebunden. Allerdings können die anderen Mitglieder des Rates ihr Einverständnis erklären, dass die Übereinkunft für sie vorläufig gilt. Es hat den Anschein, dass diese den Mitgliedstaaten gebotene Möglichkeit aus dem Vertrag „auszusteigen" eine völkerrechtliche Bindung aller Unionsmitglieder verhindert. Die sehr unklare Regelung des Art. 24 EU lässt damit den Schluss zu, dass der EU keine Völkerrechtsfähigkeit zukommt. Vielmehr ist es verständlich, Art. 24 EU als bloße Verfahrensvorschrift zu bezeichnen[33], in der die Organzuständigkeit für den Abschluss von Abkommen der Titel V und VI geregelt wird.

Für eine fehlende Völkerrechtsfähigkeit der EU sprechen auch Art. 19 und 37 EU, wonach in internationalen Organisationen und auf internationalen Konferenzen anstelle der Union die Mitgliedstaaten auftreten, wenn auch in Übereinstimmung mit den gemeinsamen Standpunkten der Union[34]. Es kann auch festgehalten werden, dass bei der Regierungs-Konferenz 2000 in Nizza die Rechtspersönlichkeit der EU nicht auf der Tagesordnung stand und dementsprechend auch der Vertrag von Nizza diesbezüglich keine Änderungen hervorgebracht hat[35].

d. Ergebnis

Somit bleibt die EU lediglich das „rechtliche Dach" ihrer „drei Säulen", bestehend aus den jetzt nur noch zwei Gemeinschaften EG und EAG, der GASP

32 *Krück*, in: Schwarze, EU-Kommentar, Art. 11-28 Rdn. 20 EU; *Dashwood*, External Relations Provisions of the Amsterdam Treaty, in: O'Keeffe/Twomey, Legal Issues of the Amsterdam Treaty, S. 201 (220).

33 *Dashwood*, External Relations Provisions of the Amsterdam Treaty, in: O'Keeffe/Twomey, Legal Issues of the Amsterdam Treaty, S. 201 (219 f.).

34 *Stumpf*, in: Schwarze, EU-Kommentar, Art. 1 Rdn. 11 EU; *Streinz*, Europarecht, Rdn. 121b.

35 Z.T. a.A. hierzu im Zusammenhang mit dem neuen Art. 24 EU *Wessel*, Revisiting the International Legal Status of the EU, EFARev. 2000, 507 (537).

und dem Bereich für PJZS. Die EU besitzt noch keine Völkerrechtsfähigkeit und kann daher auch keine völkerrechtlichen Verträge abschließen. Aus diesem Grund können gemischte Abkommen der EU nicht Gegenstand dieser Abhandlung sein.

2. Völkerrechtsfähigkeit der Europäischen Gemeinschaften

Die völkerrechtliche Rechts- und Handlungsfähigkeit der EG und der Europäischen Atomgemeinschaft (EAG), aber auch der seit dem 23.6.2002 nicht mehr bestehenden Europäischen Gemeinschaft für Kohle und Stahl (EGKS) steht in der Gemeinschafts- und Völkerrechtspraxis seit langem außer Zweifel[36]. Jeder dieser Gemeinschaften kann damit Trägerin von völkerrechtlichen Rechten und Pflichten sein. Sie sind dementsprechend in bi- und multilaterale Beziehungen mit einzelnen Staaten wie auch internationalen Organisationen vertraglich eingebunden.

3. Definition und Besonderheiten

Bei gemischten Abkommen im Sinne des Gemeinschaftsrechts handelt es sich um völkerrechtliche Verträge, die sowohl von einer oder mehreren Europäischen Gemeinschaften als auch einem, mehreren oder allen ihren Mitgliedstaaten auf der einen Seite und Dritten als Vertragpartnern auf der anderen Seite abgeschlossen werden[37].

Gemeinschaftsrechtliche gemischte Abkommen werden im Folgenden vereinfacht lediglich als gemischte Abkommen, Verträge oder Übereinkommen bezeichnet. Die vorliegende Arbeit behandelt hierbei in erster Linie gemischte Abkommen der EG. Die von der EAG oder der EGKS abgeschlossenen gemischten Abkommen stellen eine nur marginale Ausnahme dar, der wenig Bedeutung zukommt[38].

Die gemeinsame Beteiligung der Gemeinschaft und der Mitgliedstaaten an gemischten Abkommen ist dadurch geboten, dass die Vertragsgegenstände sowohl die Kompetenzen der EG als auch die der Mitgliedstaaten berühren. Zum alleinigen Abschluss des völkerrechtlichen Abkommens fehlt der Gemeinschaft die ausschließliche Kompetenz[39]. Die Besonderheit gemischter Abkommen ist

---

36 Siehe auch Art. 281 EG, Art. 184 EAG und Art. 6 Abs. 2 EGKS.

37 *Geiger*, EUV/EGV, Art. 300 Rdn. 32 EG; *Groux/Manin*, Die Europäischen Gemeinschaften in der Völkerrechtsordnung, S. 59 f.; *Krück*, Völkerrechtliche Verträge im Recht der Europäischen Gemeinschaften, S. 102 f.; *Arnold*, Der Abschluß gemischter Verträge durch die Europäischen Gemeinschaften, ArchVR 1980/81, 419 f.; *Bleckmann*, Der Gemischte Vertrag im Europarecht, EuR 1976, 301 (302 ff.).

38 Für eine Auflistung der von der EAG und EGKS geschlossenen gemischten Abkommen s. *Groux/Manin*, Die Europäischen Gemeinschaften in der Völkerrechtsordnung, S. 67 ff.

39 *Geiger*, Vertragsschlusskompetenzen der EG und auswärtige Gewalt der Mitgliedstaaten, JZ 1995, 973 (977 f.).

gerade, dass die Vertragsgegenstände zum einen Teil in die Zuständigkeit der Gemeinschaft und zum anderen Teil in die der Mitgliedstaaten fallen, womit der gemeinsame Abschluss dieser Verträge hervorgerufen wird. In diesem Sinne sind gemischte Abkommen im Gegensatz zu reinen Gemeinschaftsabkommen, bei denen die Gemeinschaft die alleinige Vertragsschlussbefugnis hat, zu sehen[40].

Ein Abkommen wird allerdings auch dann in gemischter Form abgeschlossen, wenn die Gemeinschaft zwar die alleinige Vertragsabschlusszuständigkeit besitzt, der Verlust von Stimmrechten[41] oder besondere vertragliche Finanzierungsmodelle[42] aber eine Beteiligung der Mitgliedstaaten erfordert. Darüber hinaus wird ein Vertrag ebenfalls als gemischt angesehen, wenn sich die Gemeinschaft und die Mitgliedstaaten eigentlich die Kompetenzen teilen, jedoch der völkerrechtliche Vertrag nur Staaten als Vertragspartner zulässt[43]. Derartige Verträge sind in einer Zeit entstanden als die Völkerrechtsfähigkeit der EG noch nicht anerkannt beziehungsweise stark umstritten gewesen ist. Da dies heutzutage aber kein Problem mehr darstellt haben auch derartige gemischte Abkommen an Bedeutung verloren.

Gemischte Verträge legen in der Regel nicht selbst fest, wer aus der Gemeinschaftsgruppe – die Gemeinschaft oder die Mitgliedstaaten – völkerrechtlich an die jeweiligen Bestimmungen gebunden ist[44]. Zur Vermeidung von Missverständnissen zwischen den Vertragparteien hinsichtlich der Kompetenzverteilung und des Bindungscharakters gemischter Abkommen können deren Schlussbestimmungen bzw. Anhänge Erklärungen oder sogenannte Trennungsklauseln[45] darüber enthalten, wer für welche Vertragsbestimmungen Vertragspartei ist[46].

---

40 *Groux/Manin*, Die Europäischen Gemeinschaften in der Völkerrechtsordnung, S. 60.

41 Bsp.: Antarktis Konvention von 1959, Nordatlantik Fischerei-Organisation; *McGoldrick*, International Relations Law of the EU, S. 83 f.

42 Meist bei internationalen Rohstoffabkommen, bei denen die finanzielle Beiträge zu den errichteten Preisstabilisierungssystemen von den Mitgliedstaaten zu leisten sind, vgl. EuGH, Gutachten 1/78 (Naturkautschuk), Slg. 1979, 2871, Rdn. 52-63 (60); aber einschränkend neuerdings EuGH, Gutachten 1/94 (WTO), Slg. 1994, I-5267, Rdn. 19 ff. (21); *Krück*, in: Schwarze, EU-Kommentar, Art. 300 Rdn. 13 EG; *Beutler/Bieber/Pipkorn/Streil*, Die EU, Rdn. 1222; *Krück*, Völkerrechtliche Verträge im Recht der Europäischen Gemeinschaften, S.101; *McGoldrick*, International Relations Law of the EU, S. 84 f.

43 Bsp.: ILO-Abkommen, EuGH, Gutachten 2/91 (ILO), Slg. 1993, I-1061; *McGoldrick*, International Relations Law of the EU, S. 28, 78, 82.

44 *Stein*, Der gemischte Vertrag, S. 106.

45 *Stein*, Der gemischte Vertrag, S. 94 ff.; *Tomuschat*, Liability for Mixed Agreements, in: O'Keeffe/Schermers, Mixed Agreements, S. 125 (127 ff.); *Arnold*, Der Abschluß gemischter Verträge durch die Europäischen Gemeinschaften, ArchVR 1980/81, 419 (421, 436, 450 ff.).

46 *Vedder*, in: Grabitz/Hilf, EWGV, Art. 228 Rdn. 19 EG; *Schweitzer/Hummer*, Europarecht, Rdn. 670.

Ein geradezu mustergültiges Beispiel einer Trennungsklausel in einem gemischten Übereinkommen ist in Anhang IX, Art. 4 und 5 der VN-Seerechtskonvention zu finden. Darin wird der Betritt einer internationalen Organisation zur Konvention ausdrücklich nur im Rahmen ihrer Kompetenzen zugelassen. Gemäß Art. 5 Abs. 1 und 2 des Anhangs ist die Festlegung des Kompetenzbereichs durch eine formelle Erklärung der Organisation erforderlich. Die Beitrittsklausel der Seerechtskonvention stellt allerdings eine Ausnahme von der eigentlichen Praxis dar, Trennungsklauseln zu vermeiden, und dürfte in ihrer Art einzigartig bleiben[47].

Meist wird auf derartige Zusatzregelungen wie Trennungsklauseln oder ausführliche Vertragsanhänge verzichtet, so dass, wenn im nun Folgenden von gemischten Abkommen die Rede ist, solche Abkommen gemeint sind, bei denen besagte Erklärungen bezüglich der Kompetenzverteilung nicht vorhanden sind. Zudem entstehen mit Festlegung der Kompetenz- und Bindungsverteilung zwischen der Gemeinschaft und den Mitgliedstaaten die in dieser Arbeit zu untersuchenden Probleme nicht mehr. Somit kann hier sinnvoller Untersuchungsgegenstand auch nur ein gemischtes Abkommen sein, in dem keine Festlegung des jeweils Berechtigten und Verpflichteten vorgenommen worden ist.

Gemischte Abkommen waren in dem Vertrag zur Gründung der Europäischen Wirtschaftsgemeinschaft (EWG) nicht vorgesehen, und Regelungen hierzu sind auch im jetzigen EG-Vertrag nicht enthalten. Als einzige Vorschrift des Gemeinschaftsrechts erwähnt Art. 102 EAG das Konzept eines gemischten Vertrags[48]. Demnach treten Abkommen, an denen die Gemeinschaft und ein oder mehrere Mitgliedstaaten mit dritten Staaten beteiligt sind, erst in Kraft, wenn die beteiligten Mitgliedstaaten der Kommission mitgeteilt haben, dass der Vertrag gemäß dem nationalen Recht anwendbar geworden ist. Auch wenn Art. 102 EAG nicht explizit von gemischten Verträgen spricht, gibt er hierfür jedoch eine Kurzdefinition.

Der EuGH hat den Begriff des gemischten Abkommens z.B. in der *Demirel*-Entscheidung verwendet, um die Natur des Assoziationsabkommens zwischen der Gemeinschaft und den Mitgliedstaaten auf der einen Seite und der Türkei auf der anderen Seite zu beschreiben[49]. Auch in anderen Entscheidungen musste sich der Gerichtshof mit gemischten Verträgen befassen[50]. Sein Umgang mit ihnen wird Schwerpunkt dieser Untersuchung sein.

---

47 *Conze*, Die völkerrechtliche Haftung der EG, S. 78; *Ehlermann.*, Mixed Agreements: A List of Problems, in: O'Keeffe/Schermers, Mixed Agreements, S. 3 (21); zur politischen Vorgeschichte der Beitrittsklauseln s. *Simmonds*, The UN Convention on the Law of the Sea 1982 and the Community's Mixed Agreemtent Practice, in: O'Keeffe/Schermers, Mixed Agreements, S. 199 (201).

48 *MacLeod, Hendry, Hyett*, The External Relations of the European Communities, S. 143; *Oppermann*, Europarecht, Rdn. 1711.

49 EuGH, Rs. 12/86 (Demirel), Slg. 1987, 3719, Rdn. 8.

50 Z.B. EuGH, Rs. C-181/73 (Haegeman), Slg. 1974, 449; EuGH, Rs. C-87/75 (Bresciani), Slg. 1976, 129; EuGH, Rs. C-65/77 (Razanatsimba), Slg. 1977, 2229;

1. Teil: Zuständigkeiten des EuGH

A. Der EuGH und seine Aufgaben

Der Gerichtshof steht nach Art. 7 Abs. 1 EG als gleichberechtigtes Organ der Gemeinschaft neben dem Europäischen Parlament, dem Rat, der Kommission und dem Rechnungshof und nimmt die der Gemeinschaft übertragenen Aufgaben nach Maßgabe der ihm durch den Vertrag zugewiesenen Befugnisse wahr.

Unter dem Begriff „Gerichtshof'' war zunächst nur der EuGH zu verstehen. Mit der Einsetzung des Gerichts erster Instanz (EuG)[51] gemäß Art. 225 EG kam dem Begriff „Gerichtshof'' im EG-Vertrag nunmehr eine weitere Bedeutung zu. Der Begriff „Gerichtshof'', wie er in Art. 7 Abs. 1 EG sowie in Art. 220 EG, verwendet wird, umfasst aber die Gerichtsbarkeit insgesamt und bezieht daher auch den EuG mit ein[52]. In diesem umfassenden Sinne wird der Begriff „Gerichtshof'' auch im Folgenden verwendet. Lediglich im Zusammenhang mit dem Vorabentscheidungsverfahren nach Art. 234 EG wird mit der Bezeichnung „Gerichtshof'' ausschließlich der EuGH gemeint sein.

I. Allgemein

Die Aufgabe des Gerichtshofs wird in Art. 220 EG dahingehend umschrieben, dass ihm die „Wahrung des Rechts bei der Auslegung und Anwendung dieses Vertrags'' obliegt. Diese allgemeine, die Rechtseinheit und die gleichmäßige Anwendung des Gemeinschaftsrechts garantierende Bestimmung des Art. 220 EG begründet jedoch weder eine umfassende Zuständigkeit für alle nur denkbaren Rechtsstreitigkeiten, die das Gemeinschaftsrecht betreffen, noch begründet Art. 220 EG eine ein bestimmtes Verfahren betreffende Einzelzuständigkeit des Gerichtshofs[53]. Für den Gerichtshof gilt vielmehr gemäß Art. 5 Abs. 1 EG das Prinzip der begrenzten Einzelermächtigung[54]. Der

---

EuGH, Rs. C-18/90 (Kziber), Slg. 1991, I-199; EuGH, Rs. C-103/94 (Krid), Slg. 1995, I-719; EuGH, Rs. C-192/89 (Sevince), Slg. 1990, I-3461.

51 Beschluss des Rates vom 24.10.1988 zur Errichtung eines Gerichts erster Instanz der Europäischen Gemeinschaften, ABl. 1988, L 319, 1, geändert durch Beschlüsse vom 8.6.1993, ABl. 1993, L 144, 21 und 7.3.1994, ABl. 1994, L 66, 29.

52 *Gaitanides*, in: von der Groeben/Schwarze, EU/EGV, Vor Art. 220 Rdn. 8 EG; *Krück*, in: GTE, EU/EGV, Vor Art. 164 Rdn. 8 EG; *Schwarze*, in: Schwarze, EU-Kommentar, Art. 220 Rdn. 7 EG.

53 *Geiger*, EUV/EGV, Art. 220 Rdn. 2 EG; *Schwarze*, in: Schwarze, EU-Kommentar, Art. 220 Rdn. 1 EG; *Wegener*, in: Calliess/Ruffert, EUV/EGV, Art. 220 Rdn. 2 EG.

54 *Borchardt*, in: Lenz/Borchardt, EU/EGV, Art. 220 Rdn. 1 EG; *Oppermann*, Europarecht, Rdn. 383, 710; *Brandt*, Der EuGH und das EuG – Aufbau, Funktionen und Befugnisse, JuS 1994, 300 (303).

Gerichtshof verfügt lediglich über die Zuständigkeiten, die ihm in Konkretisierung des Art. 220 EG im Vertrag ausdrücklich eingeräumt werden[55]. Dabei lassen sich zwei Gruppen von Verfahren ausmachen, für die der Gerichtshof zuständig ist, nämlich die verfassungsrechtlichen und die verwaltungsrechtlichen Verfahren[56].

Die wichtigsten verfassungsrechtlichen Verfahren, die Streitigkeiten zwischen den Mitgliedstaaten untereinander, zwischen Mitgliedstaaten und Gemeinschaftsorganen sowie zwischen den Gemeinschaftsorganen untereinander regeln, sind die Nichtigkeits- und die Untätigkeitsklage, die von Mitgliedstaaten und Gemeinschaftsorganen nach Art. 230 Abs. 1 EG und Art. 232 Abs. 1 EG erhoben werden, sowie die Vertragsverletzungsverfahren nach Art. 226, 227 EG. Hinsichtlich Streitigkeiten verwaltungsrechtlicher Natur, d.h. Klagen Einzelner gegen Gemeinschaftsorgane, sind vor allem die Nichtigkeits- und die Untätigkeitsklage natürlicher und juristischer Personen nach Art. 230 Abs. 4 EG und Art. 232 Abs. 3 EG, Schadensersatzklagen nach Art. 235 EG i.V.m. Art. 288 Abs. 2 EG und die Verfahren in Personalstreitigkeiten nach Art. 236 EG zu nennen.

In all diesen Fällen ist eine ausschließliche Zuständigkeit des Gerichtshofs gegeben; nur außerhalb dieser vertraglichen Zuständigkeiten können mitgliedstaatliche Gerichte oder Schiedsgerichte angerufen werden (Art. 240 EG), wenn nicht auch insoweit Schiedsabreden eine weitere EuGH-Zuständigkeit begründen (Art. 238 und 239 EG)[57].

Hinsichtlich der Auslegung und Anwendung der Bestimmungen des Unionsvertrags hat Art. 46 EU die Zuständigkeit des Gerichtshofs stark eingeschränkt[58]. Lediglich für den Bereich der Änderung des Unionsvertrags (Art. 48 EU), den Beitritt neuer Mitgliedstaaten (Art. 49 EU) und nach Maßgabe des Art. 35 EU für den Bereich der PJZS ist der Gerichtshof zuständig.

1. Art. 220 EG

Um die Auslegungszuständigkeit des EuGH erfassen zu können, bedarf es zunächst einer kurzen Betrachtung des Art. 220 EG, der erschöpfend die Aufgaben des Gerichtshofs beschreibt.

---

55 Vgl. auch Art. 7 Abs. 1 Satz 2 EG; *Geiger*, EUV/EGV, Art. 220 Rdn. 2 EG; *Schwarze*, in: Schwarze, EU-Kommentar, Art. 220 Rdn. 1 EG.

56 *Schwarze*, in: Schwarze, EU-Kommentar, Art. 220 Rdn. 10 EG; *Borchardt*, Die rechtlichen Grundlagen der EU, Rdn. 263.

57 *Geiger*, EUV/EGV, Art. 220 Rdn. 7 EG; *Borchardt*, Die rechtlichen Grundlagen der EU, Rdn. 264.

58 *Schwarze*, in: Schwarze, EU-Kommentar, Art. 220 Rdn. 37 EG; *Borchardt*, Die rechtlichen Grundlagen der EU, Rdn. 265.

a. „Wahrung des Rechts"

Zur Wahrung des ,,Rechts'' im Sinne von Art. 220 EG gehören alle verbindlichen Normen einer weit verstandenen Gemeinschaftsrechtsordnung. Dazu zählen im Einzelnen die Gründungsverträge einschließlich der diese Verträge ändernden oder ergänzenden Maßnahmen, das von den Gemeinschaftsorganen auf der Grundlage des vertraglichen Primärrechts geschaffene Sekundärrecht in Gestalt der in Art. 249 EG vorgesehenen Rechtsakte, die allgemeinen ungeschriebenen Rechtsgrundsätze, die der Gerichtshof den Rechtsordnungen der Mitgliedstaaten zur Ergänzung gemeinschaftsrechtlicher Regelungen entnommen hat, sowie das Gemeinschaftsgewohnheitsrecht[59]. ,,Recht'' in diesem Sinne kann schließlich auch das Völkervertragsrecht umfassen. So hat der EuGH seit längerem festgelegt, dass die Bestimmungen der von der Gemeinschaft mit Drittstaaten oder internationalen Organisationen abgeschlossenen völkerrechtlichen Abkommen seit ihrem Inkrafttreten einen „integrierenden Bestandteil der Gemeinschaftsrechtsordnung'' darstellen[60].

Nicht zum Gemeinschaftsrecht gehören hingegen Verträge zwischen den Mitgliedstaaten, mögen sie auch mit dem EG-Vertragsrecht in Zusammenhang stehen oder sogar vom EG-Vertrag, wie zum Beispiel in Art. 293 EG, vorgesehen sein[61]. Der EuGH judiziert nicht über das nationale Recht der Mitgliedstaaten.

b. „Auslegung und Anwendung"

In Art. 220 EG wird ferner zwischen „Auslegung und Anwendung'' unterschieden.

Auslegung ist die abstrakte, nicht ausdrücklich fallbezogene Inhaltsermittlung der Norm mit Blick auf die Rechtsanwendung[62]. Unter Anwendung ist hingegen die Subsumtion des konkreten Lebenssachverhalts unter eine bestimmte Norm

---

59 *Gaitanides*, in: von der Groeben/Schwarze, EU/EGV, Art. 220 Rdn. 11 ff. EG; *Geiger*, EUV/EGV, Art. 220 Rdn. 18 ff. EG; *Krück*, in: GTE, EU/EGV, Art. 164 Rdn. 7 f. EG; *Schwarze*, in: Schwarze, EU-Kommentar, Art. 220 Rdn. 11 ff. EG; *Wegener*, in: Calliess/Ruffert, EUV/EGV, Art. 220 Rdn. 8 EG; *Oppermann*, Europarecht, Rdn. 381.

60 EuGH, Rs. 181/73 (Haegeman), Slg. 1974, 449, Rdn. 2/6; EuGH, Rs. 87/75 (Bresciani), Slg. 1976, 129, Rdn. 19 ff.; EuGH, Rs. 104/81 (Kupferberg), Slg. 1982, 3641, Rdn. 13; EuGH, Rs. 118/83 (Amarti-Wasserableitungsvorarbeiten), Slg. 1983, 2583, Rdn. 20; EuGH, Rs. 30/88 (Sonderhilfe Türkei), Slg. 1989, 3711, Rdn. 12; EuGH, Rs. 12/86 (Demirel), Slg. 1987, 3719, Rdn. 7; EuGH, Rs. C-192/89 (Sevince), Slg. 1990, I-3461, Rdn. 8.

61 *Gaitanides*, in: von der Groeben/Schwarze, EU/EGV, Art. 220 Rdn. 13 EG; *Krück*, in: GTE, EU/EGV, Art. 164 Rdn. 9 EG.

62 *Gaitanides*, in: von der Groeben/Schwarze, EU/EGV, Art. 220 Rdn. 30 EG; *Geiger*, EUV/EGV, Art. 220 Rdn. 11 EG; *Krück*, in: GTE, EU/EGV, Art. 164 Rdn. 51 EG.

zu verstehen[63]. Die Anwendung schließt somit die Feststellung der maßgeblichen Tatsachen ein. Der Begriff der Auslegung umfasst über die genaue Ermittlung des Inhalts geschriebener Worte und Sätze hinaus auch die Aufgabe, Lücken in der Gemeinschaftsrechtsordnung auszufüllen[64]. Die Auslegungs- und die Anwendungskompetenz fallen trotz des Wortlauts von Art. 220 EG nicht immer zusammen. Dies folgt aus der Rechtsnatur des Vorabentscheidungsverfahrens, wonach dort der Gerichtshof lediglich zur Auslegung des Gemeinschaftsrechts berufen ist, während dessen Anwendung auf den konkreten Fall dem innerstaatlichen Richter überlassen bleibt[65].

Insgesamt umfasst die allgemeine Aufgabenumschreibung des Art. 220 EG folgende drei Bereiche: die Kontrolle der Anwendung des Gemeinschaftsrechts, die Auslegung des Gemeinschaftsrechts und die Fortbildung des Gemeinschaftsrechts[66].

aa. Kontrolle der Anwendung des Gemeinschaftsrechts

Die Kontrolle der Anwendung des Gemeinschaftsrechts erstreckt sich auf die Handlungen der Gemeinschaftsorgane und das Verhalten der Mitgliedstaaten. Der Gerichtshof kontrolliert im Rahmen der ihm zugewiesenen Aufgaben zur Wahrung des Rechts das Handeln der Gemeinschaftsorgane vor allem hinsichtlich der Einhaltung der ihnen zugewiesenen Kompetenzen, der Beachtung des Verfahrens und der Vereinbarkeit mit höherrangigem Recht[67]. Daneben überprüft er in Vertragsverletzungsverfahren nach Art. 226 f. EG und mittelbar im Rahmen des Vorabentscheidungsverfahrens nach Art. 234 EG das vertragskonforme Verhalten der Mitgliedstaaten[68].

bb. Auslegung des Gemeinschaftsrechts

Desweiteren entscheidet der Gerichtshof über die Auslegung des Gemeinschaftsrechts und die Gültigkeitsprüfung von Rechtsakten der Gemeinschaft im Rahmen eines Vorabentscheidungsverfahrens auf Vorlage mitgliedstaatlicher

63 *Gaitanides*, in: von der Groeben/Schwarze, EU/EGV, Art. 220 Rdn. 31 EG; *Krück*, in: GTE, EU/EGV, Art. 164 Rdn. 51 EG; *Schwarze*, in: Schwarze, EU-Kommentar, Art. 220 Rdn. 21 EG.

64 *Borchardt*, in: Lenz/Borchardt, EU/EGV, Art. 220 Rdn. 22 f. EG; *Geiger*, EUV/EGV, Art. 220 Rdn. 14 EG; *Brandt*, Der EuGH und das EuG – Aufbau, Funktionen und Befugnisse, JuS 1994, 300 (303).

65 *Krück*, in: GTE, EU/EGV, Art. 164 Rdn. 12 EG; *Schwarze*, in: Schwarze, EU-Kommentar, Art. 220 Rdn. 21 EG.

66 *Borchardt*, in: Lenz/Borchardt, EU/EGV, Art. 220 Rdn. 5 EG.

67 *Geiger*, EUV/EGV, Art. 220 Rdn. 15 f. EG; *Wegener*, in: Calliess/Ruffert, EUV/EGV, Art. 220 Rdn. 9 EG; *Borchardt*, Die rechtlichen Grundlagen der EU, Rdn. 275.

68 *Geiger*, EUV/EGV, Art. 220 Rdn. 17 EG; *Borchardt*, Die rechtlichen Grundlagen der EU, Rdn. 276.

Gerichte gemäß Art. 234 EG[69]. Hierbei hat der EuGH das Auslegungsmonopol über das gesamte Gemeinschaftsrecht inne.

In Erfüllung der ihm übertragenen Aufgaben der Auslegung des Gemeinschaftsrechts folgt der Gerichtshof grundsätzlich den aus den nationalen Rechtsordnungen vertrauten Methoden[70]. Dabei ist jedoch die Besonderheit der Gemeinschaftsrechtsordnung zu beachten, die häufig unbestimmte und ausfüllungsbedürftige Regelungen enthält und auf eine schrittweise Verwirklichung der Gemeinschaftsziele ausgerichtet ist. Dies hat eine spezielle Gewichtung einzelner Interpretationsmittel zur Folge und führt insbesondere zu einer vermehrten Anwendung der systematischen und der teleologischen Auslegung[71]. Dem Wortlautargument und der subjekiv-historischen Auslegungsmethode kommen geringere Bedeutung zu[72]. Der Gerichtshof bevorzugt stattdessen Auslegungsmethoden, die der Verwirklichung der Vertragsziele am meisten dienen. Dies zeigt sich insbesondere an dem im Zusammenhang mit der teleologischen Auslegung entwickelten Grundsatz des ,,effet utile'', wonach jede Norm so auszulegen ist, dass sie ihre volle Wirkung entfalten kann[73]. Dieser Grundsatz kann, ähnlich wie die ,,implied powers''- Lehre, nach welcher der Gemeinschaft solche Kompetenzen als implizit vom Vertragstext zuerkannt betrachtet werden, ohne die die Gemeinschaft ihr Aufgaben nicht erfüllen könnte, zur Annahme von ungeschriebenen Zuständigkeiten der Gemeinschaft führen[74].

---

69 *Geiger*, EUV/EGV, Art. 220 Rdn. 6 EG.

70 *Borchardt*, in: Lenz/Borchardt, EU/EGV, Art. 220 Rdn. 14 EG; *Schwarze*, in: Schwarze, EU-Kommentar, Art. 220 Rdn. 27 EG; *Wegener*, in Callies/Ruffert, EUV/EGV, Art. 220 Rdn. 11 EG.

71 *Krück*, in: GTE, EU/EGV, Art. 164 Rdn. 53 EG; *Wegener*, in Callies/Ruffert, EUV/EGV, Art. 220 Rdn. 14 EG; *Rengeling/Middeke/Gellermann*, Rechtsschutz in der EU, Rdn. 42.

72 *Borchardt*, in: Lenz/Borchardt, EU/EGV, Art. 220 Rdn. 15 f. EG; *Krück*, in: GTE, EU/EGV, Art. 164 Rdn. 56 EG; *Schwarze*, in: Schwarze, EU-Kommentar, Art. 220 Rdn. 28 EG; *Wegener*, in Callies/Ruffert, EUV/EGV, Art. 220 Rdn. 12 EG.

73 EuGH, Rs. 9/70 (Leberpfennig), Slg. 1970, 825, Rdn. 5; EuGH, Rs. 41/74 (van Duyn), Slg. 1974, 1337, Rdn. 12; EuGH, Rs. 190/87 (Moormann), Slg. 1988, 4689, Rdn. 27; EuGH, Rs. C-213/89 (Factortame), Slg. 1990, I-2433, Rdn. 19; EuGH, verb. Rs. C-6/90 und C-9/90 (Francovich), Slg. 1991, I-5357, Rdn. 32; EuGH, verb. Rs. C-46/93 (Brasserie du pêcheur SA) und C-48/93 (Factortame Ltd.), Slg. 1996, I-1029, Rdn. 39; *Borchardt*, in: Lenz/Borchardt, EU/EGV, Art. 220 Rdn. 19 EG; *Krück*, in: GTE, EU/EGV, Art. 164 Rdn. 55 EG.

74 EuGH, Rs. 22/70 (AETR), Slg. 1971, 263, Rdn. 15/19; EuGH, Rs. 792/79 (Camera Care), Slg. 1980, 119, Rdn. 12 ff. (18); *Geiger*, EUV/EGV, Art. 220 Rdn. 12 EG; a.A. *Schwarze*, in: Schwarze, EU-Kommentar, Art. 220 Rdn. 29 EG; *Wegener*, in Callies/Ruffert, EUV/EGV, Art. 220 Rdn. 14 EG; *Everling*, Richterliche Rechtsfortbildung in der EG, JZ 2000, 217 (223).

In diesem Zusammenhang ist auch auffällig, dass der Gerichtshof immer um eine einheitliche Auslegung des Gemeinschaftsrechts besorgt gewesen ist[75]. Insbesondere das Vorabentscheidungsverfahren nach Art. 234 EG dient der Gewährleistung einer einheitlichen Geltung des Gemeinschaftsrechts in allen Mitgliedstaaten.

Mit diesen häufig zielorientierten Auslegungsmethoden sichert die Rechtsprechung die Funktionsfähigkeit der Gemeinschaften[76].

cc. Fortbildung des Gemeinschaftsrechts

Dem Gerichtshof obliegt zudem die richterliche Weiterentwicklung des Gemeinschaftsrechts zum Zwecke der effektiven Verwirklichung der Vertragsziele.

i. Befugnis zur Rechtsfortbildung

Die Befugnis des Gerichts zur Rechtsfortbildung ergibt sich unmittelbar aus dessen Stellung im Vertragsgefüge und auch aufgrund der dynamischen Rechtsnatur des Gemeinschaftsrechts, das gerade von einer fortschreitenden Ausgestaltung und Konkretisierung lebt[77]. Der Auftrag des Gerichts ist weit angelegt und erlaubt dem EuGH, bestehende Unklarheiten und Widersprüche im Rechtsnormengefüge im Wege der Auslegung zu beseitigen und unvollkommene Regelungstatbestände im Wege der Rechtsfortbildung zu ergänzen[78].

Doch trotz der unbestrittenen Kompetenzen zur Weiterentwicklung des Rechts gerät die Rechtsfortbildungspraxis des Gerichtshofs seit geraumer Zeit in die Kritik[79]. Jede ausdehnende Auslegung und richterliche Rechtsfortbildung des Gemeinschaftsrechts führe nämlich zu einer Einschränkung der Befugnisse der Mitgliedstaaten[80]. Daher wird eine stärkere Verpflichtung des Gerichtshofs zu Wahrung der Kompetenzgrenzen verlangt[81]. In diesem Zusammenhang stellt sich die Frage nach den Grenzen zulässiger Auslegung und Rechtsfortbildung.

---

75 EuGH, Rs. 30/77 (Boucheran), Slg. 1977, 1999, Rdn. 14; EuGH, Rs. C-34/92 (GruSa Fleisch), Slg. 1993, I-4147, Rdn. 13; EuGH, Rs. C-449/93 (Rockfon), Slg. 1995, I-4291, Rdn. 28; *Borchardt*, Die rechtlichen Grundlagen der EU, Rdn. 281.

76 *Hobe*, Europarecht, Rdn. 151; *Streinz*, Europarecht, Rdn. 498.

77 *Borchardt*, in: Lenz/Borchardt, EU/EGV, Art. 220 Rdn. 22 EG; *Schwarze*, in: Schwarze, EU-Kommentar, Art. 220 Rdn. 4 f., 32 EG; *Everling*, Richterliche Rechtsfortbildung in der EG, JZ 2000, 217 (220).

78 *Borchardt*, Die rechtlichen Grundlagen der EU, Rdn. 285.

79 *Schmalenbach*, in Callies/Ruffert, EUV/EGV, Art. 220 Rdn. 16 EG; *Stein*, Richterrecht wie anderswo auch?, in: FS der Jur. Fakultät Heidelberg, S. 627 ff.; *Dänzer-Vanotti*, Unzulässige Rechtsfortbildung des Europäischen Gerichtshofs, RIW 1992, 733 ff.

80 *Borchardt*, Die rechtlichen Grundlagen der EU, Rdn. 286; *Everling*, Richterliche Rechtsfortbildung in der EG, JZ 2000, 217 (225).

81 *Everling*, Die Zukunft der Europäischen Gerichtsbarkeit in einer erweiterten EU, EuR 1997, 398 (398 ff.).

ii. Grenzen der Rechtsfortbildung

Die Rechtsfortbildung des EuGH findet ihre Grenzen in dem allgemeinen Kompetenzrahmen der EG, den inhaltlichen Vorgaben des Gemeinschaftsgesetzgebers, sowie in der Akzeptanzfähigkeit der Urteile[82]. Die Forderung nach der Einhaltung der Kompetenzgrenzen folgt aus dem Prinzip der begrenzten Einzelermächtigung. Mit der fehlenden Akzeptanz der Urteile geht die Gefahr des Autoritätsverlusts einher, zumal die Gemeinschaftsrechtsordnung, abgesehen von einigen wenigen Ausnahmen in Art. 228, 244, 256 EG, keine Möglichkeit der zwangsweisen Durchsetzung der Entscheidungen des Gerichtshofs vorsieht[83]. Nicht zuletzt entscheidet auch die Akzeptanz der Urteile darüber, ob die Rechtsfortbildung gelungen ist[84].

Eine judizielle Rechtserzeugung wird ausnahmsweise in dringenden Fällen für zulässig erachtet, wenn eine Bewerkstelligung durch den Gemeinschaftsgesetzgeber nicht in angemessener Zeit zu erwarten ist, keine rechtlichen Alternativen bestehen, es sich nicht um einen grundlegenden Bereich des Gemeinschaftsrechts handelt und zudem das Gemeinschaftsrecht im zu regelnden Bereich eine planwidrige Lücke aufweist[85].

2. Zusammenfassung

Ausgestattet mit weitreichenden Kontrollbefugnissen ist der Gerichtshof in seiner Rechtsprechung von Anfang an progressiv und integrationsfördernd vorgegangen[86]. Er hat nicht nur das Rechtsschutzsystem des EG-Vertrags ausgeformt, sondern darüber hinaus durch seine Leitentscheidungen die Wesenszüge der Gemeinschaftsverfassung in ihrer heutigen Form maßgeblich mitbestimmt[87]. Mit dieser häufig rechtsfortbildenden und -ergänzenden Rechtsprechung, bei der sich der Gerichtshof eigenständigen, gemeinschaftsrechtlichen „dynamischen"

---

82 *Borchardt*, in: Lenz/Borchardt, EU/EGV, Art. 220 Rdn. 25 ff. EG; *Stein*, Richterrecht wie anderswo auch?, in: FS der Jur. Fakultät Heidelberg, S. 629 f.; *Dänzer-Vanotti*, Unzulässige Rechtsfortbildung des Europäischen Gerichtshofs, RIW 1992, 733 (735 ff.).

83 *Borchardt*, in: Lenz/Borchardt, EU/EGV, Art. 220 Rdn. 27 EG.

84 *Everling*, Richterliche Rechtsfortbildung in der EG, JZ 2000, 217 (227).

85 *Rengeling/Middeke/Gellermann*, Rechtsschutz in der EU, Rdn. 43; *Dänzer-Vanotti*, Unzulässige Rechtsfortbildung des Europäischen Gerichtshofs, RIW 1992, 733 (736 ff.).

86 *Hobe*, Europarecht, Rdn. 112; *Brandt*, Der EuGH und das EuG – Aufbau, Funktionen und Befugnisse, JuS 1994, S. 300 (301).

87 Wichtige Leitentscheidungen: unmittelbaren Wirkung des Gemeinschaftsrecht, EuGH, Rs. 26/62 (van Gend & Loos), Slg. 1963, 1; Vorrang des Gemeinschaftsrecht; EuGH, Rs. 6/64 (Costa/E.N.E.L.), Slg. 1964, 1251; extensiven Auslegung von Gemeinschaftskompetenzen, EuGH, Rs. 22/70 (AERT), Slg. 1971, 263, jedoch eingeschränkt durch EuGH, Gutachten 1/94 (WTO), Slg. 1994, I-5267; Haftung der Mitgliedstaaten für Verstöße gegen Gemeinschaftsrecht, EuGH, verb. Rs. C-6/90 u. C-9/90 (Francovich), Slg. 1991, I-5357.

Interpretationsmethoden bedient, ist der EuGH häufig als ,,Integrationsmotor'' der Gemeinschaft bezeichnet worden[88]. Allerdings scheint der Gerichtshof seine großzügige gemeinschaftsfreundliche Rechtsprechung in jüngster Zeit etwas einzuschränken und sich in eigener Zurückhaltung zu üben[89]. Es entsteht der Eindruck, als befinde sich die Rolle des Gerichtshofs gerade im Wandel. So scheint sich der Gerichtshofs künftig eher als „Hüter der Verfassung'', nicht aber als „Motor der Integration'' zu verstehen[90]. Es bleibt abzuwarten, wie sich dieses neue Selbstverständnis auf den Umgang des Gerichtshofs mit völkerrechtlichen Abkommen auswirkt.

II. Zuständigkeit des EuGH für völkerrechtliche Abkommen

1. Allgemein

„Recht'' im Sinne des Art. 220 EG umfasst - wie oben bereits erwähnt[91] - auch das Völkervertragsrecht nach Maßgabe des Art. 300 Abs. 7 EG. Dazu zählen in erster Linie die von der Gemeinschaft abgeschlossenen völkerrechtlichen Verträge. Aber auch Abkommen, die wie das GATT 1947 zwar noch von den Mitgliedstaaten abgeschlossen wurden, deren Gegenstand aber mittlerweile in den Zuständigkeitsbereich der Gemeinschaft übergegangen ist, fallen darunter[92]. Ein völkerrechtlicher Vertrag kann damit sowohl Prüfungsgegenstand sein als auch Prüfungsmaßstab für das Handeln der Organe und der Mitgliedstaaten.

2. Gerichtliche Kontrollverfahren

Die gerichtlichen Kontrollverfahren für das Völkervertragsrecht lassen sich in vorbeugende und nachträgliche Maßnahmen untergliedern.

---

88 Der Ausdruck geht zurück auf *Hallstein*, Die echten Probleme der europäischen Integration, S. 9; *Oppermann*, Europarecht, Rdn. 384; *Brandt*, Der EuGH und das EuG – Aufbau, Funktionen und Befugnisse, JuS 1994, S. 300 (301).

89 EuGH, verb. Rs. C-267 und C-268/91 (Keck), Slg. 1993, I-6097/6131; EuGH, Rs. 91/92 (Dori), Slg. 1994, I-3325; EuGH, Gutachten 1/94 (WTO), Slg. 1994, I-5267; EuGH, Gutachten 2/94 (EMRK), Slg. 1996, I-1763.

90 EuGH-Präsident Rodriguez Iglesias 1996 in einem Vortrag bei der EUI, veröffentlicht als Jean Monnet Vorlesung, so zitiert in *Douglas-Scott*, Constitutional Law of the EU, S. 220; *Schwarze*, in: Schwarze, EU-Kommentar, Art. 220 Rdn. 28 EG.

91 1.Teil, A I 1 a.

92 *Borchardt*, in: Lenz/Borchardt, EU/EGV, Art. 220 Rdn. 6 EG; *Krück*, in: GTE, EU/EGV, Art. 164 Rdn. 8 EG; *Schwarze*, in: Schwarze, EU-Kommentar, Art. 220 Rdn. 18 EG; *Wegener*, in: Calliess/Ruffert, EUV/EGV, Art. 220 Rdn. 8 EG.

a. Vorbeugende Kontrolle nach Art. 300 Abs. 6 EG

Als vorbeugende Kontrolle völkerrechtlicher Abkommen können Mitgliedstaaten oder Gemeinschaftsorgane die Erstattung eines Rechtsgutachtens nach Art. 300 Abs. 6 EG begehren. Gegenstand eines Gutachtens nach dieser Vorschrift muss ein „geplantes Abkommen'' sein. Trotz der weit reichenden Formulierung des Gerichtshofs, wonach es sich dabei um „jede von Völkerrechtssubjekten eingegangene Verpflichtung ungeachtet ihrer Form'' handeln könne[93], steht fest, dass damit lediglich vertragliche Abmachungen gemeint sind, nicht aber andere Rechtsakte, durch die ebenfalls völkerrechtliche Bindungen geschaffen werden[94].

Art. 300 Abs. 6 EG ermöglicht dem Rat, der Kommission, einem Mitgliedstaat und – mit dem Vertrag von Nizza – auch dem Europäischen Parlament, ein Gutachten des EuGH über die Vereinbarkeit eines von der Gemeinschaft beabsichtigten Abkommens mit dem EG-Vertrag einzuholen[95]. Dabei kann auch die Frage der Zuständigkeit zum Abschluss des Abkommens durch die Gemeinschaft oder eines ihrer Organe oder der Mitgliedstaaten geklärt werden[96]. Der präventive Zweck eines Gutachtenverfahrens liegt darin, ein Auseinanderfallen der innergemeinschaftlichen Legalität und einer durch den Vertragsschluss eintretenden völkerrechtlichen Bindung zu vermeiden und damit völkerrechtlichen Konflikten der Gemeinschaft vorzubeugen[97]. Aufgrund dieses Präventivcharakters ist der Antrag bereits dann zulässig, wenn der Abschluss des Abkommens von Gemeinschaftsorganen erst erwogen wird, der maßgebliche Inhalt des Übereinkommens mit hinreichender Genauigkeit aber schon zu erkennen ist[98]. Kommt der EuGH zu dem Ergebnis, dass das Gemeinschaftsabkommen mit dem EG-Vertrag nicht vereinbar ist, darf dieses nur nach einer Änderung des Vertrags (Art. 48 EU) geschlossen werden[99].

---

93 EuGH, Gutachten 1/75 (lokale Kosten), Slg. 1975, 1355, 1360.

94 *Tomuschat*, in: von der Groeben/Schwarze, EU/EGV, Art. 300 Rdn. 91 EG; *Schwarze*, in: Schwarze, EU-Kommentar, Art. 300 Rdn. 43 EG.

95 *Geiger*, EUV/EGV, Art. 300 Rdn. 30 EG; *Schmalenbach*, in Callies/Ruffert, EUV/EGV, Art. 300 Rdn. 84 EG.

96 EuGH, Gutachten 1/75 (lokale Kosten), Slg. 1975, 1355, 1360 ff.; EuGH, Gutachten 1/76 (Stilllegungsfonds), Slg. 1977, 741, Rdn. 1, 8 ff.; EuGH, Gutachten 1/78 (Naturkautschuk), Slg. 1979, 2871, Rdn. 36; EuGH, Gutachten 2/91 (ILO), Slg. 1993, I-1061, Rdn. 3, 13; EuGH, Gutachten 1/94 (WTO), Slg. 1994, I-5267, Rdn. 9, 13; EuGH, Gutachten 2/92 (OECD), Slg. 1995, I-521, Rdn. 18 ff.; EuGH, Gutachten 2/94 (EMRK), Slg. 1996, I-1763, Rdn. 23 ff.; vgl. auch EuGH, Beschluß 1/78 (Objektschutz), Slg. 1978, 2151, Rdn. 31 ff.

97 *Schwarze*, in: Schwarze, EU-Kommentar, Art. 300 Rdn. 44 EG; *Tomuschat*, in: von der Groeben/Schwarze, EU/EGV, Art. 300 Rdn. 89 EG.

98 *Geiger*, EUV/EGV, Art. 300 Rdn. 30 EG.

99 *Schmalenbach*, in: Callies/Ruffert, EUV/EGV, Art. 300 Rdn. 86 EG.

b. Nachträgliche Kontrolle

aa. Vertragsverletzungsverfahren nach Art. 226, 227 EG

Mitgliedstaaten oder Gemeinschaftsorgane können Völkervertragsrecht im Rahmen der Vertragverletzungsverfahren nach Art. 226, 227 EG überprüfen lassen.

Verletzen die Mitgliedstaaten bei Abschluss ihrer völkerrechtlichen Verträge den EG-Vertrag oder kommen sie ihren Durchführungsverpflichtungen aus Gemeinschaftsabkommen nicht nach[100], kann dieses Verhalten Gegenstand eines Vertragsverletzungsverfahrens sein[101]. Prüfungsmaßstab ist dabei das gesamte Gemeinschaftsrecht, einschließlich der Abkommen, welche die Gemeinschaft mit dritten Staaten oder internationalen Organisationen abgeschlossen hat[102].

bb. Nichtigkeitsklage nach Art. 230 EG

Darüber hinaus besteht die Möglichkeit im Wege der Nichtigkeitsklage nach Art. 230 EG Gemeinschaftsabkommen auf ihre Vereinbarkeit mit dem EG-Vertrag überprüfen zu lassen.

Die Nichtigkeitsklage ermöglicht die Überprüfung der objektiven Rechtmäßigkeit der Handlungen der Gemeinschaftsorgane und der Europäischen Zentralbank (EZB) durch den Gerichtshof. Klagegegenstand der nach den Abs. 2 und 3 privilegiert Klageberechtigten können gemäß Art. 230 Abs. 1 EG u.a. alle „Handlungen des Rates, der Kommission und der EZB, soweit es sich nicht um Empfehlungen oder Stellungnahmen handelt'' sein. Zunächst ist unklar gewesen, ob auch ein völkerrechtlicher Vertrag der Gemeinschaft bzw. deren Abschluss eine „Handlung'' des Rates darstellt. Der EuGH hat die Nichtigkeitsklage dann aber auf sämtliche Handlungen der Organe unabhängig von ihrer Rechtsnatur ausgedehnt, sofern sie dazu bestimmt sind, Rechtswirkungen zu erzeugen[103]. Und da auch Gemeinschaftsabkommen für die Gemeinschaft verbindlich Rechtswirkungen erzeugen, können sie damit neben Verordnungen, Richtlinien und Entscheidungen Klagegegenstand einer Nichtigkeitsklage sein[104]. Schließlich hat der EuGH, wenn auch im Rahmen eines Vorabentscheidungsver-

---

100 EuGH, Gutachten 1/91 (EWG I), Slg. 1991, I-6079, Rdn. 38.

101 *Schmalenbach*, in Callies/Ruffert, EUV/EGV, Art. 300 Rdn. 89 EG.

102 *Cremer*, in: Callies/Ruffert, EUV/EGV, Art. 226 Rdn. 33 EG; *Gaitanides*, in: von der Groeben/Schwarze, EU/EGV, Art. 230 Rdn. 141 EG; *Krück*, in: GTE, EU/EUV, Art. 169 Rdn. 56 EG; *Rengeling/Middeke/Gellermann*, Rechtsschutz in der EU, Rdn. 109.

103 EuGH, Rs. 22/70 (AETR), Slg. 1971, 263, Rdn. 38/42; EuGH, verb. Rs. 213/88 und 39/89 (Luxemburg/Parlament), Slg. 1991, I-5643, Rdn. 15; *Cremer*, in: Callies/Ruffert, EUV/EGV, Art. 230 Rdn. 12 ff. EG.

104 Vgl. EuGH, Gutachten 1/75 (lokale Kosten), Slg. 1975, 1355, 1361; *Rengeling/Middeke/Gellermann*, Rechtsschutz in der EU, Rdn. 140.

fahrens, den Abschluss eines vom Rat geschlossenen Abkommens als „Handlung eine Gemeinschaftsorgans'' bezeichnet[105].

Die Nichtigkeitsklage ist begründet, wenn nach dem Verfahren feststeht, dass mindestens einer der in Art. 230 Abs. 1 EG genannten Klagegründe gegeben ist. Zu den für die Überprüfung völkerrechtlicher Abkommen relevanten Anfechtungsgründen gehören die „Unzuständigkeit'' und die „Verletzung des Vertrags''.

Der Klagegrund „Unzuständigkeit'' ist Ausdruck des Prinzips der begrenzten Einzelermächtigung nach Art. 5 Abs. 1 EG[106]. Eine gemeinschaftliche Rechtshandlung, und sei es der Abschluss eines völkerrechtlichen Vertrags, ist immer dann fehlerhaft, wenn es dem handelnden Gemeinschaftsorgan an einer Befugnis hierfür fehlt. Es können also die Vertragsabschlusskompetenzen der Gemeinschaft hinsichtlich des Abschlusses des Gemeinschaftsabkommens überprüft werden.

Der Klagegrund „Vertragsverletzung'' bildet den Auffangtatbestand für alle Verstöße, die keinem der spezielleren Aufhebungsgründe unterfallen[107]. Er liegt allgemein dann vor, wenn der angegriffene Gemeinschaftsakt gegen geschriebenes oder ungeschriebenes, primäres oder sekundäres Gemeinschaftsrecht verstößt. Prüfungsmaßstab ist insoweit immer das Gemeinschaftsrecht, welches der angefochtenen Rechtshandlung im Rang vorgeht. Neben den Gründungsverträgen und den allgemeinen Rechtsgrundsätzen gehören hierzu auch völkerrechtliche Abkommen mit Drittstaaten oder internationalen Organisationen[108]. Völkerrechtliche Abkommen selbst werden auf Grund ihrer Stellung zwischen Primär- und Sekundärrecht zumeist nur am primären Gemeinschaftsrecht gemessen.

Insgesamt kann festgehalten werden, dass reine Gemeinschaftsabkommen Gegenstand einer privilegierten Nichtigkeitsklage sein können, dies in der Praxis aber eher die Ausnahme darstellt.

cc. Vorabentscheidungsverfahren nach Art. 234 EG

Die am häufigsten auftretende Verfahrensart im Zusammenhang mit Drittländerverträgen ist das Vorabentscheidungsverfahren nach Art. 234 EG[109].

Nach Art. 300 Abs. 7 EG sind neben den Gemeinschaftsorganen auch die Mitgliedstaaten zur Beachtung der Gemeinschaftsabkommen verpflichtet[110]. Die Mitgliedstaaten und deren Gerichte haben daher diese Verträge anzuwenden.

---

105 EuGH, Rs. 181/73 (Haegeman), Slg. 1974, 460, Rdn. 2/6.

106 *Rengeling/Middeke/Gellermann*, Rechtsschutz in der EU, Rdn. 184.

107 *Cremer*, in: Calliess/Ruffert, EUV/EGV, Art. 230 Rdn. 78 EG; *Rengeling/ Middeke/Gellermann*, Rechtsschutz in der EU, Rdn. 188.

108 EuGH, verb. Rs. 21-24/72 (International Fruit Company), Slg. 1972, 1219, Rdn. 14/18 ff.; EuGH, Rs. 9/73 (Schlüter), Slg. 1973, 1135, Rdn. 28 ff.; EuGH, Rs. 104/81 (Kupferberg), Slg. 1982, 3641, Rdn. 13 ff.

109 *Tomuschat*, in: von der Groeben/Schwarze, EU/EGV, Art. 300 Rdn. 98 EG.

110 EuGH, Rs. 270/80 (Polydor), Slg. 1982, 329, Rdn. 9.

Steht die Gültigkeit oder die Auslegung des Völkervertragsrechts in Frage, müssen die Gerichte der Mitgliedstaaten folglich den EuGH nach Art. 234 EG um eine Vorabentscheidung anrufen[111]. Dagegen lässt sich nicht einwenden, dass mit einer eventuellen Feststellung der Ungültigkeit die Wirksamkeit der völkerrechtlichen Verpflichtung gefährdet wäre. Denn ein Urteil über die Gültigkeit bzw. Ungültigkeit einer vertraglichen Bestimmung ist nach den allgemeinen Regeln des Völkerrechts lediglich für die Gemeinschaftsseite verbindlich, wirkt sich hingegen nicht auf die völkerrechtliche Bindungsebene aus[112]. Eine festgestellte innergemeinschaftliche Rechtswidrigkeit kann den Vertragspartnern aus diesem Grunde nicht entgegengehalten werden.

Um dem EuGH ein Gemeinschaftsabkommen zur Entscheidung vorlegen zu können, ist allein Art. 234 Abs. 1 lit. b EG einschlägig. Danach befindet der Gerichtshof „über die Gültigkeit und die Auslegung der Handlungen der Organe der Gemeinschaft und der EZB''. Seit dem *Haegeman*-Urteil ist es ständige Rechtsprechung, dass vom Rat nach Art. 300 EG geschlossenen Abkommen „Handlungen der Organe der Gemeinschaft'' darstellen[113]. Somit stellen Gemeinschaftsabkommen einen zulässigen Vorlagegegenstand dar. Selbst sekundäres Abkommensrecht, so z.B. der Beschluss eines durch ein völkerrechtliches Abkommen geschaffenen und mit dessen Durchführung beauftragten Organs, ist vom Gerichtshof im Rahmen eines Vorlageersuchens bereits ausgelegt worden[114].

Der Begriff der „Gültigkeit'' entspricht demjenigen der „Rechtmäßigkeit''[115]. Prüfungsmaßstab ist das gegenüber der Handlung höherrangige Gemeinschaftsrecht, also in jedem Fall das gesamte Primärrecht, allgemeine Rechtsgrundsätze und eventuell auch vorrangiges sekundäres Gemeinschaftsrecht[116]. Aber auch völkerrechtliche Abkommen, an die die Gemeinschaft gebunden ist, kommen als Gültigkeitsmaßstab von sonstigen Handlungen der Organe der Gemeinschaft in Betracht. Der EuGH begründete diesen Entschluss damit, dass Art. 234 EG keine Einschränkungen hinsichtlich der Gründe enthalte, mit denen die Gültig-

---

111 *Stein*, Der gemischte Vertrag, S. 186.

112 *Schwarze*, in: Schwarze, EU-Kommentar, Art. 234 Rdn. 19 EG; *Dauses*, Das Vorabentscheidungsverfahren nach Art. 177 EG-Vertrag, S. 59 ff.

113 EuGH, Rs. 181/73 (Haegeman), Slg. 1974, 449, Rdn. 2/6; EuGH, Rs. 87/75 (Bresciani), Slg. 1976, 129, Rdn. 19 ff.; EuGH, Rs. 104/81 (Kupferberg), Slg. 1982, 3641, Rdn. 13; EuGH, Rs. 118/83 (Amarti-Wasserableitungsvorarbeiten), Slg. 1983, 2583, Rdn. 20; EuGH, Rs. 12/86 (Demirel), Slg. 1987, 3719, Rdn. 7; EuGH, Rs. 30/88 (Sonderhilfe Türkei), Slg. 1989, 3711, Rdn. 12; *Geiger*, EUV/EGV, Art. 234 Rdn. 5 EG.

114 EuGH, Rs. C-192/89 (Sevince), Slg. 1990, I-3461, Rdn. 10; *Wegener*, in: Calliess/Ruffert, EUV/EGV, Art. 234 Rdn. 7 EG.

115 EuGH, Rs. 25/70 (Einfuhr- und Vorratsstelle Getreide), Slg. 1970, 1161, Rdn. 4; EuGH, Rs. 57/72 (Westzucker), Slg. 1973, 321, Rdn. 2; *Geiger*, EUV/EGV, Art. 234 Rdn. 8 EG; *Schwarze*, in: Schwarze, EU-Kommentar, Art. 234 Rdn. 20 EG.

116 *Schwarze*, in: Schwarze, EU-Kommentar, Art. 234 Rdn. 22 EG.

keit der genannten Handlungen in Frage gestellt werden können[117]. Allerdings müssten die völkerrechtlichen Verträge unmittelbar anwendbar sein, um als Gültigkeitsmaßstab tatsächlich herangezogen zu werden[118].

Zusammenfassend kann gesagt werden, dass reine Gemeinschaftsabkommen tatsächlicher Gegenstand aller hier vorgestellten Klageverfahren sein können und somit der gerichtlichen Kontrollfunktion des EuGH unterliegen. Allerdings wird hiervon meist nur im Rahmen des Gutachtenverfahrens nach Art. 300 Abs. 6 EG und im Rahmen eines Vorabentscheidungsverfahrens nach Art. 234 Abs. 1 lit. b EG Gebrauch gemacht.

B. Zuständigkeit des EuGH für gemischte Abkommen

Nachdem vorstehend die Kompetenz des EuGH für die Auslegung völkerrechtlicher Verträge erörtert wurde, bleibt zu untersuchen, ob diese Grundsätze auch auf gemischte Abkommen übertragbar sind, und der EuGH für deren Auslegung zuständig ist.

I. Problemaufriss

Die Schwierigkeit im Umgang mit gemischten Abkommen besteht darin, dass die EG keine ausschließliche Abschlusskompetenz hinsichtlich der Vertragsmaterie besitzt, sondern die Kompetenzen zwischen der Gemeinschaft und ihren Mitgliedstaaten verteilt sind. Gerade weil geteilte Kompetenzen vorliegen und eine Kompetenzaufspaltung zwischen der EG und den Mitgliedstaaten und deren genaue Zuordnung nur schwer durchführbar ist, kommt es häufig zum Abschluss eines gemischten Übereinkommens. Durch den gemeinsamen Vertragsschluss sollen nicht zuletzt die jeweiligen Kompetenzbereiche gewahrt bleiben.

Gerade die Kompetenzaufspaltung ist es aber, die den Umgang mit gemischten Abkommen hinsichtlich der Frage der Auslegungszuständigkeit des EuGH so schwierig gestaltet. Allgemein kann die entscheidende Frage folgendermaßen formuliert werden: Darf der Gerichtshof lediglich den gemeinschaftsrechtlichen Teil gemischter Abkommen auslegen, oder verfügt er auch über die Kompetenz, diejenigen Bestimmungen gemischter Verträge auszulegen, die in die ausschließliche Zuständigkeit der Mitgliedstaaten fallen?

---

117 EuGH, verb. Rs. 21-24/72 (International Fruit Company), Slg. 1972, 1219, Rdn. 5/6.

118 EuGH, verb. Rs. 21-24/72 (International Fruit Company), Slg. 1972, 1219, Rdn. 21 ff.; EuGH, Rs. 266/81 (Siot), Slg. 1983, 731, Rdn. 28; EuGH, verb. Rs. 267 bis 269/81 (SPI/SAMI), Slg. 1983, 801, Rdn. 23; EuGH, Rs. C-469/93 (Chiquita Italia), Slg. 1995, I-4533, Rdn. 26 ff.; *Schmalenbach*, in Callies/Ruffert, EUV/EGV, Art. 300 Rdn. 59 EG.

Diese Problematik erstreckt sich auf die in Art. 220 EG beschriebenen Aufgaben des Gerichtshofs. Es wird das Problem aufgeworfen, ob die Kontrolle gemischter Abkommen überhaupt zum Aufgabenbereich des Gerichtshofs gehört. Gegenstand der Kontrolle, Auslegung und Fortbildung ist das „Recht'' im Sinne des Art. 220 EG. Der Begriff „Recht'' ist dabei in einem umfassenden Sinne zu verstehen und erfasst alle Normen einer weit verstandenen Gemeinschaftsrechtsordnung, die verbindliche Rechtswirkungen entfalten[119]. Wie bereits dargelegt zählen hierzu die nach Maßgabe des Art. 300 EG von der EG geschlossenen Verträge[120]. Ein gemischtes Abkommen kann als ein von der EG abgeschlossener völkerrechtlicher Vertrag gesehen werden. Andererseits ist es zugleich ein von den Mitgliedstaaten geschlossenes Übereinkommen. Infolge dieses Zwittercharakters ist unklar, in welchem Umfang gemischte Abkommen für die Gemeinschaft verbindliche Rechtswirkung entfalten, das heißt, ob lediglich hinsichtlich des von der gemeinschaftsrechtlichen Zuständigkeit abgedeckten Teils, oder darüber hinausgehend hinsichtlich des Abkommenteils der der mitgliedstaatlichen Zuständigkeit unterfällt mit der Folge, dass das gemischte Abkommen in seiner Gesamtheit innerhalb der Gemeinschaftsrechtsordnung Rechtswirkung entfalten würde. Bei letzterer Möglichkeit entsteht die Gefahr, dass der Rechtsbegriff über das Gemeinschaftsrecht hinaus erstreckt wird.

An dieser Diskussion wird deutlich, dass nicht ohne weiteres festgestellt werden kann, ob gemischte Abkommen „Recht'' im Sinne des Art. 220 EG sind, oder – mit den Worten des EuGH anders ausgedrückt – ob gemischte Abkommen einen „integrierenden Bestandteil der Gemeinschaftsrechtsordnung''[121] darstellen. Da der EuGH nur für die Auslegung von Gemeinschaftsrecht und nicht für die Auslegung nationalen Rechts zuständig ist, ist die eigentlich maßgebliche Frage in Bezug auf die Auslegungszuständigkeit des EuGH für gemischte Abkommen, ob gemischte Abkommen in ihrer Gesamtheit Bestandteil der Gemeinschaftsrechtsordnung werden, oder eben nur insoweit als sie dem gemeinschaftsrechtlichen Zuständigkeitsbereich zugeordnet werden können. Unklar ist damit, ob gemischte Abkommen überhaupt Prüfungsgegenstand der oben aufgezeigten Verfahrensarten[122] sein können.

Zunächst ist zweifelhaft, ob der Gerichtshof tatsächlich dazu berechtigt ist, gemischte Abkommen in ihrer Gesamtheit auszulegen. Bei einer solchen Vorgehensweise bestünde stets die Gefahr, dass er dabei auch jene Bestimmungen gemischter Verträge auslegt, die den mitgliedstaatlichen Zuständigkeiten angehören. Bei diesen Vertragsteilen handelt es sich jedoch gerade nicht um

119 *Borchardt*, in: Lenz/Borchardt, EU/EGV, Art. 220 Rdn. 6 EG; *Schwarze*, in: Schwarze, EU-Kommentar, Art. 220 Rdn. 11 EG.

120 1.Teil, A I 1 a, II 1.

121 EuGH, Rs. 181/73 (Haegeman), Slg. 1974, 449, Rdn. 2/6; EuGH, Rs. 104/81 (Kupferberg), Slg. 1982, 3641, Rdn. 13; EuGH, Rs. 30/88 (Sonderhilfe Türkei), Slg. 1989, 3711, Rdn. 12; EuGH, Rs. C-192/89 (Sevince), Slg. 1990, I-3461, Rdn. 8.

122 1.Teil, A II 2.

Gemeinschaftsrecht im eigentlichen Sinne, so dass für deren Auslegung grundsätzlich die nationalen Gerichte zuständig sind. Die Problematik des Richterrechts der Gemeinschaft berührt in erster Linie das Verhältnis zu den Mitgliedstaaten, da jede ausdehnende Auslegung des Gerichtshofs zu einer Einschränkung der Befugnisse der Gerichte der Mitgliedstaaten führen kann[123]. Deshalb bedarf es einer Klärung, wie die verschiedenen Rechtsschutzsysteme bei gemischten Verträgen ineinander spielen. Der Ausgangspunkt müsste sein, dass sie je nach interner Kompetenzverteilung nebeneinander treten, ohne sich zu berühren oder zu überschneiden[124]. Grundsätzlich dürfte der EuGH dann nur für den gemeinschaftsrechtlichen Teil eines gemischten Abkommens zuständig sein. Für die den mitgliedstaatlichen Kompetenzen unterfallenden Abkommensteile wären die jeweils nationalen Gerichte zuständig.

Ob der EuGH tatsächlich von einer der internen Kompetenzverteilung folgenden Auslegungszuständigkeit für gemischte Abkommen oder von einer umfassenden Auslegungskompetenz ausgeht, soll im Folgenden genauer untersucht werden. Wie er dabei im Einzelnen vorgeht, soll zunächst an der Leitentscheidung *Hermès* dargestellt werden.

Das Bemerkenswerte am *Hermès*-Fall ist, dass die auszulegende Norm eines gemischten Vertrags nicht der ausschließlichen Gemeinschaftskompetenz zuzuordnen war. Der EuGH hatte bereits in einem vorangegangen Gutachten festgestellt, dass es sich hierbei um einen Bereich mit „geteilten Kompetenzen" handelt[125]. Obwohl sich der EuGH also bewusst war, dass er sich in einem Bereich außerhalb der ausschließlichen Gemeinschaftskompetenzen bewegte, erklärte er sich in der *Hermès*-Entscheidung dennoch zur Auslegung der umstrittenen Norm bereit. Dabei betonte er erstmals ausdrücklich die Notwendigkeit einer „einheitlichen Auslegung" gemischter Abkommen[126].

II. Am Beispiel des Hermès-Urteils

In der Rechtssache *Hermès* hatte der EuGH erstmalig eine Norm des TRIPs auszulegen. Das TRIPs ist von der Gemeinschaft und den Mitgliedstaaten der EG als gemischtes Abkommen als ein Bestandteil der WTO-Übereinkommen abgeschlossen worden[127]. Damit der Gerichtshof für die Auslegung der TRIPs-Norm im Rahmen seiner Auslegungskompetenz nach Art. 234 Abs. 1 lit. b EG zuständig sein konnte, musste es sich bei dem TRIPs oder jedenfalls bei der auszulegenden Norm des TRIPs um eine „Handlung eines Gemeinschaftsorgans" handeln. Eine solche liegt sicherlich vor, wenn die Norm „integrierender

123 *Everling*, Richterliche Rechtsfortbildung in der EG, JZ 2000, 217 (225).

124 *Schermers*, The Internal Effect of Community Treaty-Making, in: O'Keeffe/Schermers, Essays in European Law and Integration, 167 (174 f.).

125 EuGH, Gutachten 1/94 (WTO), Slg. 1994, I-5267, Rdn. 103, 105.

126 EuGH, Rs. C-53/96 (Hermès), Slg. 1998, I-3603, Rdn. 32.

127 Vgl. Einleitung, A.

Bestandteil der Gemeinschaftsrechtsordnung" ist. Ob die in Frage stehende Bestimmung einen Teil des Gemeinschaftsrechts bildet, ist daher als Vorfrage zur Problematik der Auslegungszuständigkeit anzusehen.

1. Sachverhalt

Im Rahmen eines Vorabentscheidungsverfahrens nach Art. 234 EG ging es in der Rechtssache *Hermès* um die Zulässigkeit der Vorlagefrage eines niederländischen Gerichts in Bezug auf die Auslegung von Art. 50 Abs. 6 TRIPs[128].

Der Ausgangsstreit betraf den Vorwurf der Verletzung von Urheber- und Markenrechten durch das Inverkehrbringen nachgeahmter Hermès-Krawatten. Die Inhaberin des Hermès-Markenrechts, die französische Gesellschaft Hermès International, wollte im Rahmen des vorläufigen Rechtsschutzes der Antragsgegnerin, die niederländische Gesellschaft FHT Marketing Choice BV, die Verletzung ihrer Rechte untersagen lassen. Das niederländische Vorlagegericht, das zum Schutz der für die Benelux-Staaten eingetragenen internationalen Marke Hermès Maßnahmen des vorläufigen Rechtsschutzes nach Art. 289 der niederländischen Zivilprozessordnung erlassen hatte, ersuchte nun den EuGH um eine Auslegung der TRIPs-Bestimmung.

Art. 50 Abs. 6 TRIPs bestimmt, dass einstweilige Maßnahmen, die zum Schutz geistiger Eigentumsrechte angeordnet werden, auf Ersuchen des Antragsgegners oder auf sonstige Weise außer Kraft gesetzt werden, wenn das Hauptsacheverfahren nicht innerhalb einer angemessenen Frist eingeleitet wird. Diese Frist ist von dem Gericht, welches die einstweilige Maßnahme erlässt, zu bestimmen. Das niederländische Vorlagegericht erwog, der Antragstellerin eine derartige Frist zur Einleitung des Hauptsacheverfahrens zu setzen. Es fragte daher den EuGH, ob die nach niederländischem Recht angeordnete Maßnahme unter den Begriff der „einstweiligen Maßnahme" im Sinne des Art. 50 Abs. 6 TRIPs fiele.

2. Verfahrensbeteiligte

a. Mitgliedstaaten

Die Mitgliedstaaten Frankreich, die Niederlande und das Vereinigte Königreich hatten die Ansicht vertreten, dass der EuGH für die Auslegung von Art. 50 Abs. 6 TRIPs nicht zuständig sei[129]. Sie beriefen sich dabei auf das WTO-*Gutachten 1/94*[130], in dem festgestellt worden sei, dass der Bereich des TRIPs, in dem die Durchsetzung der Rechte am geistigen Eigentum geregelt werde, und zu dem auch Art. 50 TRIPs gehöre, im wesentlichen in die Zuständigkeit der Mitgliedstaaten falle. Da die Gemeinschaft in dem betreffenden

128 EuGH, Rs. C-53/96 (Hermès), Slg. 1998, I-3603, Rdn. 1.

129 EuGH, Rs. C-53/96 (Hermès), Slg. 1998, I-3603, Rdn. 22 f.

130 EuGH, Gutachten 1/94 (WTO), Slg. 1994, I-5267, Rdn. 104.

Bereich nach wie vor keine weiteren Harmonisierungsvorschriften erlassen habe, sei Art. 50 TRIPs nicht dem Anwendungsbereich des Gemeinschaftsrechts zuzuordnen, so dass der Gerichtshof für seine Auslegung nicht zuständig sei.

b. Kommission

Die Kommission bejahte hingegen die Auslegungszuständigkeit des EuGH, indem sie die Notwendigkeit einer einheitlichen Auslegung und Anwendung der Vorschriften innerhalb der Gemeinschaft betonte[131]. Ihrer Ansicht nach könne es keine vollkommene Parallelität zwischen der Abschlusskompetenz der EG und der Auslegungszuständigkeit des Gerichtshofs geben, da die Abschlusskompetenz auf die effektiven und aktuellen Befugnisse der Gemeinschaft zurückgeführt werden müsse, die Auslegungszuständigkeit hingegen aus bloß „potentiellen'' Befugnissen der Gemeinschaft abgeleitet werden könne. Eine „potentielle'' Befugnis stehe der Gemeinschaft, wie der Gerichtshof im *Gutachten 1/94* unterstrichen habe, für den gesamten Teil III des TRIPs, zu dem gerade Art. 50 TRIPs gehöre, zu. Ferner stellten gemischte Verträge eine einheitliche Übereinkunft zwischen der Gemeinschaft und ihren Mitgliedstaaten einerseits und den Drittstaaten andererseits dar, so dass die Einheitlichkeit von Auslegung und Anwendung erforderlich sei. Darüber hinaus bilde das Gesamtpaket der WTO-Abkommen ein einheitliches Ganzes, das eine an denselben Kriterien ausgerichtete Auslegung erfordere, um das Risiko abweichender Auslegungen durch den Gerichtshof und die nationalen Gerichte in Fragen von großer Bedeutung, wie zum Beispiel der unmittelbaren Wirkung, zu vermeiden.

3. Schlussanträge des Generalanwalts Tesauro

Auch Generalanwalt *Tesauro* lehnte die Konstruktion ab, nach der der EuGH nur zur Auslegung der Bestimmungen zuständig sei, für die die Gemeinschaft die Abschlusszuständigkeit inne hat, nicht aber auch für die Vorschriften, für die weiterhin eine Abschlusszuständigkeit der Mitgliedstaaten bestünde. *Tesauro* vertrat die Ansicht, dass der Gerichtshof vielmehr für die Auslegung sämtlicher TRIPs-Bestimmungen zuständig sei, inklusive Art. 50 Abs. 6 TRIPs. Seine Meinung unterlegt er im Wesentlichen mit drei Argumenten[132].

Zum einen lägen mögliche Verknüpfungen zwischen mehreren Bestimmungen desselben Abkommens vor, so dass sich kaum genau feststellen ließe, ob eine bestimmte Vorschrift im Gemeinschaftsrahmen oder nur im nationalen Rahmen Bedeutung hätte. Zum anderen könne eine Aufteilung der Auslegungszuständigkeiten im Falle von Art. 50 TRIPs zu dem widersinnigen Ergebnis führen, dass die Vorschrift bei bestimmten Sachverhalten vom EuGH,

131 Kommission in EuGH, Rs. C-53/96 (Hermès), Slg. 1998, I-3603, Rdn. 16, Schlussantrag.

132 Schlussanträge des GA *Tesauro*, EuGH, Rs. C-53/96 (Hermès), Slg. 1998, I-3603, Rdn. 20.

bei anderen Sachverhalten hingegen von den nationalen Gerichten auszulegen wäre.

Sein drittes Hauptargument betrifft die völkerrechtliche Verantwortung der Gemeinschaft. Diese könne für jeden Bereich des betreffenden Übereinkommens, unabhängig von der Frage, wem ein Verstoß gegen die jeweilige Abkommensvorschrift anzulasten wäre, nur zur Bejahung der Vorabentscheidungsbefugnis des Gerichtshofs führen. Denn nur so könne „die Einheitlichkeit der Auslegung und damit der Anwendung der betreffenden Bestimmungen des Übereinkommens innerhalb der Gemeinschaft sicher-[gestellt] und das Interesse der Gemeinschaft daran [gewahrt werden], nicht für Zuwiderhandlungen eines oder mehrere Mitgliedstaaten verantwortlich gemacht zu werden''[133].

Abschließend bemerkte der Generalanwalt, dass die Übertragung der vollständigen Auslegungszuständigkeit auf den Gerichtshof als ein Beitrag zur Erfüllung der Pflicht zur Zusammenarbeit zwischen den gemeinschaftlichen Organen und den Mitgliedstaaten, welche im *Gutachten 1/94* entwickelt worden sei, gesehen werden könne[134]. Ein Fehlen einer einheitlichen Auslegung brächte die Gefahr mit sich, dass Ergebnisse, die aufgrund der Pflicht zur Zusammenarbeit bei der Aushandlung und Anwendung der betreffenden Abkommensbestimmungen erzielt worden wären, zunichte gemacht würden und unter Umständen eine Zerstückelung in 15 verschiedene Auslegungen durch die nationalen Gerichte zur Folge hätte. Ferner verwies er darauf, dass das Rechtssystem der Gemeinschaft trotz aller Differenziertheit nach innen ein System sei, das nach außen hin einheitlich funktionieren und gelten wolle[135].

Am Ende seiner Ausführungen begrüßte der Generalanwalt *Tesauro* folgegerecht eine einheitliche Auslegung und Anwendung aller betreffenden Abkommensbestimmungen durch den Gerichtshof.

4. Urteil des Gerichtshofs

Auch der Gerichtshof bejahte seine Auslegungszuständigkeit für Art. 50 Abs. 6 TRIPs, doch begründete er diese zum Teil mit anderen Argumenten.

Zunächst betonte er, dass die Gemeinschaft und Mitgliedstaaten die WTO-Übereinkommen gemeinsam unterzeichnet und ratifiziert hätten, ohne dabei die Aufteilung ihrer Vertragsabschlusszuständigkeiten den anderen Vertragsparteien gegenüber zu offenbaren[136].

Sodann verwies er auf die Verordnung Nr. 40/94 über die Gemeinschaftsmarke[137] und knüpfte folgenden Zusammenhang: Art. 50 TRIPs biete den

---

133 Ebenda, Rdn. 20.

134 Ebenda, Rdn. 21.

135 Ebenda, Rdn. 21.

136 EuGH, Rs. C-53/96 (Hermès), Slg. 1998, I-3603, Rdn. 24.

137 Verordnung des Rates vom 20.12.1993 über die Gemeinschaftsmarke, ABl. 1994, L 11, 1.

Gerichten der Vertragparteien die Möglichkeit, durch einstweilige Maßnahmen die Interessen von Inhabern der durch die Vertragparteien verliehenen Markenrechte zu schützen[138]. Nach Art. 99 der Verordnung Nr. 40/94 könnten Rechte aus der Gemeinschaftsmarke durch den Erlass von einstweiligen Maßnahmen, einschließlich Sicherungsmaßnahmen, geschützt werden[139]. Da die Gemeinschaft Partei des TRIPs sei und das TRIPs auch die Gemeinschaftsmarke betreffe, seien die in Art. 99 der Verordnung Nr. 40/94 genannten nationalen Gerichte daher verpflichtet, Wortlaut und Zweck des Art. 50 TRIPs im Falle der Anordnung einstweiliger Maßnahmen zum Schutz von Rechten aus der Gemeinschaftsmarke zu berücksichtigen[140]. Aufgrund dessen sei der Gerichtshof für die Auslegung von Art. 50 TRIPs zuständig, woran auch die Tatsache, dass der Ausgangsrechtsstreit die internationale Eintragung von Marken betreffe, nichts zu ändern vermöge[141].

Der EuGH argumentierte, dass zum einen das vorlegende nationale Gericht zur Beurteilung der Erforderlichkeit einer Vorabentscheidung zuständig sei[142]. Konsequenterweise sei der Gerichtshof damit grundsätzlich zu einer Entscheidung verpflichtet, wenn sich die Frage des nationalen Gerichts auf eine Vorschrift beziehe, zu deren Auslegung er befugt sei. Zum anderen bestünde bei einer Vorschrift wie der des Art. 50 TRIPs, die sowohl auf Sachverhalte, die dem mitgliedstaatlichen Recht als auch dem Gemeinschaftsrecht unterliegen, „ein klares Interesse der Gemeinschaft daran, dass diese Vorschrift unabhängig davon, unter welchen Voraussetzungen sie angewandt werden soll, einheitlich ausgelegt wird, um in der Zukunft voneinander abweichende Auslegungen zu verhindern''[143].

Demzufolge ging der Gerichtshof davon aus, im Rahmen eines Vorabentscheidungsverfahrens nach Art. 234 EG für die Auslegung von Art. 50 Abs. 6 TRIPs zuständig zu sein.

5. Stellungnahme

Mit der *Hermès*-Entscheidung bleibt unklar, ob der EuGH mit der Auslegung von Art. 50 TRIPs überhaupt Gemeinschaftsrecht ausgelegt hat. So ist dieser Bereich des TRIPs in dem *Gutachten 1/94* nämlich nicht der ausschließlichen Kompetenz der Gemeinschaft zugeordnet worden[144].

---

138 EuGH, Rs. C-53/96 (Hermès), Slg. 1998, I-3603, Rdn. 26.

139 Ebenda, Rdn. 27.

140 Ebenda, Rdn. 28.

141 Ebenda, Rdn. 29 f.

142 Ebenda, Rdn. 31 mit Verweis auf EuGH, verb. Rs. C-297/88 und 197/89 (Dzodzi), Slg. 1990, I-3763, Rdn. 34 f. und EuGH, Rs. C-231/89 (Gmurzynska-Bscher), Slg. 1990, I-4003, Rdn. 19 f.

143 Ebenda, Rdn. 32 mit Verweis auf EuGH, Rs. C-28/95 (Leur-Bloem), Slg. 1997, I-4161, Rdn. 32; EuGH, Rs. C-130/95 (Giloy), Slg. 1997, I-4291, Rdn. 28.

144 EuGH, Gutachten 1/94 (WTO), Slg. 1994, I-5267, Rdn. 104.

Für den Gerichtshof scheint die Frage der internen Kompetenzverteilung zwischen der Gemeinschaft und den Mitgliedstaaten hinsichtlich der auszulegenden Norm des gemischten Abkommens für die Begründung seiner Auslegungszuständigkeit keine Rolle gespielt zu haben. Er hat nicht ausdrücklich bestimmt, in wessen Kompetenzbereich Art. 50 TRIPs fällt, um daran seine Zuständigkeit für die Auslegung festzumachen. Dadurch wird der Anschein erweckt, als habe der Gerichtshof seine Auslegungszuständigkeit von der Reichweite der gemeinschaftlichen Vertragsabschlusskompetenzen abgekoppelt. Auch hat er es vermieden festzulegen, ob Art. 50 TRIPs Bestandteil der Gemeinschaftsrechtsordnung ist. Er hat die auszulegende Norm nämlich nicht als „integrierenden Bestandteil'' der Gemeinschaftsrechtsordnung bezeichnet.

Als verwunderlich am *Hermès*-Urteil erscheint zudem, dass Art. 50 TRIPs in seiner Bedeutung für die Auslegung einer nationalen Norm, nämlich Art. 289 der niederländischen Zivilprozessordnung, in Frage stand. Im Ausgangsverfahren ging es gerade nicht um die Auslegung einer Norm der Gemeinschaftsmarkenverordnung. So fehlte es an einem gemeinschaftsrechtlichen Bezug der Vorlagefrage.

Der Versuch des Gerichtshofs, eine gemeinschaftsrechtliche Verknüpfung über die Gemeinschaftsmarkenverordnung als Harmonisierungsmaßnahme herzustellen, schlägt fehl. So gibt der EuGH vor, dass Art. 50 TRIPs für das Verständnis und die Anwendung des Art. 99 der Gemeinschaftsmarkenverordnung von Bedeutung sei, weshalb er ausnahmslos für Art. 50 TRIPs auslegungsberechtigt sein müsse[145]. Bei näherer Betrachtung dieser Konstruktion gelangt *von Bogdandy* aber zutreffend zu dem Ergebnis, dass eine Situation, in der Art. 50 Abs. 6 TRIPs für die Auslegung von Art. 99 der Gemeinschaftsmarkenverordnung tatsächlich bedeutsam wäre, nur schwer vorstellbar sei[146]. Art. 99 sieht nämlich im Bezug auf die Gemeinschaftsmarke keinen einheitlichen vorläufigen Rechtsschutz vor, sondern erlaubt alle einstweiligen Maßnahmen – einschließlich Sicherungsmaßnahmen – die in dem Recht eines Mitgliedstaates für eine nationale Marke vorgesehen sind. Einstweilige Maßnahmen zum Schutz der Gemeinschaftsmarke richten sich nach den nationalen Bestimmungen. Somit erlangt Art. 50 Abs. 6 TRIPs immer nur für die Auslegung der nationalen Maßnahmen des vorläufigen Rechtschutzes Relevanz. Dem Grunde nach liegt daher immer ein rein nationaler Sachverhalt vor, so dass an sich die mitgliedstaatlichen Gerichte für die Auslegung von Art. 50 TRIPs zuständig sind. In dem *Hermès*-Fall hätte der Vorlagebeschluss allenfalls dann einen Gemeinschaftsbezug aufgewiesen, wenn die Auslegung von Art. 50 TRIPs tatsächlich für den Schutz einer Gemeinschaftsmarke von Bedeutung gewesen wäre. Dies war aber gerade nicht der Fall. Dennoch ging der EuGH davon aus, umfassend für die Fragen der Auslegung zuständig zu sein.

---

145 Siehe oben 1.Teil, B II 4.

146 *Von Bogdandy*, Case Law: C- 53/96 Hermès with annotation by von Bogdandy, CMLRev. 1999, 663 (668).

Unter Verweis auf seine *Dzodzi-* und *Gmurzynska-Bscher*-Entscheidungen versuchte der Gerichtshof die Erstreckung seiner Auslegungszuständigkeit damit zu begründen, dass das vorlegende nationale Gericht zur Beurteilung der Erforderlichkeit einer Vorabentscheidung zuständig, und der Gerichtshof grundsätzlich zu einer Entscheidung verpflichtet sei[147]. Mit dieser Aussage kann der EuGH so verstanden werden, dass für ihn eine Entscheidungspflicht selbst dann bestehe, wenn die Voraussetzungen seiner Auslegungszuständigkeit im konkreten Fall gar nicht gegeben sind. Sollte sich der Gerichtshof nun immer zu einer Entscheidung verpflichtet fühlen, dann steht dies im klaren Widerspruch zu den Fällen, in denen sich der EuGH für unzuständig erklärt hat, obwohl er grundsätzlich zur Auslegung der Vorschrift befugt gewesen wäre[148]. So hat der EuGH zum einen hypothetische oder konstruierte Fragestellungen abgewiesen, mit denen nicht wirklich ein Rechtstreit entschieden, sondern lediglich der EuGH zur Abgabe eines Rechtsgutachtens bewegt werden sollte[149]. Zum anderen sind Vorlagebeschlüsse als unzulässig abgewiesen worden, die die tatsächlichen oder rechtlichen Hintergründe des Ausgangsverfahrens nicht mit hinreichender Klarheit erkennen ließen[150]. Der Gerichtshof hat insbesondere auch solche Vorlagen als unzulässig erachtet, bei denen die von einem nationalen Gericht erbetene Auslegung des EG-Rechts in keinem Zusammenhang mit der Realität oder dem Gegenstand des Ausgangsrechtsstreits steht[151]. Letztere Fälle sind vergleichbar mit der *Hermès*-Konstellation. Auch hier fehlt dem Vorlagebeschluss, wie soeben dargestellt, der Zusammenhang zu einer gemeinschaftsrechtlichen Norm. Dementsprechend hätte der EuGH damit die *Hermès*-Vorlage für unzulässig erachten müssen. Obwohl die Zuständigkeitsvoraussetzungen nicht vorlagen, erklärte er sich dennoch für zuständig. Ist die Entscheidung des Gerichtshofs in der Rechtssache *Hermès* jedoch so zu verstehen, dass sich der Gerichtshof immer für zuständig erachtet unabhängig vom Vorliegen der Zustän-

---

147 Siehe oben 1.Teil, B II 4.

148 EuGH, Rs. 104/79 (Foglia/Novello I), Slg. 1980, 745; EuGH, Rs. C-244/80 (Foglia/Novello II), Slg. 1981, 3045; EuGH, Rs. C-83/91 (Meilicke), Slg. 1992, I-4871; EuGH, verb. Rs. C-320-322/90 (Telemarsicabruzzo), Slg. 1993, I-393; EuGH, Rs. C 144/95 (Maurin), Slg. 1996, I-2909; EuGH, Rs. C-291/96 (Grado), Slg. 1997, I-5531; EuGH, Rs. C-361/97 (Nour), Slg. 1998, I-3101.

149 EuGH, Rs. 104/79 (Foglia/Novello I), Slg. 1980, 745, Rdn. 10 ff.; EuGH, Rs. C-244/80 (Foglia/Novello II), Slg. 1981, 3045, Rdn. 17 ff; EuGH, Rs. C-83/91 (Meilicke), Slg. 1992, I-4871, Rdn. 25 ff.; EuGH, Rs. C-412/93 (Leclerc-Siplec), Slg. 1995, I-179, Rdn. 12; EuGH, Rs. C-314/96 (Djabali), Slg. 1998, I-1149, Rdn. 18 ff.; EuGH, Rs. C-379/98 (Preussen Elektra), Slg. 2001, I-2099, Rdn. 39.

150 EuGH, verb. Rs. C-320-322/90 (Telemarsicabruzzo), Slg. 1993, I-393, Rdn. 6 ff.; EuGH, Rs. C-157/92 (Banchero), Slg. 1993, I-1085, Rdn. 4.

151 EuGH, Rs. C-286/88 (Falciola), Slg. 1990, I-191, Rdn. 9; EuGH, Rs. C-428/93 (Monin Automobiles), Slg. 1994, I-1707, Rdn. 15; EuGH, Rs. C-346/93 (Kleinwort Benson), Slg. 1995, I-615, Rdn. 16 ff.; EuGH, Rs. C-291/96 (Grado), Slg. 1997, I-5531, Rdn. 13 ff.; EuGH, Rs. C-355/97 (Beck Liegenschaftsverwaltungsgesellschaft), Slg. 1999, I-4977, Rdn. 37.

digkeitsvoraussetzungen so fehlt ein Maßstab, nach dem zu beurteilen ist, wann das Fehlen bestimmter Voraussetzungen für die Auslegungszuständigkeit als beachtlich und wann als unbeachtlich anzusehen ist[152]. Ein solches Verständnis würde die Rechtssicherheit erheblich gefährden.

Außerdem hat der Gerichtshof seine Auslegungszuständigkeit damit begründet, dass ein klares Interesse der Gemeinschaft daran bestünde, dass eine Bestimmung wie Art. 50 TRIPs in ihrem gesamten Anwendungsbereich einheitlich ausgelegt werde. Dies sei nötig, da sie sowohl auf Sachverhalte anwendbar sei, die dem Gemeinschaftsrecht unterfallen, als auch auf Situationen, die vom nationalen Recht geregelt werden[153]. Damit hat der EuGH seine Auslegungszuständigkeit auf den gesamten Anwendungsbereich der Vorschrift ausgedehnt, bloß um eine einheitliche Auslegung zu gewährleisten.

Die *Hermès*-Entscheidung zeigt, dass der EuGH gewillt ist, seine Zuständigkeit für die Auslegung von Normen gemischter Verträge weit zu fassen, um deren einheitliche Auslegung zu gewährleisten. Dies scheint er insbesondere dann für notwendig zu erachten, wenn zumindest hypothetisch die Möglichkeit besteht, dass die auszulegende Norm über rein nationale Sachverhalte hinaus auch auf gemeinschaftsrechtliche Sachverhalte anwendbar ist.

III. Zusammenfassung

Mit der *Hermès*-Entscheidung eröffnete sich der Gerichtshof die Möglichkeit, sich für die Auslegung der Bestimmungen gemischter Abkommen für zuständig zu erklären, die auf Grund einer bereits erlassenen Harmonisierungsmaßnahme einen wenigstens abstrakten Gemeinschaftsbezug aufweisen, um dem Interesse der Gemeinschaft an einer einheitlichen Auslegung nachzukommen. Indem der über die Harmonisierungsmaßnahme hergestellte Gemeinschaftsbezug auf den Entscheidungsfall gar nicht konkret anwendbar ist, eröffnet der EuGH in *Hermès* sogar die Möglichkeit sich letztendlich für alle Bestimmungen gemischter Verträge für zuständig zu erklären. Auf diese Weise kann er dem Auftreten künftiger Auslegungsdivergenzen entgegentreten.

In dem *Hermès*-Urteil hat sich der EuGH zu den Problemen gemischter Abkommen kaum ausdrücklich geäußert. Auch hat er keine klare Regelung für die Auslegungszuständigkeit des Gerichtshofs für gemischte Abkommen geschaffen.

Indem sich der Gerichtshof aber für Art. 50 TRIPs als auslegungsberechtigt erachtet, sind gemischte Abkommen wohl als „Recht'' im Sinne des Art. 220 EG anzusehen. Ferner zeigt die Entscheidung, dass gemischte Abkommen Gegenstand eines Vorabentscheidungsverfahrens nach Art. 234 Abs. 1 lit. b EG sein können, dessen Normen – selbst wenn diese nicht dem ausschließlichen

---

152 *Groh/Windisch*, Die Europäische Gemeinschaft und TRIPS: Hermès, Dior und die Folgen, GRUR Int. 2001, 497 (499).

153 EuGH, Rs. C-53/96 (Hermès), Slg. 1998, I-3603, Rdn. 32.

Kompetenzbereich der Gemeinschaft unterfallen - vom EuGH ausgelegt werden. Ein Begründungsansatz des EuGH hierfür scheint die Notwendigkeit einer einheitlichen Auslegung von Normen gemischter Abkommen zu sein. Infolgedessen sind gemischte Abkommen als „Handlung eines Gemeinschaftsorgans'' im Sinne von Art. 234 Abs. 1 lit. b EG zu verstehen. Insgesamt wäre damit sogar die Schlussfolgerung erlaubt, dass der EuGH das gesamte gemischte Abkommen als Bestandteil der Gemeinschaftsrechtsordnung ansieht.

Im Ergebnis könnten gemischte Abkommen damit nicht nur Gegenstand eines Vorabentscheidungsverfahrens gemäß Art. 234 Abs. 1 lit. b EG sein, sondern auch Teil eines Vertragsverletzungsverfahren nach Art. 226, 227 EG, einer Nichtigkeitsklage nach Art. 230 EG und natürlich auch eines Rechtsgutachtens nach Art. 300 Abs. 6 EG.

Ob diese dem *Hermès*-Urteil entnommenen Folgerungen zwingend sind und sich durch andere EuGH Entscheidungen bestätigen lassen, oder ob die Folgerungen widerlegt werden können, soll in den beiden folgenden Teilen dieser Arbeit untersucht werden.

2. Teil: Rechtsprechungsentwicklung

A. Die Rechtsprechung des EuGH vor dem Hermès-Urteil

Bereits vor der *Hermès*-Entscheidung hat der Gerichtshof zahlreiche völkerrechtliche Abkommen ausgelegt und musste oft die Frage nach deren unmittelbaren Anwendbarkeit beantworten[154]. Häufig ist der Gerichtshof dabei nach der Auslegung von Assoziierungsabkommen gefragt worden. Mit Ausnahme der Abkommen mit Malta und Zypern sowie der früheren Abkommen mit Marokko und Tunesien sind alle Assoziierungsverträge als gemischte Abkommen abgeschlossen worden[155]. Diejenigen Urteile, in denen er die Notwendigkeit einer einheitlichen Auslegung hervorhebt, sollen im Folgenden kurz wiedergegeben und analysiert werden.

I. Rechtsprechung des EuGH

In seiner Rechtsprechung zu Gemeinschafsabkommen hat sich der Gerichtshof zur Reichweite seiner Auslegungszuständigkeit nie explizit geäußert. Es scheint, als habe es der EuGH bisher vermieden, eine klare und grundsätzliche Antwort auf das Problem seiner Auslegungszuständigkeit bei gemischten Abkommen zu geben. Er hat zwar mehrfach Bestimmungen gemischter Verträge ausgelegt, ohne dabei aber festzustellen, ob seine Zuständigkeit darauf beruht, dass die betreffenden Bestimmungen mit Sicherheit in den Bereich der Gemeinschaftszuständigkeit gehören, oder darauf, dass sich seine Zuständigkeit auf alle Normen gemischter Abkommen erstreckt. Durch diese bisherige Vorgehensweise bleibt unklar, ob er für die Gesamtheit gemischter Übereinkommen auslegungsberechtigt ist oder nur für solche Vertragsbereiche, die den gemeinschaftlichen Kompetenzen unterfallen. Auffällig ist aber, dass der Gerichtshof in vielen dieser Urteile wiederholt die Notwendigkeit einer durch ihn vorgenommenen einheitlichen Auslegung der jeweiligen Vertragsbestimmungen gesehen hat. Dies scheint darauf hinzudeuten, dass sich eine Entwicklung hin zu einem Gebot der einheitlichen Auslegung abzeichnet.

---

154 EuGH, Rs. 181/73 (Haegeman), Slg. 1974, 449; EuGH, Rs. C-87/75 (Bresciani), Slg. 1976, 129; EuGH, Rs. C-65/77 (Razanatsimba), Slg. 1977, 2229; EuGH, Rs. 17/81 (Pabst), Slg. 1982, 1331; EuGH, Rs. 12/86 (Demirel), Slg. 1987, 3719; EuGH, Rs. C-192/89 (Sevince), Slg. 1990, I-3461; EuGH, Rs. C-18/90 (Kziber), Slg. 1991, I-199; EuGH, Rs. C-103/94 (Krid), Slg. 1995, I-719.

155 *Hernfeld*, in: Schwarze, EU-Kommentar, Art. 310 Rdn. 3 EG; *Schmalenbach*, in Calliess/Ruffert, EUV/EGV, Art. 310 Rdn. 18 EG; *Weber*, in: von der Groeben/ Schwarze, EU/EGV, Art. 310 Rdn. 21 EG; *Krück*, Die Freizügigkeit der Arbeitnehmer nach dem Assoziierungsabkommen EWG/Türkei, EuR 1984, 289 (303).

1. International Fruit Company

Ausgangspunkt der Rechtsprechung des EuGH im Umgang mit völkerrechtlichen Abkommen ist die Entscheidung *International Fruit Company* aus dem Jahre 1972.

a. Sachverhalt

Im Rahmen eines Vorlageverfahrens stellte ein niederländisches Gericht dem EuGH die Frage, ob im Sinne von Art. 177 EWGV (Art. 234 EG n.F.) die Ungültigkeit einer Gemeinschaftshandlung auch am Maßstab anderen internationalen Rechts als dem Gemeinschaftsrecht gemessen werden müsse und falls ja, ob dann die EWG-Verordnungen Nr. 459/70, 565/70 und 686/70 wegen Verstoßes gegen Art. XI des 1947 abgeschlossenen Allgemeinen Zoll- und Handelsabkommens für den Warenverkehr (GATT) ungültig seien[156].

b. Urteil des Gerichtshofs

Der Gerichtshof entschied, dass die Gültigkeit von Organhandlungen der Gemeinschaft im Vorlageverfahren unter dem Gesichtspunkt ihrer Vereinbarkeit mit den Bestimmungen des Völkerrechts geprüft werden könne. Er begründete dies damit, dass die in Art. 177 EWGV (Art. 234 EG n.F.) geregelte Zuständigkeit des Gerichtshofs keine Einschränkungen hinsichtlich der Gründe enthielte, mit denen die Gültigkeit der genannten Handlungen in Frage gestellt werden könne[157]. Diese Zuständigkeit umfasse sämtliche Ungültigkeitsgründe und damit auch Regeln des Völkerrechts. Darüber hinaus entschied der EuGH, dass zwar die Mitgliedstaaten und die Gemeinschaftsorgane an das GATT 1947 gebunden seien, die unmittelbare Anwendbarkeit der Vorschriften des GATT 1947 wegen deren „großen Geschmeidigkeit'' jedoch abgelehnt werden müsse[158]. Damit scheiterte auch die Überprüfung der EWG-Verordnungen am Maßstab des GATT.

2. Haegeman

a. Sachverhalt

In dem *Haegeman*-Fall legte ein belgisches Gericht nach Art. 234 EG dem Gerichtshof Fragen vor, die sich auf den Status und die Wirkung des Assoziie-

156 EuGH, verb. Rs. 21-24/72 (International Fruit Company), Slg. 1972, 1219, Rdn. 1/3 f.

157 Ebenda, Rdn. 5/6.

158 Ebenda, Rdn. 21; vgl. auch EuGH, Rs. 9/73 (Schlüter), Slg. 1973, 1135, Rdn. 28 ff.; EuGH, Rs. 266/81 (Siot), Slg. 1983, 731, Rdn. 28; EuGH, verb. Rs. 267 bis 269/81 (SPI/SAMI), Slg. 1983, 801, Rdn. 23; EuGH, Rs. C-280/93 (BRD/Rat), Slg. 1994, I-4973, Rdn. 106 ff.; EuGH, Rs. C-469/93 (Chiquita Italia), Slg. 1995, I-4533, Rdn. 26 ff.; *Schmalenbach*, in Callies/Ruffert, EUV/EGV, Art. 300 Rdn. 59 EG.

rungsabkommens zwischen der EWG mit Griechenland[159] und seinen innergemeinschaftlichen Rang bezogen[160]. Es war fraglich, ob eine nach der EWG-Verordnung Nr. 816/70[161] erhobene Ausgleichsabgabe für den aus Griechenland nach Belgien eingeführten Wein mit dem Assoziierungsabkommen, in dem keine Zölle auf die Einfuhr von Gütern aus Griechenland vorgesehen waren, vereinbar war.

b. Urteil des Gerichtshofs

Der EuGH begründete seine Auslegungszuständigkeit für das Assoziierungsabkommen mit dessen innergemeinschaftlicher Geltung. Ein vom Rat geschlossenes Abkommen sei für die Gemeinschaft „die Handlung eines Gemeinschaftsorgans im Sinne des Artikels 177 Absatz 1 Buchstabe b'' EWGV (Art. 234 Abs. 1 lit. b EG)[162]. Darüber hinaus prägte er sodann die Formel, dass Bestimmungen der Gemeinschaftsabkommen, „sobald sie in Kraft treten, einen integrierenden Bestandteil der Gemeinschaftsrechtsordnung'' darstellen würden[163]. Damit war der Gerichtshof für die Auslegung der betreffenden Norm des Assoziierungsabkommens zuständig. Er entschied im Ergebnis, dass die nach der Verordnung Nr. 816/70 erhobene Ausgleichsabgabe keinen Zoll im Sinne des Assoziierungsabkommens darstelle und somit zulässig sei.

Seit dem *Haegeman*-Urteil von 1974 hat der Gerichtshof in ständiger Rechtsprechung Völkervertragsrecht als „integrierenden Bestandteil der Gemeinschaftsrechtsordnung'' bezeichnet[164]. Ebenso tat er dies in der *Kupferberg*-Entscheidung, in der es zwar nicht um ein gemischtes Abkommen ging, in dem aber Grundlegendes über die Geltung und Wirkung eines von der Gemeinschaft geschlossenen völkerrechtlichen Vertrags im Gemeinschaftsrecht gesagt wurde.

3. Kupferberg

a. Sachverhalt

Auf Anfrage des Bundesfinanzhofs entschied der Gerichtshof über die unmittelbare Anwendbarkeit des Art. 21 Abs. 1 des Freihandelsabkommens

159 Abkommen zur Gründung einer Assoziation zwischen der EWG und Griechenland vom 9.7.1961, abgeschlossen durch Beschluss des Rates vom 25.9.1961, ABl. 1963, 294.

160 EuGH, Rs. 181/73 (Haegeman), Slg. 1974, 449, Rdn. 1 ff.

161 Verordnung 816/70 des Rates vom 28.4.1979, ABl. 1970, L 99.

162 EuGH, Rs. 181/73 (Haegeman), Slg. 1974, 449, Rdn. 2/6.

163 Ebenda.

164 EuGH, Rs. 104/81 (Kupferberg), Slg. 1982, 3641, Rdn. 13; EuGH, Rs. 118/83 (Amarti-Wasserableitungsvorarbeiten), Slg. 1983, 2583, Rdn. 20; EuGH, Rs. 12/86 (Demirel), Slg. 1987, 3719, Rdn. 7; EuGH, Rs. 30/88 (Sonderhilfe Türkei), Slg. 1989, 3711, Rdn. 12; EuGH, Rs. C-192/89 (Sevince), Slg. 1990, I-3461, Rdn. 8.

zwischen der EWG und Portugal[165] im Rahmen eines Vorabentscheidungsverfahrens[166].

b. Urteil des Gerichtshofs

Der Gerichtshof wies zunächst auf Art. 228 Abs. 2 EWGV (Art. 300 Abs. 7 EG n.F.) hin, wonach die Mitgliedstaaten an Gemeinschaftsabkommen in gleicher Weise wie die Organe gebunden sind. Weiter bestätigte er, dass das Freihandelsabkommen einen „integrierenden Bestandteil des Gemeinschaftsrechts'' darstellt. Hierfür führte er aber eine neue Begründung an: „Indem die Mitgliedstaaten dafür sorgen, dass die Verpflichtungen aus einem von den Gemeinschaftsorganen geschlossenen Abkommen eingehalten werden, erfüllen sie eine Pflicht, die nicht nur dem betroffenen Drittland, sondern auch und vor allem der Gemeinschaft gegenüber besteht, die die Verantwortung für die ordnungsgemäße Durchführung des Abkommens übernommen hat''[167]. Darüber hinaus könnten die Bestimmungen eines Gemeinschaftsabkommens wegen ihres gemeinschaftsrechtlichen Charakters keine unterschiedlichen Rechtswirkungen innerhalb der Gemeinschaft entfalten je nachdem, ob sie in der Praxis von den Gemeinschaftsorganen oder von den Mitgliedstaaten anzuwenden sind, und im letztgenannten Fall je nachdem, welche Wirkungen das Recht des jeweiligen Mitgliedstaats den von diesem abgeschlossenen Abkommen innerhalb der innerstaatlichen Rechtsordnung zuerkennt. So sei es Sache des Gerichtshofs, „im Rahmen seiner Zuständigkeit zur Auslegung der Bestimmungen von Abkommen deren einheitliche Anwendung innerhalb der gesamten Gemeinschaft sicherzustellen''[168]. Am Ende erklärte der EuGH Art. 21 des Freihandelsabkommens für unmittelbar anwendbar.

4. SPI/SAMI

Eines der ersten Urteile, in denen der Gerichtshof die Notwendigkeit einer einheitlichen Auslegung weiter ausführt, war die *SPI/SAMI*-Entscheidung.

a. Sachverhalt

In dem *SPI/SAMI*-Vorhabentscheidungsverfahrens beschäftigte sich der Gerichtshof damit, ob eine italienische Verwaltungsabgabe, soweit sie auf Importe aus GATT Mitgliedstaaten erhoben wurde, im Lichte der Vorschriften des GATT 1947 zu beurteilen war[169]. Es stellte sich insbesondere das Problem, ob der EuGH auch GATT-1947-Vorschriften auslegen kann, wenn diese nicht

165 Abkommen zwischen der EWG und der Portugiesischen Republik vom 22.7.1972, abgeschlossen durch Beschluss des Rates vom 19.12.1972, ABl. 1972, L 301, 164.

166 EuGH, Rs. 104/81 (Kupferberg), Slg. 1982, 3641, Rdn. 1.

167 Ebenda, Rdn. 13.

168 Ebenda, Rdn. 14.

169 EuGH, verb. Rs. 267 bis 269/81 (SPI/SAMI), Slg. 1983, 801, Rdn. 1.

im Zusammenhang mit der Beurteilung der Gültigkeit von Gemeinschaftsakten eine Rolle spielen, und ob dann nicht im Sinne der ständigen Rechtsprechung italienischer Gerichte in Art. III, Abs. 6 GATT 1947 eine von nationalen Richtern anwendbare Vorschrift zu sehen sei.

b. Urteil des Gerichtshofs

Der EuGH bekräftigte seine Auslegungskompetenz für die GATT-1947-Bestimmungen[170]. Zunächst stellte er fest, dass die GATT-Vorschriften wie auch das Völkervertragsrecht in der Gemeinschaft in gleicher Weise anzuwenden seien[171]; eine Divergenz bei der Auslegung und Anwendung hätte zur Folge, dass die Einheit der Handelspolitik gefährdet sei und es infolge der von einem Mitgliedstaat zum anderen Mitgliedstaat unterschiedlichen Anwendung der zwischen der Gemeinschaft und den Drittländern geltenden Verträgen zu Verzerrungen im innergemeinschaftlichen Handel kommen werde. Die Zuständigkeit, „die dem Gerichtshof zur Sicherung der Einheit der Auslegung des Gemeinschaftsrechts'' eingeräumt worden sei, erfasse damit auch die Auslegung der GATT-Vorschriften[172]. „Dabei ist es unerheblich, ob es darum geht, die Gültigkeit von Handlungen der Gemeinschaft oder die Vereinbarkeit von innerstaatlichen Rechtsvorschriften mit den Verpflichtungen der Gemeinschaft zu prüfen''[173]. Desweiteren verneinte der Gerichtshof aber die unmittelbare Wirkung der GATT-1947-Vorschriften[174].

In einem sehr ähnlich gelagerten Fall, dem *Singer und Geigy*- Urteil[175], bestätigte der EuGH diese Entscheidung.

5. Beschluß 1/78

a. Sachverhalt

Mit einem Antrag gemäß Art. 103 EAG ersuchte Belgien den Gerichtshof zu entscheiden, ob es ohne gleichzeitige Beteiligung der Gemeinschaft dem „Übereinkommen über den Objektschutz von Kernmaterial, kerntechnischen Anlagen und Nukleartransporten'', das unter der Federführung der Internationalen Atomenergieorganisation (IAEO) ausgearbeitet worden war, beitreten könne[176]. Der EuGH hatte dabei Fragen zu beantworten, welche die Verteilung

---

170 Ebenda, Rdn. 12 ff. mit Verweis auf EuGH, verb. Rs. 21-24/72 (International Fruit Company), Slg. 1972, 1219; EuGH, Rs. 9/73 (Schlüter), Slg. 1973, 1135; EuGH, Rs. 181/73 (Haegeman), Slg. 1974, 449; EuGH, Rs. 38/75 (Nederlandse Spoorwegen), Slg. 1975, 1439.

171 EuGH, verb. Rs. 267 bis 269/81 (SPI/SAMI), Slg. 1983, 801, Rdn. 14.

172 Ebenda, Rdn. 15.

173 Ebenda.

174 Ebenda, Rdn. 23, 26.

175 EuGH, Rs. 290/81 (Singer, Geigy), Slg. 1983, 847.

176 EuGH, Beschluß 1/78 (Objektschutz), Slg. 1978, 2151, Rdn. 1, 4.

der Zuständigkeiten zwischen der Gemeinschaft und den Mitgliedstaaten im Zusammenhang mit dem Abschluss des IAEO-Abkommens betrafen.

b. Urteil des Gerichtshofs

Der Gerichtshof gelangte zu der Überzeugung, dass die Mitgliedstaaten, wenn sie ohne Beteiligung der Gemeinschaft Verpflichtungen des geplanten Übereinkommens eingingen, zwangsläufig in den Zuständigkeitsbereich der Gemeinschaft eingreifen müssten[177]. Folglich besäße die Gemeinschaft einen begründeten Anspruch darauf, sich an dem Übereinkommen zu beteiligen[178]. Aufgrund der geteilten Zuständigkeiten sei ein enges Zusammenarbeiten zwischen den Gemeinschaftsorganen und den Mitgliedstaaten bei Aushandlung und Abschluss wie auch bei Erfüllung der übernommenen Verpflichtungen erforderlich[179]. Weiter betonte der EuGH, dass es nicht notwendig sei, den anderen Vertragsparteien die genaue Zuständigkeitsverteilung zwischen der Gemeinschaft und den Mitgliedstaaten aufzuzeigen, zumal sich diese im Laufe der Zeit weiterentwickeln könnte und die genau Beschaffenheit dieser Verteilung eine interne Frage betreffe, in die sich die dritten Länder nicht einzumischen hätten[180]. Es käme allein auf die lückenlose Durchführung des Abkommens an.

6. Demirel

Das Bestehen einer Kontrollkompetenz des Gerichtshofs für gemischte Abkommen wurde zum ersten Mal in der Rechtssache *Demirel* in Zweifel gezogen.

a. Sachverhalt

Der Gerichtshof klärte im Rahmen eines Vorabentscheidungsverfahrens in der *Demirel*-Entscheidung, ob er dafür zuständig sei, Vorschriften über die Freizügigkeit von Arbeitnehmern im Assoziierungsabkommen zwischen der EWG und der Türkei[181] sowie dessen Zusatzprotokoll[182] auszulegen[183]. Die Vorschriften betrafen die Rechtsstellung Familienangehöriger türkischer Wanderarbeiter.

Einige Regierungen der Mitgliedstaaten rügten die Unzuständigkeit des Gemeinschaftsgerichts zur Auslegung der Vorschriften über die Freizügigkeit der

177 Ebenda, Rdn. 18, 23.

178 Ebenda, Rdn. 29, 32 f.

179 Ebenda, Rdn. 34, 36.

180 Ebenda, Rdn. 35.

181 Abkommen zur Gründung einer Assoziierung zwischen der EWG und der Türkei vom 12.9.1963, abgeschlossen durch Beschluss des Rates vom 23.12.1963, ABl. 1964, 3685.

182 Zusatzprotokoll vom 23.11.1970, abgeschlossen durch Beschluss des Rates vom 19.12.1972, ABl. 1972, L 293, 1.

183 EuGH, Rs. 12/86 (Demirel), Slg. 1987, 3719, Rdn. 1.

Arbeitnehmer in diesem gemischten Abkommen, da diese ihrer Auffassung nach zur besonderen Zuständigkeit der Mitgliedstaaten gehörten[184]. Sie wiesen darauf hin, dass der Gerichtshof, da das Assoziierungsabkommen mit der Türkei ein gemischtes Abkommen sei, als Vorfrage prüfen müsse, ob die fraglichen Verpflichtungen auf dem Gebiet der Freizügigkeit der Arbeitnehmer von der Gemeinschaft oder allein von den Mitgliedstaaten eingegangen worden seien. Nur im ersten Fall seien sie Bestandteil der Gemeinschaftsrechtsordnung und fielen in die Auslegungskompetenz des Gerichtshofs.

Der Generalanwalt *Darmon* hingegen begrüßte die Auslegungszuständigkeit des Gerichtshofs für die Bestimmungen des Assoziierungsabkommens mit der Türkei, indem dadurch deren einheitliche Auslegung gewährleistet werde[185]: „Da es in einem mit Blick auf einen Beitritt geschlossenen Abkommen darum geht, die Wirtschafts- und Rechtsordnungen anzugleichen [...], ist es notwendig, dass alle Materien, die grundsätzlich Gegenstand dieser Übernahme sein werden, durch das Abkommen aus einer gemeinschaftsorientierten Sicht erfasst werden und mit Blick auf ihre einheitliche Anwendung einheitlich ausgelegt werden können''[186].

b. Urteil des Gerichtshofs

Der Gerichtshof hielt sich für die Auslegung der in Frage stehenden Bestimmung für zuständig. Er führte hierfür im Wesentlichen zwei verschiedene Argumente an. Zunächst verwies der EuGH erneut auf seine *Haegeman*-Rechtsprechung[187], in der er die vom Rat unter anderem nach Art. 310 EG geschlossenen Abkommen als „Handlung eines Gemeinschaftsorgans'' im Sinne von Art. 234 Abs. I lit. b EG ansah und sie gleichzeitig als „integrierende Bestandteile der Gemeinschaftsrechtsordnung'' betrachtete. Unter Hinweis auf die besondere Typologie und Natur des in dieser Rechtssache maßgebenden Abkommens, wonach ein Assoziierungsabkommen besondere und privilegierende Beziehungen mit einem Drittstaat schaffe, stellte der EuGH dann klar, dass die Zuständigkeit zum Abschluss von Assoziierungsabkommen nach Art. 310 EG alle im Vertrag geregelten Bereiche erfasse, zu welchen mit Sicherheit die Freizügigkeit der Arbeitnehmer gehöre[188]. So ergebe sich in diesem Fall nicht die Frage nach der Auslegung von Bestimmungen eines gemischten Abkommens, die in die ausschließliche Zuständigkeit der Mitgliedstaaten fielen. Ferner betonte er, dass dem Gerichtshof die Auslegungszuständigkeit nicht allein deshalb abgesprochen werden könne, weil die Durchführung

184 Schriftliche Erklärung der BRD und GB, EuGH, Rs. 12/86 (Demirel), Slg. 1987, 3719, (3725, 3729).

185 Schlussanträge des GA *Darmon* EuGH, Rs. 12/86 (Demirel), Slg. 1987, 3719, Rdn. 15.

186 Ebenda, Rdn. 14.

187 EuGH, Rs. 181/73 (Haegeman), Slg. 1974, 449.

188 EuGH, Rs. 12/86 (Demirel), Slg. 1987, 3719, Rdn. 9.

der Abkommensbestimmungen im Bereich der Freizügigkeit der Arbeitnehmer gegenwärtig den Mitgliedstaaten obliege[189]. Dies begründete er unter Hinweis auf seine *Kupferberg*-Entscheidung damit, dass „die Mitgliedstaaten, indem sie dafür sorgen, dass die Verpflichtungen aus einem von den Gemeinschaftsorganen geschlossenen Abkommen eingehalten werden, im Rahmen der Gemeinschaftsordnung eine Pflicht gegenüber der Gemeinschaft erfüllen, die die Verantwortung für die ordnungsgemäße Durchführung des Abkommens übernommen hat''[190].

7. Sevince

a. Sachverhalt

In dem *Sevince*-Urteil entschied der Gerichtshof über die Frage, ob die Auslegung der Beschlüsse Nr. 2/76 und Nr. 1/80 des durch das Assoziationsabkommen EWG-Türkei geschaffenen Assoziationsrates in den Anwendungsbereich des Art. 234 EG fällt[191]. Dabei ging es auch um die Stellung und Wirkung der Beschlüsse des Assoziationsrates im Gemeinschaftsrecht.

Die deutsche Regierung trug vor, die genannten Beschlüsse seien keine Organakte der Gemeinschaft und daher einer Auslegung durch den EuGH nach Art. 234 EG von vornherein nicht zugänglich[192].

b. Urteil des Gerichtshofs

Der EuGH hingegen bejahte, dass der Anwendungsbereich des Art. 234 EG durch die Beschlüsse des Assoziationsrates EWG-Türkei betroffen sei.

Unter Hinweis auf bereits ergangene Urteile[193] stellte er zunächst fest, dass auch die Beschlüsse des Assoziationsrats ebenso wie die Abkommen selbst „von ihrem Inkrafttreten an integrierende Bestandteile der Gemeinschaftsrechtsordnung'' seien, da die Beschlüsse in unmittelbarem Zusammenhang mit dem Abkommen stünden und zu dessen Durchführung ergingen[194]: „Da der Gerichtshof zur Vorabentscheidung über das Abkommen als eine Handlung eines Gemeinschaftsorgans befugt ist, ist er auch befugt, über die Auslegung von Beschlüssen des durch das Abkommen geschaffenen und mit dessen Durchführung beauftragten Organs zu entscheiden''[195]. Dies gelte um so mehr, „als Art. 177 EWG-Vertrag (Art. 234 EG n.F.) die einheitliche Anwendung aller

---

189 EuGH, Rs. 12/86 (Demirel), Slg. 1987, 3719, Rdn. 10.

190 Ebenda, Rdn. 11.

191 EuGH, Rs. C-192/89 (Sevince), Slg. 1990, I-3461, Rdn. 1.

192 Schriftliche Erklärung der BRD, EuGH, Rs. C-192/89 (Sevince), Slg. 1990, I-3461, (3467); anders die Schriftliche Erklärung der Niederlande, EuGH, Rs. C-192/89 (Sevince), Slg. 1990, I-3461, (3467).

193 EuGH, Rs. 12/86 (Demirel), Slg. 1987, 3719, Rdn. 7; EuGH, Rs. 30/88 (Sonderhilfe Türkei), Slg. 1989, 3711, Rdn. 12 f.

194 EuGH, Rs. C-192/89 (Sevince), Slg. 1990, I-3461, Rdn. 8 f.

195 Ebenda, Rdn. 10.

zur Gemeinschaftsordnung gehörenden Bestimmungen innerhalb der Gemeinschaft sichern und damit verhindern soll, dass diese Bestimmungen je nach der Auslegung, die ihnen in den verschiedenen Mitgliedstaaten gegeben wird, unterschiedliche Rechtswirkungen entfalten''[196]. Darüber hinaus sah er die Beschlüsse des Assoziationsrats als Recht an, dem in den Mitgliedstaaten unmittelbare Geltung zukommt.

8. Dzodzi

Das *Dzodzi*-Urteil betrifft zwar kein gemischtes Abkommen, ist aber von besonderer Bedeutung, da im *Hermès*-Urteil darauf verwiesen wird[197]. Das Ungewöhnliche an der Rechtssache *Dzodzi* ist, dass der Gerichtshof um die Auslegung einer gemeinschaftsrechtlichen Vorschrift ersucht wurde, die lediglich aufgrund einer Verweisung im nationalen Recht anwendbar war und somit ihren Anwendungsbereich außerhalb des Gemeinschaftsrechts hatte.

a. Sachverhalt

Gemäß Art. 234 EG wurden dem Gerichtshof Fragen zur Vorabentscheidung vorgelegt, die das Aufenthalts- und Verbleiberecht des Ehegatten eines Staatsangehörigen eines Mitgliedstaats in diesem Mitgliedstaat betrafen[198]. Diese Fragen stellten sich in einem Rechtsstreit zwischen der Ehefrau, Frau *Dzodzi*, einer Togolesischen Staatsangehörigen und Witwe eines belgischen Staatsangehörigen, und dem belgischen Staat, der es ablehnte ihr nach dem Tod ihres Mannes ein Aufenthalts- oder Verbleiberecht in Belgien zu gewähren. Art. 40 des belgischen Gesetzes vom 15. Dezember 1980 über die Einreise, den Aufenthalt, die Niederlassung und die Ausweisung von Ausländern stellte ausländische Ehegatten eines belgischen Staatsangehörigen jedoch einem Staatsangehörigen aus der Gemeinschaft gleich. Nun sollte das gemäß Art. 40 des belgischen Gesetzes anwendbare Gemeinschaftsrecht ausgelegt werden. In Streit stand zunächst, ob der Gerichthof hierfür zuständig war.

Die belgische Regierung hielt den Gerichtshof für unzuständig, da der Sachverhalt ausschließlich unter die innerstaatlichen Vorschriften fiele und Bestimmungen des Vertrags über die Freizügigkeit der Arbeitnehmer nicht auf

---

196 Ebenda, Rdn. 11, mit Verweis auf EuGH, Rs. 104/81 (Kupferberg), Slg. 1982, 3641 und EuGH, verb. Rs. 267 bis 269/81 (SPI/SAMI), Slg. 1983, 801.

197 EuGH, Rs. C-53/96 (Hermès), Slg. 1998, I-3603, Rdn. 31 mit Verweis auf EuGH, verb. Rs. C-297/88 und 197/89 (Dzodzi), Slg. 1990, I-3763, Rdn. 34, 35.

198 EuGH, verb. Rs. C-297/88 und 197/89 (Dzodzi), Slg. 1990, I-3763, Rdn. 1.

rein interne Sachverhalte angewandt werden könnten[199]. Auch Generalanwalt *Darmon* und die Kommission stimmten dieser Auffassung zu[200].

b. Urteil des Gerichtshofs

Nichtsdestotrotz sah sich der Gerichtshof für zuständig an. Er stellte zunächst fest, dass das vorlegende nationale Gericht zur Bestimmung der Erheblichkeit der Vorlagefragen zuständig, und der Gerichtshof damit grundsätzlich zu einer Entscheidung verpflichtet sei [201]. Aus Wortlaut und Zweck des Art. 234 EG ergebe sich nicht, dass die Verfasser des Vertrags die Auslegungszuständigkeit des Gerichtshofs für solche Vorlagen ausschließen wollten, „die eine Gemeinschaftsbestimmung in dem besonderen Fall betreffen, dass das nationale Recht eines Mitgliedstaats auf den Inhalt dieser Bestimmung verweist, um die auf einem rein internen Sachverhalt dieses Staates anwendbaren Vorschriften zu bestimmen''[202]. Es besteht „für die Gemeinschaftsrechtsordnung ein offensichtliches Interesse daran, dass jede Bestimmung des Gemeinschaftsrechts unabhängig davon, unter welchen Voraussetzungen sie angewandt werden soll, eine einheitliche Auslegung erhält, damit künftig unterschiedliche Auslegungen verhindert werden''[203]. Die Zuständigkeit des EuGH beschränke sich jedoch auf die Prüfung der Bestimmungen des Gemeinschaftsrechts und deren Bedeutung; sie erstrecke sich nicht auf die Berücksichtigung der allgemeinen Systematik der Bestimmung im nationalen Recht[204].

Auch in weiteren Fällen[205] sowie namentlich in der folgenden *Gmurzynska-Bscher*-Entscheidung hat der Gerichtshof seine Meinung über die Bejahung seiner umfassenden Auslegungszuständigkeit für gemeinschaftsrechtliche Vorschriften, deren Anwendungsbereich außerhalb des Gemeinschaftsrechte liegen, nicht revidiert, sondern vielmehr seine *Dzodzi*-Rechtsprechung bestätigt.

---

199 Schriftliche Erklärung Belgiens, EuGH, verb. Rs. C-297/88 und 197/89 (Dzodzi), Slg. 1990, I-3763, (3770).

200 Schlussanträge des GA *Darmon*, EuGH, verb. Rs. C-297/88 und 197/89 (Dzodzi), Slg. 1990, I-3763, Rdn. 8 ff.; Schriftliche Erklärung der Kommission, EuGH, verb. Rs. C-297/88 und 197/89 (Dzodzi), Slg. 1990, I-3763, (3770 f.).

201 EuGH, verb. Rs. C-297/88 und 197/89 (Dzodzi), Slg. 1990, I-3763, Rdn. 34 f.; Verweis hierauf in EuGH, Rs. C-53/96 (Hermès), Slg. 1998, I-3603, Rdn. 31.

202 EuGH, verb. Rs. C-297/88 und 197/89 (Dzodzi), Slg. 1990, I-3763, Rdn. 36.

203 Ebenda, Rdn. 37.

204 Ebenda, Rdn. 42.

205 EuGH, Rs. C-384/89 (Tomatis und Fulchiron), Slg. 1991, I-127; EuGH, Rs. C-88/91 (Federconsorzi), Slg. 1992, I-4035; EuGH, Rs. C-73/89 (Fournier), Slg. 1992, I-5621; s. auch bereits vor Dzodzi, EuGH, Rs. 166/84 (Thomasdünger), Slg. 1985, 3001.

9. Gmurzynska-Bscher

a. Sachverhalt

In der Rechtsache *Gmurzynska-Bscher* stellte sich im Rahmen des Art. 234 EG das Problem der Zuständigkeit des Gerichtshofs bei der Beantwortung der Vorlage des Bundesfinanzhofs hinsichtlich der Auslegung einzelner Bestimmung des Gemeinsamen Zolltarifs[206]. Die erbetene Auslegung einzelner Tarifpositionen des Gemeinsamen Zolltarifs durch den EuGH sollte dem vorlegenden Gericht nicht eine Entscheidung über die Anwendung des Zolltarifs, sondern des deutschen Umsatzsteuerrechts ermöglichen, das für die Berechnung der Mehrwertsteuer ausdrücklich auf die Nomenklatur des Gemeinsamen Zolltarifs verwies.

b. Urteil des Gerichtshofs

Abermals betonte der Gerichtshof seine Verpflichtung zur Beantwortung von Vorabentscheidungsvorlagen, da die Beurteilung von Notwendigkeit und Rechtserheblichkeit der Vorlage im Ermessen des vorlegenden Gerichts stünde[207]. Der Gerichtshof müsse sicherstellen, dass, wenn ihm eine Bestimmung des Gemeinschaftsrechts, die lediglich aufgrund des Rechts eines Mitgliedstaates anwendbar geworden sei, zur Auslegung vorgelegt werde, „das Gemeinschaftsrecht in allen Mitgliedstaaten der Gemeinschaft dieselbe Wirkung hat, um eine unterschiedliche Auslegung in den Fällen, in denen es unmittelbar um die Anwendung des Gemeinschaftsrechts geht, zu verhindern''[208]. Demzufolge sei der Gerichtshof für die Entscheidung der vom Bundesfinanzhof gestellten Fragen zuständig.

10. Kleinwort Benson

Erste Zweifel hinsichtlich seiner Vorgehensweise ergriffen den Gerichtshof scheinbar in der Rechtssache *Kleinwort Benson.*

a. Sachverhalt

In dem *Kleinwort Benson*-Fall ging es nicht um eine nationale Verweisung auf das Gemeinschaftsrecht, sondern um die Übernahme bestimmter Normen eines gemeinschaftsrechtlichen Übereinkommens in das nationale Recht. Ein englisches Gericht beantragte im Rahmen des Protokolls von 1971 betreffend die Auslegung des Übereinkommens vom 27. September 1968 über die gerichtliche Zuständigkeit und die Vollstreckung gerichtlicher Entscheidungen in Zivil- und Handelssachen (EuGVÜ) die Auslegung bestimmter Vorschriften

---

206 EuGH, Rs. C-231/89 (Gmurzynska-Bscher), Slg. 1990, I-4003, Rdn. 1.

207 Ebenda, Rdn. 19 f.; Verweis hierauf in EuGH, Rs. C-53/96 (Hermès), Slg. 1998, I-3603, Rdn. 31.

208 Ebenda, Rdn. 24.

des genannten Übereinkommens[209]. Das nationale Gericht war mit einem Rechtsstreit befasst, für den nicht das Übereinkommen galt, sondern ein Gesetz von 1982, in dem einzelne Bestimmungen des Übereinkommens nahezu wörtlich vom nationalen Gesetzgeber übernommen worden waren, und zwar nicht, um das EuGVÜ an sich in das nationale Recht umzusetzen, sondern um die Aufteilung der territorialen Zuständigkeit zwischen den Gerichten der verschiedenen Teile Großbritanniens zu regeln, für die die Vorschriften des EuGVÜ an sich keine Geltung beanspruchten. Es stellte sich die Frage, ob der EuGH für die Auslegung dieses nationalen Gesetzes zuständig war.

b. Urteil des Gerichtshofs

Der Gerichtshof erklärte sich für nicht zuständig. Er begründete seine ablehnende Haltung damit, dass seine Auslegung über die Vorschriften des Übereinkommens für das vorlegende Gericht nicht verbindlich sein würde, da dieses nur dann an die Auslegung des Gerichtshofs gebunden wäre, wenn das Übereinkommen auf den Rechtsstreit anwendbar wäre[210]. Dies sei aber gerade nicht der Fall, denn das nationale Gesetz weiche seinem Wortlaut nach mitunter von dem der entsprechenden Vorschriften des Übereinkommens ab und eröffnete zudem die Möglichkeit, Änderungen vorzunehmen. Darüber hinaus verpflichte es die nationalen Gerichte bei seiner Anwendung lediglich dazu, die Auslegung der entsprechenden Vorschriften des Übereinkommens durch den Gerichtshof zu berücksichtigen, ohne dass dieser Auslegung hierbei ein verbindlicher Charakter verliehen werde. Eine bloß beratende Funktion ohne bindende Wirkungen würde aber den Aufgaben des Gerichtshofs widersprechen, weshalb keine Zuständigkeit des EuGH vorliege[211]. Mit diesem Ergebnis ist der Gerichtshof zum ersten Mal der warnenden Ansicht seines Generalanwalts *Tesauro* gefolgt[212].

11. Leur-Bloem und Giloy

Die beiden folgenden Entscheidungen sind in der Rechtssache *Hermès* erwähnt worden, als der Gerichtshof dort die Notwendigkeit einer einheitlichen Auslegung anführte, mit dem er seine eigene Zuständigkeit begründete[213].

Abermals ging es in den Sachen *Leur-Bloem* und *Giloy* um die Frage, ob der Gerichtshof für Vorabentscheidungen von Rechtsstreitigkeiten zuständig ist, die

---

209 EuGH, Rs. C-346/93 (Kleinwort Benson), Slg. 1995, I-615, Rdn. 1 ff.

210 Ebenda, Rdn. 23.

211 Ebenda, Rdn. 24.

212 Schlussanträge des GA *Tesauro*, EuGH, Rs. C-346/93 (Kleinwort Benson), Slg. 1995, I-615, Rdn. 9 ff.

213 EuGH, Rs. C-53/96 (Hermès), Slg. 1998, I-3603, Rdn. 32 mit Verweis auf EuGH, Rs. C-130/95 (Giloy), Slg. 1997, I-4291, Rdn. 28 und EuGH, Rs. C-28/95 (Leur-Bloem), Slg. 1997, I-4161, Rdn. 34; s. auch Schlussanträge des GA *Tesauro*, EuGH, Rs. C-53/96 (Hermès), Slg. 1998, I-3603, Rdn. 20.

außerhalb des Geltungsbereichs des Gemeinschaftsrechts liegen, für die das Gemeinschaftsrecht aber durch nationale Rechtsvorschriften für anwendbar erklärt worden ist. Da beide Urteile ähnlich Probleme und Lösungen aufweisen und unter anderem auch vom Generalanwalt zusammen abgehandelt worden sind[214], sollen sie auch hier gemeinsam vorgestellt werden.

a. Sachverhalt

In beiden Entscheidungen befasste sich der EuGH mit steuerrechtlichen Vorschriften. In der Rechtssache *Leur-Bloem* wurde zunächst die Frage aufgeworfen, ob der Gerichtshof nach Art. 234 EG für die Auslegung von Gemeinschaftsrecht zuständig ist, wenn dieses den in Frage stehenden Sachverhalt nicht unmittelbar regelt, der nationale Gesetzgeber aber bei Umsetzung der Bestimmungen einer Steuerrichtlinie in nationales Recht beschlossen hat, rein innerstaatliche Sachverhalte wie Sachverhalte, die unter die Richtlinie fallen, zu behandeln, und seine Rechtsvorschriften deshalb an das Gemeinschaftsrecht angepasst hat[215].

In dem Fall *Giloy* ersuchte das Hessische Finanzgericht den EuGH, Art. 244 der Zollkodex-Verordnung auszulegen[216]. Die auszulegende Bestimmung war auf den Ausgangsrechtsstreit, in dem es um die Erhebung von Umsatzsteuern ging, lediglich aufgrund des innerstaatlichen deutschen Rechts anwendbar.

In beiden Fällen lag keine unmittelbare Verweisung des nationalen Rechts auf das Gemeinschaftsrecht vor. Es sind die innerstaatlichen Rechtsvorschriften an das Gemeinschaftsrecht angepasst worden, um eine Inländerdiskriminierung zu verhindern. Dabei ist die Anwendung von Gemeinschaftsrecht auf vergleichbare, rein innerstaatliche Sachverhalte ausgedehnt worden.

b. Urteil des Gerichtshofs

Der Gerichtshof erklärte sich in beiden Fällen für zuständig, die jeweiligen steuerrechtlichen Bestimmungen auszulegen. Es bestehe „ein klares Interesse der Gemeinschaft daran [...], dass die aus dem Gemeinschaftsrecht übernommenen Bestimmungen oder Begriffe unabhängig davon, unter welchen Voraussetzungen sie angewandt werden sollen, einheitlich ausgelegt werden, um künftige Auslegungsunterschiede zu verhindern"[217]. Dies gelte insbesondere, wenn sich nationale Rechtsvorschriften zur Regelung rein innerstaatlicher Sachverhalte nach den im Gemeinschaftsrecht getroffenen Regelungen richten, um sicherzustellen, dass in vergleichbaren Fällen ein einheitliches Verfahren ange-

---

214 Schlussanträge des GA *Jacobs*, EuGH, Rs. C-28/95 (Leur-Bloem) und C-130/95 (Giloy), Slg. 1997, I-4161, Rdn. 1 ff.

215 EuGH, Rs. C-28/95 (Leur-Bloem), Slg. 1997, I-4161, Rdn. 1 ff., 16.

216 EuGH, Rs. C-130/95 (Giloy), Slg. 1997, I-4291, Rdn. 1 ff.

217 EuGH, Rs. C-28/95 (Leur-Bloem), Slg. 1997, I-4161, Rdn. 32; EuGH, Rs. C-130/95 (Giloy), Slg. 1997, I-4291, Rdn. 28 jeweils mit Verweis auf EuGH, verb. Rs. C-297/88 und 197/89 (Dzodzi), Slg. 1990, I-3763, Rdn. 37.

wendet wird und um insbesondere zu verhindern, dass es zu Benachteiligungen der eigenen Staatsangehörigen kommt. Allerdings sei es allein Sache des nationalen Gerichts, die genaue Tragweite einer Verweisung auf das Gemeinschaftsrecht zu beurteilen, während die Zuständigkeit des Gerichtshofs sich auf die Prüfung der gemeinschaftsrechtlichen Bestimmung beschränke[218].

Neben der erneuten Hervorhebung der Wichtigkeit einer einheitlichen Auslegung von übernommenen gemeinschaftsrechtlichen Bestimmungen nahm der Gerichtshof eine Konkretisierung der Tragweite seiner Entscheidung im *Kleinwort Benson*-Fall vor und traf folgende Differenzierung:

Die Entscheidung in *Kleinwort Benson* beschränke sich nur auf solche Fälle, in denen die Mitgliedstaaten gemeinschaftliches Recht lediglich für anwendbar erklärt haben, um ihren eigenen innerstaatlichen Bedürfnissen gerecht zu werden. In der *Kleinwort Benson*-Rechtssache sei, anders als in der *Dzodzi*-Rechtsprechung, das Übereinkommen nicht als solches durch das Recht des betreffenden Vertragsstaats für anwendbar erklärt worden[219]. Dort habe sich das nationale Recht vielmehr darauf beschränkt, das Übereinkommen als Muster zu nehmen.

Die *Dzodzi*-Rechtsprechung fände weiterhin Anwendung, wo Mitgliedstaaten ihre innerstaatlichen Rechtsvorschriften an das Gemeinschaftsrecht anpassen, um rein innerstaatliche Sachverhalte mit solchen Sachverhalten gleich zu behandeln, die vom Gemeinschaftsrecht erfasst sind[220].

II. Zusammenfassung und Stellungnahme

Allen hier vorgestellten Urteilen ist gemein, dass die Auslegungszuständigkeit des Gerichtshofs in Frage stand. Dabei ist nicht nur bei der *Dzodzi*-Rechtsprechung, sondern auch bei der Auslegung von Normen gemischter Abkommen die Notwendigkeit einer einheitlichen Auslegung gemeinschaftsrechtlicher Bestimmungen immer wieder betont worden. Daneben sind zudem andere Argumente vermehrt angeführt worden, die dem Gericht dazu verhalfen, seine Auslegungszuständigkeit zu rechtfertigen.

Betrachtet man die eben dargestellten Urteile in ihrer Gesamtheit, so können diese in zwei Hauptgruppen von Fällen unterteilt werden. Der ersten Gruppe können die Urteile zugeordnet werden, in denen sich der Gerichtshof mit völkerrechtlichen, meist gemischten Abkommen befasst hat. In der zweiten Gruppe, den *Dzodzi*-Fällen, beschäftigte sich der EuGH mit gemeinschaftsrechtlichen

---

218 EuGH, Rs. C-28/95 (Leur-Bloem), Slg. 1997, I-4161, Rdn. 33.

219 EuGH, Rs. C-28/95 (Leur-Bloem), Slg. 1997, I-4161, Rdn. 29; EuGH, Rs. C-130/95 (Giloy), Slg. 1997, I-4291, Rdn. 25 mit jeweils Verweisen auf EuGH, Rs. C-346/93 (Kleinwort Benson), Slg. 1995, I-615, Rdn. 19.

220 EuGH, Rs. C-28/95 (Leur-Bloem), Slg. 1997, I-4161, Rdn. 32; EuGH, Rs. C-130/95 (Giloy), Slg. 1997, I-4291, Rdn. 28.

Vorschriften, die lediglich aufgrund des nationalen Rechts anwendbar waren, und deren Anwendungsbereich daher außerhalb des Gemeinschaftsrechts lag.

1. Fallgruppe: Gemischte Abkommen

Zur ersten Fallgruppe gehören die bereits angeführten sieben Urteile von *International Fruit Company* bis *Sevince*. Diese lassen sich in zwei weitere Gruppen untergliedern.

In den anfänglichen Urteilen hat sich der EuGH vorwiegend mit völkerrechtlichen Verträgen im Allgemeinen auseinandergesetzt. Es hat den Anschein, dass der Gerichtshof darin die Grundlagen für den Umgang mit diesen entwickelt hat. Obwohl Gegenstand dieser Entscheidungen auch Assoziationsabkommen waren, die grundsätzlich als gemischte Abkommen abgeschlossen werden, stand die besondere Problematik gemischter Abkommen in diesen Urteilen kaum zur Diskussion.

Erst in dem *Beschluß 1/78* und insbesondere im *Demirel*-Urteil war der Gerichtshof gezwungen, sich mit der besonderen Stellung gemischter Abkommen näher zu befassen. Dabei wird der Eindruck erweckt, als habe er die kurz zuvor entwickelten Grundsätze im Umgang mit völkerrechtlichen Verträgen auf gemischte Abkommen übertragen.

a. International Fruit Company, Haegeman, Kupferberg und SPI/SAMI

Die Urteile *International Fruit Company*, *Haegeman*, *Kupferberg* und *SPI/SAMI* waren die ersten Urteile, in denen der EuGH die Auswirkungen von völkerrechtlichen Abkommen auf die Gemeinschaftsrechtsordnung untersucht hat.

aa. Zusammenfassung der Entscheidungen

In der Entscheidung *International Fruit Company* ist erstmals die Gültigkeit der Handlungen der Organe im Sinne von Art. 234 EG an einer Bestimmung des Völkervertragsrechts gemessen worden[221].

In dem wegweisenden *Haegeman*-Fall erkannte der Gerichtshof ein vom Rat geschlossenes Abkommen als „Handlung eines Gemeinschaftsorgans" im Sinne des Art. 234 Abs. I lit. b EG an[222]. Darüber hinaus erklärte er das fragliche Assoziationsabkommen zum „integrierenden Bestanteil der Gemeinschaftsrechtsordnung", welches Organe und Mitgliedstaaten als Teil des Gemeinschaftsrechts bindet.

Abschließend betonte der EuGH in der *Kupferberg*-Entscheidung, dass er die Einheitlichkeit von Gemeinschaftsabkommen durch Auslegung der Bestimmungen des Abkommens als Handlung des Organs Rat im Sinne von

221 Siehe oben 2.Teil, A I 1 b.

222 Siehe oben 2.Teil, A I 2 b.

Art. 234 Abs. I lit. b EG sicherzustellen habe[223]. Zugleich begründete er eine bis dahin noch nicht angeführte Pflicht der Mitgliedstaaten gegenüber der Gemeinschaft, die Verpflichtungen eines Gemeinschaftsabkommens einhalten zu müssen, da die Gemeinschaft hierfür die Haftung übernommen habe.

Eine gute Zusammenfassung der bis dahin entwickelten Grundsätze im Umgang mit dem Völkervertragsrecht gab der Gerichtshof in seiner *SPI/SAMI*-Entscheidung. Er bekräftigte die Notwendigkeit, die Vorschriften aller für die Gemeinschaft verbindlichen Verträge in der gesamten Gemeinschaft in gleicher Weise anzuwenden. Er hob hervor, dass sie zu den Vorschriften gehörten, deren einheitliche Auslegung in die Vorabentscheidungszuständigkeit des Gerichtshofs nach Artikel 234 EG falle, und zwar unabhängig davon, zu welchem Zweck die Auslegung erfolge[224].

bb. Stellungnahme

Der Gerichtshof hat in diesen Entscheidungen damit begonnen, völkerrechtliche Abkommen umfassend in die Gemeinschaftsrechtsordnung einzugliedern. Er legte damit die Grundlagen für deren Behandlung innerhalb der Gemeinschaftsrechtsordnung.

Mit der *International Fruit Company*-Entscheidung wurde das Völkervertragsrecht zum Prüfungsmaßstab für sekundäres Gemeinschaftsrecht[225]. Sodann prägte der EuGH die Formel, dass vom Rat geschlossene Abkommen „integrierende Bestandteile der Gemeinschaftsrechtsordnung'' seien[226]. Seit dem *Haegeman*-Urteil waren damit sämtliche Gemeinschaftsabkommen Bestandteile des Gemeinschaftsrechts. Daneben brachte der Gerichtshof noch zwei weitere Argumente hervor, um seine Auslegungszuständigkeit für Bestimmungen völkerrechtlicher Abkommen zu rechtfertigen. In der *Kupferberg*-Entscheidung führte er zugunsten einer gemeinschaftsrechtlichen Pflicht der Mitgliedstaaten, die gemeinschaftsrechtlichen Vertragsverpflichtungen einzuhalten, an, die Gemeinschaft habe die Verantwortung für die ordnungsgemäße Durchführung des Abkommens übernommen[227]. Daneben betonte er in dieser wie in der *SPI/SAMI*-Entscheidung die Wichtigkeit einer einheitlichen Auslegung der Bestimmungen völkerrechtlicher Verträge; eine solche einheitliche Auslegung könne nur von ihm sichergestellt werden[228]. Mit diesen Ansätzen für die Begründung einer umfassenden Kontrollkompetenz des EuGH für das Völkervertragsrecht gehen einige Ungereimtheiten einher, die auf den ersten Blick nicht aufzulösen sind.

Unklar ist, wie der immer wieder verwendete Ausdruck des EuGH, vom Rat geschlossene Abkommen seien „integrierende Bestandteile der Gemeinschafts-

---

223 Siehe oben 2.Teil, A I 3 b.
224 Siehe oben 2.Teil, A I 4 b.
225 *Geiger*, EUV/EGV, Art. 234 Rdn. 8 EG.
226 Siehe oben 2.Teil, A I 2 b.
227 Siehe oben 2.Teil, A I 3 b.
228 Siehe oben 2.Teil, A I 3 b, 4 b.

rechtsordnung'' tatsächlich zu verstehen ist. Bemerkenswert ist einerseits die grammatikalische Struktur dieser Formulierung. Anstelle des verwendeten Partizip Präsens Aktiv hätte eher das Partizip Perfekt Passiv, nämlich völkerrechtliche Abkommen sind „integrierte Bestandteile'' der Gemeinschaftsrechtsordnung, verwendet werden müssen. Dies könnte auf eine vorhandene Unsicherheit des Gerichtshofs hinsichtlich des genauen Umfangs seiner Aussage hindeuten. Entkräftet werden kann eine solche Vermutung aber dadurch, dass diese etwas ungewöhnliche Formulierung in anderen Sprachversionen des Urteils nicht vorhanden ist. So heißt es z.B. in der englischen Version des *Haegeman*-Urteils: „The provisions of the Agreement, from the coming into force thereof, form an *integral part of Community law*''[229].

Weiter kann festgestellt werden, dass, als der EuGH in der *Haegeman*-Entscheidung diese Formel aufgestellt hat, dies im Zusammenhang mit einem Assoziationsabkommen, also einem gemischten Abkommen, geschah. Ohne dabei das Assoziationsabkommen in einen „Gemeinschaftsteil'' und einen „Mitgliedstaatenteil'' aufzuteilen, hat er sich für dessen Auslegung zuständig erklärt. Obwohl ein gemischtes Abkommen vorlag, verzichtete der Gerichtshof auf eine Differenzierung zwischen Bestimmungen in Gemeinschaftskompetenz und Bestimmungen beruhend auf mitgliedstaatlicher Kompetenz. Auch in weiteren Urteilen[230] hat der Gerichtshof Vorschriften gemischter Abkommen ausgelegt, ohne eine derartige Aufteilung vorzunehmen. Dies könnte darauf hindeuten, dass er tatsächlich das gesamte gemischte Abkommen als „integrierenden Bestandteil'' der Gemeinschaftsrechtsordnung angesehen hat. Bei einer solchen Betrachtungsweise fiele es schwer, an der Berechtigung des Gerichtshofs für eine umfassende Auslegung sämtlicher Normen gemischter Übereinkommen zu zweifeln. Andererseits wird aber vorgebracht, die fehlende Differenzierung in der Rechtssache *Haegeman* lasse sich auch damit begründen, dass die betreffende Abkommensbestimmung der gemeinschaftsrechtlichen Zuständigkeit zugeordnet werden könne[231]. Aus diesem Grund habe dem Gerichtshof die Befugnis zugestanden, die Bestimmung auszulegen. Darüber hinaus habe der EuGH keine Aussage darüber getroffen, ob er für diejenigen Normen eines Assoziationsabkommens zuständig sei, die auf mitgliedstaatlichen Kompetenzen beruhen. Demnach beziehe sich die vom EuGH geprägte Formel lediglich auf den gemeinschaftsrechtlichen Teil gemischter Abkommen.

Betrachtet man die tatsächliche Kompetenzverteilung der relevanten Normen des Freihandelsabkommens mit Portugal in dem *Haegeman*-Fall, so gelangt man zu der Feststellung, dass sie der ausschließlichen Gemeinschaftskompetenz auf

229 C-181/73 *Haegeman* [1974] ECR 449, para. 2/6.

230 EuGH, Rs. C-87/75 (Bresciani), Slg. 1976, 129, Rdn. 15 ff.; EuGH, Rs. C-65/77 (Razanatsimba), Slg. 1977, 2229, Rdn. 9 ff.; EuGH, Rs. 17/81 (Pabst), Slg. 1982, 1331, Rdn. 26 f.; EuGH, Rs. C-18/90 (Kziber), Slg. 1991, I-199, Rdn. 14 ff.; EuGH, Rs. C-103/94 (Krid), Slg. 1995, I-719, Rdn. 20 ff.

231 *Hermes*, TRIPs im Gemeinschaftsrecht, S. 74.

dem Gebiet der gemeinsamen Handelspolitik nach Art. 133 EG unterfallen[232]. Mit dieser Erkenntnis steht aber lediglich fest, dass der EuGH im *Haegeman*-Urteil tatsächlich zur Auslegung der in Frage stehenden Normen berechtigt gewesen ist. Es bleibt weiter unklar, ob mit der grundlegenden Erkenntnis, vom Rat geschlossene Abkommen seien „integrierende Bestandteile der Gemeinschaftsrechtsordnung'', eine umfassende Auslegungszuständigkeit des EuGH für sämtliche Normen gemischter Verträge einhergeht.

Es kann festgehalten werden, dass die Aussagen des Gerichtshofs in diesen ersten Urteilen ungenau waren, gleichzeitig aber zu weitreichenden Folgen führten. Völkervertragsrecht wurde umfassend in die Gemeinschaftsrechtsordnung eingegliedert. Der EuGH hatte damit begonnen, seine Zuständigkeit im Rahmen eines Vorabentscheidungsverfahrens auf Völkervertragsrecht auszudehnen. Wichtig erschien ihm, eine einheitliche Auslegung der Bestimmungen aller völkerrechtlichen Abkommen gewährleisten zu können. Eine genaue Begründung für seine Auslegungszuständigkeit blieb er aber schuldig. Gleichzeitig vermied er es, sich zu der Problematik gemischter Abkommen näher zu äußern.

b. Beschluß 1/78, Demirel und Sevince

Im *Beschluß 1/78* sowie in dem *Demirel*- und dem *Sevince*-Urteil musste sich der Gerichtshof mit der besonderen Konstellation gemischter Abkommen näher befassen. Dabei scheint der Gerichtshof auch hier die eben dargestellten Argumente zur Begründung seiner Auslegungszuständigkeit zu verwenden.

aa. Zusammenfassung der Entscheidungen

Im *Beschluß 1/78* bezeichnete der Gerichtshof die Kompetenzverteilung zwischen Gemeinschaft und Mitgliedstaaten bei gemischten Abkommen als ein sich fortentwickelndes internes Problem, dessen Offenlegung gegenüber dritten Vertragspartnern nicht notwendig sei[233]. Entscheidend sei allein die einheitliche Durchführung des Abkommens. Zudem fordere die geteilte Abschlusszuständigkeit gemischter Abkommen ein kooperatives Verhalten der Gemeinschaftsorgane und der Mitgliedstaaten bei der Aushandlung und der Erfüllung der übernommenen Vertragsverpflichtungen.

Erneut verwies der EuGH im *Demirel*-Urteil darauf, dass vom Rat geschlossene Abkommen „integrierende Bestandteile der Gemeinschaftsrechtsordnung'' seien. Sodann stellte er klar, dass die Zuständigkeit zum Abschluss von Assoziierungsabkommen nach Art. 310 EG alle im Vertrag geregelten Bereiche erfasse[234]. Dem Gerichtshof könne die Auslegungszuständigkeit nicht deshalb

---

232 *Kreibich*, Das TRIPs-Abkommen in der Gemeinschaftsordnung, S. 68, 74.

233 Siehe oben 2.Teil, A I 5 b.

234 Dazu gehörte in diesem Fall der Bereich der Freizügigkeit der Arbeitnehmer, siehe oben 2.Teil, A I 6 b.

abgesprochen werden, weil die Durchführung der Abkommensbestimmungen in dem jeweiligen Bereich gegenwärtig den Mitgliedstaaten obliege. Indem die Mitgliedstaaten nämlich dafür sorgten, dass die Verpflichtungen aus einem von der Gemeinschaft geschlossenen Abkommen eingehalten würden, erfüllten sie zugleich eine Pflicht gegenüber der Gemeinschaft, die ja die Verantwortung für die ordnungsgemäße Durchführung des Abkommens übernommen habe.

In der *Sevince*-Entscheidung sah der EuGH selbst die Beschlüsse des durch den gemischten Vertrag geschaffenen Assoziationsrates als „integrierenden Bestandteil der Gemeinschaftsrechtsordnung'' an[235]. Sie unterlagen fortan seiner Jurisdiktion, um die einheitliche Anwendung des Abkommens innerhalb der Gemeinschaft zu gewährleisten[236].

bb. Stellungnahme

In diesen Urteilen in denen ein gemischtes Abkommen Klagegegenstand war, scheint der Gerichtshof von einer umfassenden Auslegungszuständigkeit auszugehen, ohne es als notwendig zu erachten, zwischen den Vertragsabschlusskompetenzen der Gemeinschaft und denen der Mitgliedstaaten zu unterscheiden[237]. Manche Autoren sprechen in diesem Zusammenhang von einer Konfliktvermeidungsstrategie des EuGH[238].

In dem *Beschluß 1/78* betonte der EuGH, dass die Kompetenzverteilung lediglich ein internes Problem darstelle, entscheidend hingegen die einheitliche Durchführung des Abkommens sei[239]. Ohne auf die Kompetenzaufteilung im Einzelnen einzugehen, begründete der Gerichtshof seine Auslegungszuständigkeit in den Rechtssachen *Demirel* und *Sevince* damit, dass das Assoziierungsabkommen und die Beschlüsse des durch dieses Abkommen geschaffenen Assoziationsrates als „integrierende Bestandteile der Gemeinschaftsrechtsordnung'' anzusehen sind[240]. *Kreibich* spricht hier lediglich von einer formalen Begründung der Auslegungszuständigkeit[241]. Diese Urteile lassen eine Tendenz dahingehend erkennen, dass gemischte Abkommen in ihrer Gesamtheit als „integrierende Bestandteile'' der Gemeinschaftsrechtsordnung anzusehen sind und dem Gerichtshof infolgedessen eine umfassende Auslegungsberechtigung für sämtliche Normen gemischter Abkommen zu Teil wird.

---

235 Siehe oben 2.Teil, A I 7 b.

236 Vgl. auch EuGH, Rs. C-277/94 (Taflan-Met), Slg. 1996, 4085, Rdn. 24 ff.

237 EuGH, Rs. 12/86 (Demirel), Slg. 1987, 3719, Rdn. 7 f.; EuGH, Rs. C-192/89 (Sevince), Slg. 1990, I-3461, Rdn. 8 ff.; s. auch EuGH, Beschluß 1/78 (Objektschutz), Slg. 1978, 2151, Rdn. 31 ff.; *Ott*, GATT und WTO im Gemeinschaftsrecht, S. 216; *Hirsch*, Die Rechtsprechung des EuGH zu Assoziierungsabkommen, BayVBl. 1997, 449 (450); *Royla*, WTO-Recht - EG-Recht, EuR 2001, 495 (515).

238 Z.B. *Von Bogdandy*, Kollision, Koexistenz oder Kooperation, EuZW 2000, 261 (265 ff.).

239 Siehe oben 2.Teil, A I 5 b.

240 Siehe oben 2.Teil, A I 6 b, 7 b.

241 *Kreibich*, Das TRIPs-Abkommen in der Gemeinschaftsordnung, S. 74.

Zweifel an der Richtigkeit eines solchen Verständnisses können bei der genaueren Betrachtung des *Demirel*-Urteils aufkommen. So wird im Schrifttum angeführt, dass der Gerichtshof in diesem Urteil lediglich über eine Norm eines gemischten Abkommens entschied, die er der gemeinschaftlichen Zuständigkeit zugeordnet hatte. Seine Argumentation könne daher nicht notwendigerweise auf gemischte Abkommen in ihrer Gesamtheit übertragen werden[242]. Der EuGH hat in der Rechtssache *Demirel* die auszulegende Norm des gemischten Abkommens der gemeinschaftlichen Zuständigkeit zugeordnet, indem er im Rahmen des Art. 310 EG von der internen Zuständigkeit der Arbeitnehmerfreizügigkeit auf eine externe Kompetenz der Gemeinschaft schloss[243]. Damit war der EuGH in der Tat zur Auslegung der in Frage stehenden Norm berechtigt mit der Folge, dass sich seine Argumentation nicht notwendigerweise auf gemischte Abkommen in ihrer Gesamtheit beziehen muss. Schließlich hat der EuGH selbst darauf hingewiesen, dass es hier nicht um die Frage ging, ob er auch für die Auslegung derjenigen Bestimmungen zuständig sei, die die Mitgliedstaaten im Bereich ihrer ausschließlich eigenen Zuständigkeiten betreffen[244].

Der Gerichtshof hat aber in all diesen Urteilen weitere Argumente angeführt, die darauf schliessen lassen, dass er von einer umfassenden Auslegungszuständigkeit ausgeht. Bereits in der *Demirel*-Entscheidung hat der Gerichtshof festgestellt, dass sich aus der umfassenden völkerrechtlichen Haftung der Gemeinschaft für die Mitgliedstaaten die Pflicht ergebe, die Verpflichtungen aus dem gemischten Vertrag einzuhalten. So hat er die gemeinschaftsrechtliche Bedeutung der Verpflichtung für die Mitgliedstaaten herausgestellt, ein gemischtes Abkommen in seiner Gesamtheit zu beachten[245], wie er es im Übrigen auch in dem ***Beschluß 1/78*** tat[246]. Einige Stimmen entnehmen diesen Äußerungen eine umfassende Auslegungszuständigkeit des Gerichtshofs für gemischte Abkommen[247].

In der *Sevince*-Entscheidung hat der EuGH selbst die Assoziationsratsbeschlüsse als bloße sekundäre Bestimmungen eines gemischten Vertrags ausgelegt. Dies begründete er damit, dass mit Art. 234 EG die einheitliche Anwendung aller zur Gemeinschaftsordnung gehörenden Bestimmungen innerhalb der Gemeinschaft gesichert und damit verhindert werden solle, dass diese Bestimmungen je nach Auslegung, die ihnen in den verschiedenen Mitgliedstaaten gegeben wird, unterschiedliche Rechtswirkungen entfalten[248]. Gegen diesen Begründungsansatz wird nachvollziehbar vorgebracht, dass der Gerichts-

---

242 *Ott*, GATT und WTO im Gemeinschaftsrecht, S. 216.

243 Siehe oben 2.Teil, A I 6 b.

244 EuGH, Rs. 12/86 (Demirel), Slg. 1987, 3719, Rdn. 9.

245 *McGoldrick*, International Relations Law of the European Union, S. 122.

246 EuGH, Beschluß 1/78 (Objektschutz), Slg. 1978, 2151, Rdn. 31 ff.

247 *Hermes*, TRIPs im Gemeinschaftsrecht, S. 75; *Hirsch*, Die Rechtsprechung des EuGH zu Assoziierungsabkommen, BayVBl. 1997, 449 (450); *Nolte*, Anmerkung zur Rechtssache 12/86, CMLRev. 1988, 403 (408 f.).

248 Siehe oben 2.Teil, A I 7 b.

hof damit ein Argument, das er eigentlich zu reinen Gemeinschaftsabkommen entwickelt hatte, auf gemischte Abkommen übertrug, ohne hierbei auf die jeweilige Verteilung der Zuständigkeiten zwischen der EG und den Mitgliedstaaten einzugehen[249]. Dieser Einwand lässt indes deutlich werden, dass die Urteile des Gerichtshofs als Ausdruck seiner weit verstandenen Auslegungszuständigkeit zu betrachten sind.

Trotz der Kenntnis all dieser Entscheidungen wird nicht völlig klar, wie die Rechtsprechung des Gerichtshofs zu gemischten Abkommen zu verstehen ist, und insbesondere worauf der EuGH seine Auslegungszuständigkeit für Normen gemischter Verträge gründet. Doch der Gerichtshof hat immerhin klargestellt, dass die zugrundeliegenden völkerrechtlichen Abkommen möglichst einheitlich ausgelegt werden sollen[250].

Zusammenfassend kann deshalb gesagt werden, dass sich der EuGH immer dazu bereit fand, Bestimmungen gemischter Abkommen auszulegen. Dabei hat er bei der Begründung seiner Auslegungszuständigkeit folgende Argumente angeführt: Er hat gemischte Abkommen immer wieder als „integrierende Bestandteile der Gemeinschaftsrechtsordnung'' bezeichnet[251]. Ferner hat er für die Mitgliedstaaten eine Pflicht geschaffen, Verpflichtungen aus Gemeinschaftsabkommen einzuhalten, mit der Begründung, die Gemeinschaft sei für die gesamte Durchführung des jeweiligen Abkommens verantwortlich[252]. Zugleich besteht eine Kooperationspflicht zwischen der Gemeinschaft und den Mitgliedstaaten bei dem Umgang mit gemischten Abkommen[253]. Und nicht zuletzt hat der Gerichtshof immer wieder die Notwendigkeit einer einheitlichen Auslegung von Normen völkerrechtlicher Übereinkommen betont, die nur er gewährleisten kann[254]. Insgesamt scheint der Gerichtshof damit beim Umgang mit Völkervertragsrecht eine am „effet utile'' ausgerichtete Auslegungsmethode zu verfolgen[255].

---

249 *Hermes*, TRIPs im Gemeinschaftsrecht, S. 75 f.; für weitere Erklärungsversuche siehe *Streinz*, Europarecht, Rdn. 435; *Hirsch*, Die Rechtsprechung des EuGH zu Assoziierungsabkommen, BayVBl. 1997, 449 (450 f.).

250 *Gilsdorf*, Die Außenkompetenzen der EG im Wandel, EuR 1996, 145 (163).

251 EuGH, Rs. 181/73 (Haegeman), Slg. 1974, 449, Rdn. 2/6; EuGH, Rs. 104/81 (Kupferberg), Slg. 1982, 3641, Rdn. 13; EuGH, Rs. 118/83 (Amarti-Wasserableitungsvorhaben), Slg. 1983, 2583, Rdn. 20; EuGH, Rs. 12/86 (Demirel), Slg. 1987, 3719, Rdn. 7; EuGH, Rs. 30/88 (Sonderhilfe Türkei), Slg. 1989, 3711, Rdn. 12; EuGH, Rs. C-192/89 (Sevince), Slg. 1990, I-3461, Rdn. 8.

252 EuGH, Rs. 104/81 (Kupferberg), Slg. 1982, 3641, Rdn. 13; EuGH, Rs. 12/86 (Demirel), Slg. 1987, 3719, Rdn. 11.

253 EuGH, Beschluß 1/78 (Objektschutz), Slg. 1978, 2151, Rdn. 34, 36.

254 EuGH, Rs. 104/81 (Kupferberg), Slg. 1982, 3641, Rdn. 14; EuGH, verb. Rs. 267 bis 269/81 (SPI/SAMI), Slg. 1983, 801, Rdn. 14 f.; EuGH, Rs. C-192/89 (Sevince), Slg. 1990, I-3461, Rdn. 11; Schlussanträge des GA *Darmon* EuGH, Rs. 12/86 (Demirel), Slg. 1987, 3719, Rdn. 14 f.

255 *Hirsch*, Die Rechtsprechung des EuGH zu Assoziierungsabkommen, BayVBl. 1997, 449 (454).

2. Fallgruppe: *Dzodzi*-Fälle

Die Notwendigkeit einer einheitlichen Auslegung hat der EuGH nicht nur bei gemischten Abkommen, sondern auch in den *Dzodzi*-Fällen gesehen. Zu dieser zweiten Gruppe von Urteilen gehören die Entscheidungen *Dzodzi*, *Gmurynska-Bscher*, *Kleinwort Benson*, *Giloy* und *Leur-Bloem*.

a. Zusammenfassung

In den *Dzodzi*-Urteilen stellte sich das Problem, inwieweit der Gerichtshof nach Art. 234 EG zur Beantwortung von Fragen nationaler Gerichte nach der Auslegung von Gemeinschaftsrecht zuständig ist, die sich im Rahmen von Rechtsstreitigkeiten stellten, in denen Gemeinschaftsrecht nicht als solches Anwendung fand, sondern durch nationales Recht in einen außergemeinschaftlichen Rahmen übertragen worden war. Der EuGH entschied sich für die Ausdehnung seiner Auslegungszuständigkeiten trotz der deutlichen Warnungen einiger Generalanwälte[256]. Zum einen seien nämlich die vorlegenden nationalen Gerichte zur Bestimmung der Erheblichkeit der vorgelegten Fragen zuständig, so dass der Gerichtshof grundsätzlich zu einer Entscheidung verpflichtet sei[257]. Zum anderen bestehe für die Gemeinschaftsrechtsordnung ein offensichtliches Interesse daran, dass jede Bestimmung des Gemeinschaftsrechts in allen Mitgliedstaaten unabhängig davon, unter welchen Voraussetzungen sie angewandt werden solle, eine einheitliche Auslegung erhalte, damit künftig unterschiedliche Auslegungen verhindert würden[258]. Voraussetzung für die Auslegungszuständigkeit des EuGH in derartigen Fallkonstellationen sei, dass das nationale Recht eine unmittelbare und unbedingte Verweisung auf das Gemeinschaftsrecht enthalte, wodurch dieses Recht in der internen Rechtsordnung anwendbar werde[259].

Die einzige Ausnahme zu seiner *Dzodzi*-Rechtsprechung machte der EuGH im Fall *Kleinwort Benson*. Darin lehnte er seine Auslegungszuständigkeit für Normen eines gemeinschaftsrechtlichen Übereinkommens ab, das in der mitgliedstaatlichen Rechtsordnung lediglich als Muster verwendet wurde und nicht als solches durch das nationale Recht für anwendbar erklärt worden war[260].

256 Schlussanträge des GA *Darmon*, EuGH, verb. Rs. C-297/88 und 197/89 (Dzodzi), Slg. 1990, I-3763, Rdn. 8 ff.; Schlussanträge des GA *Jacobs* in EuGH, Rs. C-28/95 (Leur-Bloem) und C-130/95 (Giloy), Slg. 1997, I-4161, Rdn. 47 ff. (49); siehe auch Schlussanträge des GA *Tesauro*, EuGH, Rs. C-346/93 (Kleinwort Benson), Slg. 1995, I-615, Rdn. 9 ff.

257 Siehe oben 2.Teil, A I 8 b, 9 b, 11 b.

258 Ebenda.

259 Siehe oben 2.Teil, A I 11 b.

260 Siehe oben 2.Teil, A I 10 b, 11 b.

b. Stellungnahme

Mit den *Dzodzi*-Urteilen hat der Gerichtshof gezeigt, dass von seiner Auslegungszuständigkeit grundsätzlich auch solche gemeinschaftsrechtlichen Bestimmungen erfasst sind, die ihren Geltungsbereich außerhalb des Gemeinschaftsrechts haben und lediglich durch nationale Rechtsvorschriften für anwendbar erklärt werden. Seine Zuständigkeit wird mit der Notwendigkeit einer einheitlichen Auslegung des Gemeinschaftsrechts begründet.

Allen *Dzodzi*-Entscheidungen und den vorher dargestellten Auslegungsfällen völkerrechtlicher Abkommen ist das Gebot der einheitlichen Auslegung gemeinsam. Die *Dzodzi*-Rechtsprechung hat jedoch nicht gemischte Abkommen zum Gegenstand. Daher wird unweigerlich die Frage aufgeworfen, weshalb der *Dzodzi*-Rechtsprechung bei der Bestimmung der Auslegungszuständigkeit des Gerichtshofs für Normen gemischter Verträge Bedeutung zufallen soll.

Die *Dzodzi*-Urteile wurden vom Gerichtshof in seiner *Hermès*-Entscheidung zitiert[261]. Der EuGH stützt einige seiner darin angeführten Argumente, mit denen er seine Auslegungszuständigkeit begründet, auf manche *Dzodzi*-Fälle. Möglicherweise kann die Ausgangssituation eines *Dzodzi*-Falls mit der eines *Hermès*-Falls in folgender Weise verglichen werden:

In den *Dzodzi*-Fällen wird der Gerichtshof um die Auslegung gemeinschaftsrechtlicher Normen ersucht, deren Anwendungsbereiche außerhalb des Gemeinschaftsrechts liegen. Gleichwohl erklärt sich der Gerichtshof für auslegungszuständig, um eine einheitliche Auslegung von Bestimmungen des Gemeinschaftsrechts unabhängig davon sicherzustellen, unter welchen Voraussetzungen diese angewandt werden sollen.

In den Fällen, in denen es um die Auslegung von Normen gemischter Abkommen geht, insbesondere wenn diese Normen dem Kompetenzbereich der Mitgliedstaaten unterfallen, ersuchen nationale Gerichte den Gerichtshof um die Auslegung spezieller Bestimmungen, deren Anwendungsbereich außerhalb des Gemeinschaftsrechts liegt. Ein solcher Fall ist auch dann gegeben, wenn die auszulegende Norm des gemischten Vertrags, wie im *Hermès*-Fall, sowohl auf die dem Gemeinschaftsrecht, als auch auf die dem nationalen Recht unterliegende Sachverhalte anwendbar ist, sie im konkreten Fall aber lediglich auf einen Sachverhalt Anwendung findet, der nur dem nationalen Recht unterliegt. Dennoch scheint sich der Gerichtshof auch hier für zuständig zu erklären, die Einheitlichkeit der Auslegung sicherzustellen.

In den *Dzodzi*- als auch in den *Hermès*-Fallkonstellationen sieht sich der Gerichtshof dazu berechtigt, Normen auszulegen, deren Anwendungsbereich nicht innerhalb des Gemeinschaftsrechts liegt. Es ist daher möglich, zwischen den *Dzodzi*-Fällen und den Entscheidungen, die zur Auslegung gemischter Abkommen ergangen sind, eine gewisse Parallele zu ziehen.

Darüber hinaus entsteht der Eindruck, als hätte den Gerichtshof in beiden Fällen die Sorge getrieben, dass es zu divergierenden Entwicklungen in den

---

261 Siehe oben 1.Teil, B II 4; 2.Teil, A I 8.

nationalen Rechtsordnungen führen könnte, wenn er seine Auslegungszuständigkeit unter den jeweiligen Umständen verneint hätte. So besteht in den „*Dzodzi*-Fällen'' die Möglichkeit, dass entweder die Auslegung einer Gemeinschaftsrechtsbestimmung in einem gemeinschaftsrechtlichen Sachverhalt betroffen ist oder die Auslegung genau derselben Gemeinschaftsrechtsbestimmung in einem rein innerstaatlichen Sachverhalt aufgrund eines Verweises durch ein nationales Gesetz auf diese Bestimmung[262]. Für erstere Fallkonstellation wäre der EuGH zuständig, für letztere indes die jeweils nationalen Gerichte. Die Entscheidungen der nationalen Gerichte könnten dann aber die erste Fallgruppe beeinflussen und auf diese Weise die einheitliche Anwendung von Gemeinschaftsrecht gefährden. Damit bestünde die Gefahr einer divergierenden Rechtsprechung der nationalen Gerichte untereinander, als auch der nationalen Gerichte zum Gerichtshof. Diese Entwicklung könnte die Wirksamkeit der jeweiligen Vorschrift erheblich beeinträchtigen[263].

Eine ähnliche Situation kann sich bei der Auslegung gemischter Abkommen ergeben, was sich insbesondere anhand der *Hermès*-Rechtssache veranschaulichen lässt. Grundsätzlich sind diejenigen Normen eines gemischten Abkommens, die den mitgliedstaatlichen Zuständigkeiten unterfallen, von den jeweiligen nationalen Gerichten auszulegen mit der Folge, dass theoretisch 25 verschiedene Auslegungen entstehen könnten. Lediglich diejenigen Bestimmungen des gemischten Vertrags, die den gemeinschaftsrechtlichen Kompetenzbereichen zugeordnet werden können, sind vom EuGH auszulegen. Bei Normen wie Art. 50 TRIPs, die eine Art Doppelnatur besitzen und damit sowohl auf die dem mitgliedstaatlichen Recht als auch auf die dem Gemeinschaftsrecht unterliegende Sachverhalte anwendbar sind, kann die Situation entstehen, dass je nach Anwendungsfall das eine Mal die nationalen Gerichte zur Auslegung berechtigt sind, und das andere Mal der EuGH auslegungsberechtigt ist. Besondere nationale Auslegungsvarianten könnten sich auf die Anwendung der Abkommensbestimmungen im Gemeinschaftskontext auswirken[264].

Die Gefahr einer uneinheitlichen Auslegung scheint der Gerichtshof in beiden Fallkonstellationen durch die Annahme einer weiten Auslegungszuständigkeit gebannt zu haben. Er betonte ein klares Interesse der Gemeinschaft daran, dass Vorschriften, die auf Sachverhalte anwendbar sind, die sowohl dem Gemeinschaftsrecht als auch dem nationalen Recht der Mitgliedstaaten unterliegen, einheitlich ausgelegt werden[265].

---

262 *Arnull*, The European Union and its Court of Justice, S. 53.

263 Schriftliche Erklärung der Kommission, EuGH, Rs. C-231/89 (Gmurzynska-Bscher), Slg. 1990, I-4003, (4007).

264 Schlussanträge des GA *Tesauro*, EuGH, Rs. C-53/96 (Hermès), Slg. 1998, I-3603, Rdn. 20; *Eeckhout*, The domestic legal status of the WTO Agreement, CMLRev. 1997, 11 (23).

265 EuGH, verb. Rs. C-297/88 und 197/89 (Dzodzi), Slg. 1990, I-3763, Rdn. 37; EuGH, Rs. C-28/95 (Leur-Bloem), Slg. 1997, I-4161, Rdn. 32; EuGH, Rs. C-130/95 (Giloy), Slg. 1997, I-4291, Rdn. 28; EuGH, Rs. C-53/96 (Hermès), Slg. 1998, I-3603, Rdn. 32.

Bei der *Dzodzi*-Rechtsprechung sah sich der Gerichtshof einer harschen Kritik ausgesetzt. Ihm ist mehrfach vorgeworfen worden, er habe mit der Bejahung seiner Auslegungszuständigkeit lediglich dem vorlegenden Gericht die Anwendung seines nationalen Rechts erleichtert[266]. Von der Kommission ist angeführt worden, dass sich die Zuständigkeit des Gerichtshofs nicht nach den gesetzgeberischen Entscheidungen eines Mitgliedstaates bestimmen dürfe[267]. So dehne in allen *Dzodzi*-Fällen jeweils das nationale Recht den Anwendungsbereich des Gemeinschaftsrechts aus. Die damit verbundene Ausdehnung der Auslegungszuständigkeit des Gerichtshof könne aber nicht durch nationales Recht fremdbestimmt werden, sondern müsse durch das Gemeinschaftsrecht selbst erfolgen. Andernfalls wäre seine Zuständigkeit je nach Mitgliedstaat unterschiedlich.

Darüber hinaus ist vorgebracht worden, dass sich die Befürchtung des Gerichtshofs hinsichtlich der Gefahren für die Einheitlichkeit der Anwendung des Gemeinschaftsrechts nur schwerlich mit dem Gedanken des Art. 234 EG vereinbaren ließe, der die Auslegung und Anwendung des Gemeinschaftsrechts in erster Linie durch nationale Gerichte erreichen will[268]. Gemeinschaftsrecht wird täglich von nationalen Gerichten angewendet und nur die obersten Gerichte sind zur Vorlage verpflichtet[269].

Trotz der häufig vorgebrachten und nachvollziehbaren Kritik, hat der Gerichtshof an seiner Zuständigkeit zur Auslegung der nationalen Rechtsvorschriften festgehalten, die zwar auf das Gemeinschaftsrecht verweisen oder in Übereinstimmung mit den entsprechenden Gemeinschaftsvorschriften verfasst sind, die aber doch zur Anwendung außerhalb des Anwendungsbereichs des Gemeinschaftsrechts bestimmt sind. Er begründete sein Vorgehen damit, dass künftigen unterschiedlichen Auslegungen der übernommenen Gemeinschaftsbestimmungen zuvorgekommen werden müsse[270]. Zugleich hat der Gerichtshof immer wieder betont, dass es Sache des nationalen Gerichts sei zu entscheiden, ob eine Vorabentscheidung der Vorlagefrage entscheidungserheblich für den bei ihm anhängigen Rechtsstreit sei[271].

---

266 Schlussanträge des GA *Darmon*, EuGH, verb. Rs. C-297/88 und 197/89 (Dzodzi), Slg. 1990, I-3763, Rdn. 8 ff.; Schlussanträge des GA *Darmon*, EuGH, Rs. C-231/89 (Gmurzynska-Bscher), Slg. 1990, I-4003, Rdn. 7; *Kreibich*, Das TRIPs-Abkommen in der Gemeinschaftsordnung, S. 108.

267 EuGH, Rs. C-28/95 (Leur-Bloem), Slg. 1997, I-4161, Rdn. 18 ff.

268 Schlussanträge des GA *Jacobs* in EuGH, Rs. C-28/95 (Leur-Bloem) und C-130/95 (Giloy), Slg. 1997, I-4161, Rdn. 49.

269 Auch Schlussanträge des GA *Darmon*, EuGH, Rs. C-231/89 (Gmurzynska-Bscher), Slg. 1990, I-4003, Rdn. 12.

270 EuGH, verb. Rs. C-297/88 und 197/89 (Dzodzi), Slg. 1990, I-3763, Rdn. 37; EuGH, Rs. C-28/95 (Leur-Bloem), Slg. 1997, I-4161, Rdn. 32; EuGH, Rs. C-130/95 (Giloy), Slg. 1997, I-4291, Rdn. 28; EuGH, Rs. C-53/96 (Hermès), Slg. 1998, I-3603, Rdn. 32; s. auch Schlussanträge des GA *Tesauro*, EuGH, Rs. C-346/93 (Kleinwort Benson), Slg. 1995, I-615, Rdn. 17.

271 Siehe oben 2.Teil, A I 8 b, 9 b, 11 b.

Auch dieses Argument hat der EuGH im *Hermès*-Fall beim Umgang mit gemischten Abkommen zur Rechtfertigung seiner Auslegungszuständigkeit verwendet[272]. Dazu ist anzumerken, dass den nationalen Gerichten zwar ein Beurteilungsspielraum hinsichtlich der Erforderlichkeit der Vorlage zufällt, dies aber nicht zu einer Modifikation der bestehenden Zuständigkeitsvoraussetzungen führen kann. Die Ansicht des vorlegenden Gerichts über die Voraussetzungen der Auslegungszuständigkeit des EuGH können jenem die eigene Prüfung seiner Zuständigkeit nicht ersparen, geschweige denn eine zuständigkeitserweiternde Wirkung entfalten[273]. Sind in einer Norm wie Art. 234 EG die Voraussetzungen für die Zuständigkeit des Gerichtshofs festgelegt, so ist es Aufgabe des Gerichtshofs, das Vorliegen dieser Voraussetzungen jeweils zu überprüfen[274]. Auch ist kein Grund dafür ersichtlich, warum die Anwendung des Art. 234 EG in diesem Punkt von den Verfahren nach Art. 226, 230 EG abweichen sollte.

Eine Entscheidung, in der der EuGH das Vorliegen der Zuständigkeitsvoraussetzungen überprüft und letztendlich sogar verneint hat, ist die bereits oben erwähnte *Foglia II*- Entscheidung[275]. Darin heißt es, dass „sich der Gerichtshof hinsichtlich der Erheblichkeit der ihm vorgelegten Fragen zwar weitestgehend auf die Beurteilung durch das innerstaatliche Gericht verlassen können muß; er muß jedoch auch in die Lage versetzt werden, alle mit der Wahrnehmung seiner eigenen Aufgabe zusammenhängenden Fragen zu beurteilen, vor allem um gegebenenfalls, wie es die Pflicht jedes Gerichtes ist, festzustellen, ob er zuständig ist''[276]. Zu diesem Grundsatz setzt sich der EuGH insbesondere mit seiner *Hermès*-Rechtsprechung in Widerspruch.

Um das Vorliegen der Auslegungszuständigkeit bejahen zu können, muss unter anderem festgestellt werden, dass es sich bei der auszulegenden Norm um Gemeinschaftsrecht handelt. Gerade bei Normen gemischter Abkommen ist diese Feststellung nicht einfach zu treffen. Eine Norm wie Art. 50 TRIPs ist jedenfalls aufgrund ihrer Doppelnatur auch gemeinschaftsrechtlicher Natur. Unabhängig davon, ob sie damit tatsächlich in ihrer Gesamtheit Bestandteil der Gemeinschaftsrechtsordnung geworden ist, ist sie zugleich wenigstens auch mitgliedstaatlicher Natur. Damit kann sie aufgrund ihrer Doppelnatur als auch dem nationalen Recht zugehörig angesehen werden[277]. Im Gegensatz dazu bestand bei den *Dzodzi*-Urteilen kein Zweifel daran, dass der Ausgangsstreit tatsächlich unter Anwendung von Gemeinschaftsrecht entschieden wird. Die

---

272 EuGH, Rs. C-53/96 (Hermès), Slg. 1998, I-3603, Rdn. 31.

273 *Groh/Windisch*, Die Europäische Gemeinschaft und TRIPS: Hermès, Dior und die Folgen, GRUR Int. 2001, 497 (500); *Kreibich*, Das TRIPs-Abkommen in der Gemeinschaftsordnung, S. 107.

274 *Von Bogdandy*, Case Law: C- 53/96 Hermès with annotation by von Bogdandy, CMLRev. 1999, 663 (667).

275 1.Teil, B II 5.

276 EuGH, Rs. C-244/80 (Foglia II), Slg. 1981, 3045, Rdn. 19.

277 *Kreibich*, Das TRIPs-Abkommen in der Gemeinschaftsordnung, S. 111.

Dzodzi-Fälle enthielten immer eine unbedingte Verweisung des nationalen Rechts auf das Gemeinschaftsrecht, wodurch letzteres in den nationalen Rechtsordnungen anwendbar wurde. So ist in der eigentlichen *Dzodzi*-Entscheidung das Gemeinschaftsrecht durch Art. 40 des belgischen Gesetzes vom 15. Dezember 1980 für anwendbar erklärt worden[278]. In der Rechtssache *Gmurzynska-Bscher* verwies das deutsche Umsatzsteuerrecht auf die Nomenklatur des Gemeinsamen Zolltarifs[279]. In den *Leur-Bloem-* und *Giloy*-Urteilen lagen zwar keine unmittelbaren Verweisungen des nationalen Rechts auf das Gemeinschaftsrecht vor, doch ist das auszulegende Gemeinschaftsrecht als solches durch das Recht des betreffenden Vertragsstaats für anwendbar erklärt worden. Deutsche und niederländische Rechtsvorschriften sind an das Gemeinschaftsrecht angepasst worden, um rein innerstaatliche Sachverhalte und Sachverhalte, die unter das Gemeinschaftsrecht fallen, gleich zu behandeln[280].

Sobald eine solche Verweisung nicht vorhanden bzw. das auszulegende Gemeinschaftsrecht nicht als solches durch das Recht des betreffenden Vertragsstaats für anwendbar erklärt worden war, wie z.B. im *Kleinwort Benson*-Fall, hat der Gerichtshof seine Zuständigkeit verweigert. Zwar ist in dem *Kleinwort Benson*-Fall auch Gemeinschaftsrecht in nationales Recht übernommen worden, doch galt das Gemeinschaftsrecht dort lediglich als Muster, welches nicht wortgetreu übernommen worden ist. Zudem kam es dem nationalen Gesetzgeber dabei gerade nicht darauf an, die Gleichbehandlung von gemeinschaftsrechtlichen Sachverhalten mit Sachverhalten, die dem mitgliedstaatlichen Recht unterliegen, zu erzielen, um so eine Inländerdiskriminierung zu verhindern. Vielmehr versuchte der englische Gesetzgeber seinen eigenen innerstaatlichen Bedürfnissen gerecht zu werden[281].

Auch bei den Fällen zu gemischten Abkommen fehlt es sowohl an einem Verweis ins Gemeinschaftsrecht als auch an dem Bedürfnis der Mitgliedstaaten, Sachverhalte, die dem mitgliedstaatlichen Recht unterfallen, mit denen des Gemeinschaftsrechts gleich zu behandeln. Die *Dzodzi*-Rechtsprechung findet hingegen dort Anwendung, wo Mitgliedstaaten ihre innerstaatlichen Rechtsvorschriften freiwillig an das Gemeinschaftsrecht anpassen. Damit bringen die jeweiligen Mitgliedstaaten ihren Willen zum Ausdruck, dass sich nationale Rechtsvorschriften zur Regelung rein innerstaatlicher Sachverhalte nach den im Gemeinschaftsrecht getroffenen Regelungen richten sollen. Dies geschah, wie in der *Dzodzi-* und *Gmurzynska-Bscher*-Entscheidung, entweder durch unmittelbare Verweisung des nationalen Rechts ins Gemeinschaftsrecht oder, wie in den *Leur-Bloem-* und *Giloy*-Urteilen dadurch, dass das auszulegende Gemeinschaftsrecht als solches durch das Recht des betreffenden Vertragsstaats für anwendbar erklärt worden ist. In diesen Umständen liegt der entscheidende

278 Siehe oben 2.Teil, A I 8 a.
279 Siehe oben 2.Teil, A I 9 a.
280 Siehe oben 2.Teil, A I 11 a.
281 Siehe oben 2.Teil, A I 10, 11 b.

Unterschied zwischen den *Dzodzi*-Urteilen und den *Hermès*-Entscheidungen[282]. Auch entspricht die einheitliche Auslegung der jeweiligen Normen durch den EuGH dem Willen der Mitgliedstaaten.

Der Abschluss gemischter Abkommen dient nicht der Gleichschaltung von nationalen und gemeinschaftsrechtlichen Sachverhalten. Vielmehr dient der Abschluss gemischter Abkommen der Kompetenzwahrung. Auch spielt sich die Anwendung der jeweiligen völkerrechtlichen Normen gemischter Abkommen grundsätzlich in zwei voreinander getrennten Rechtskreisen ab. Die völkerrechtichen Normen müssen sowohl vom Gemeinschaftrecht als auch vom nationalen Recht bei der Regelung nationaler Sachverhalte beachtet werden. Wechselwirkungen der jeweiligen Anwendung auf das andere Rechtssystem sind nicht beabsichtigt gewesen.

Die einzige Ähnlichkeit zu den *Dzodzi*-Fällen liegt darin, dass es bei gemischten Verträgen Bestimmungen gibt, die auf Sachverhalte, die sowohl dem nationalen Recht als auch dem Gemeinschaftsrecht unterliegen, anwendbar sind. Doch ist diese Situation von den Mitgliedstaaten nicht bewusst so konstruiert worden. Lediglich aufgrund des gemischtvertraglichen Charakters beansprucht die jeweilige Norm Geltung auf beiden Rechtsebenen. Diese Doppelnatur der Normen ist demnach allein Ausfluss des gemeinsamen Vertragsabschlusses, der wiederum der Achtung und Wahrung der Kompetenzen dient. Es fehlt an einer Erklärung der Mitgliedstaaten dahingehend, dass die betroffenen Normen des gemischten Abkommens auf die jeweiligen Sachverhalte in gleicher Weise angewendet werden sollen, nämlich in der dem Gemeinschaftsrecht unterliegenden Art und Weise. Damit liegt auch das vom EuGH in der *Dzodzi*-Rechtsprechung entwickelte Kriterium, wonach sich die auf den nationalen Sachverhalt anzuwendende innerstaatliche Norm nach den im Gemeinschaftsrecht getroffenen Regelung richten muss, für die Annahme seiner Auslegungszuständigkeit nicht vor.

Auch Generalanwalt *Tesauro* lehnt eine gewisse Ähnlichkeit beider Fallkonstellationen mit der Begründung ab, dass in den Fällen, in denen es um die Auslegung gemischter Abkommen gehe, diese keine Normen enthielten, die, wie in den *Dzodzi*-Fällen, auf gemeinschaftsrechtliche Bestimmungen verweisen und diese somit für anwendbar erklären würden[283]. Folglich kann die *Dzodzi*-Rechtsprechung nicht auf den Umgang mit gemischten Abkommen übertragen werden, und aus diesem Grund scheitert eine Übertragung der *ratio decidendi* der *Dzodzi*-Urteile auf den *Hermès*-Fall.

3. Gesamtwürdigung

In den Fällen der ersten Rechtsprechungsgruppe legte der Gerichtshof die Grundlagen für den Umgang mit völkerrechtlichen Übereinkommen. Völker-

---

282 *Kreibich*, Das TRIPs-Abkommen in der Gemeinschaftsordnung, S. 110 f.

283 Schlussanträge des GA *Tesauro*, EuGH, Rs. C-53/96 (Hermès), Slg. 1998, I-3603, Rdn. 20, Fn. 29.

vertragsrecht wurde umfassend in die Gemeinschaftsrechtsordnung eingegliedert. Seit dem *Haegeman*-Urteil waren vom Rat geschlossene Abkommen „Handlungen der Gemeinschaftsorgane'' und „integrierende Bestandteile des Gemeinschaftsrechts''[284]. Mit diesen immer wieder angeführten Formeln und mit weiteren Argumenten, z.B. dass eine gemeinschaftsrechtliche Pflicht der Mitgliedstaaten zur Einhaltung der gemeinschaftsrechtlichen Vertragsverpflichtungen[285] und eine Notwendigkeit einer einheitlichen Auslegung der Bestimmungen völkerrechtlicher Verträge[286] bestünde, hat sich der Gerichtshof für die Auslegung völkerrechtlicher Abkommen für zuständig erklärt.

Seine Argumente hat der EuGH in gleicher Weise auf gemischte Abkommen übertragen. Er legte mehrfach Normen gemischter Abkommen aus, ohne dabei auf die Kompetenzverteilung im Einzelnen einzugehen. Der EuGH vermied es festzustellen, ob die auszulegende Norm mit Sicherheit dem Bereich der Gemeinschaftszuständigkeit oder der mitgliedstaatlichen Zuständigkeit angehört. Seine Auslegungszuständigkeit für Bestimmungen gemischter Abkommen begründete er meist mit der Formel, dass auch diese „integrierende Bestandteile der Gemeinschaftsrechtsordnung'' seien[287]. Darüber hinaus betont er die gemeinschaftsrechtliche Pflicht der Mitgliedstaaten, die Verpflichtungen aus dem von den Gemeinschaftsorganen geschlossenen Abkommen einzuhalten[288]. Besonders wichtig erschien dem EuGH ferner, die einheitliche Anwendung aller zur Gemeinschaftsordnung gehörenden Bestimmungen innerhalb der Gemeinschaft durch seine einheitliche Auslegung sichern zu können[289].

Im Ergebnis scheint der Gerichtshof gemischte Abkommen nicht anders zu behandeln als reine Gemeinschaftsabkommen. Es lässt sich der Eindruck gewinnen, als ob er auch für gemischte Übereinkommen von einer umfassenden Auslegungszuständigkeit ausgeht.

Gleichzeitig kann aber festgestellt werden, dass die vom EuGH bis dahin ausgelegten Normen gemischter Abkommen den gemeinschaftsrechtlichen Kompetenzbereichen angehörten, und der Gerichtshof zur Auslegung tatsächlich berechtigt gewesen ist. Diese Erkenntnis führt zu Verunsicherungen bei der Bewertung der EuGH-Rechsprechung. So kann bezweifelt werden, ob seine ebenso im Zusammenhang mit gemischten Übereinkommen verwendete Formel, vom Rat geschlossene Abkommen seien „integrierende Bestanteile der Gemeinschaftsrechtsordnung'', auf die Gesamtheit des gemischten Abkommens zu beziehen ist, und ob der EuGH in der Tat von einer umfassenden Auslegungsberechtigung für sämtliche Normen gemischter Übereinkommen ausgeht.

Die Reichweite seiner Auslegungszuständigkeit für gemischte Verträge hätte der Gerichtshof in der Rechtssache *Hermès* klären können. Er vermied es

284 Siehe oben 2.Teil, A I 2 b.
285 Siehe oben 2.Teil, A I 3 b.
286 Siehe oben 2.Teil, A I 3 b, 4 b.
287 Siehe oben 2.Teil, A I 6 b, 7 b.
288 Siehe oben 2.Teil, A I 6 b.
289 Siehe oben 2.Teil, A I 7 b.

jedoch, hierzu eine klare Aussage zu treffen. Im *Hermès*-Fall ging es erstmalig nicht um die Auslegung einer Norm eines gemischten Übereinkommens, die der ausschließlichen Gemeinschaftskompetenz zugeordnet werden konnte. Ohne auf die genaue Kompetenzverteilung einzugehen, bejahte der EuGH seine Auslegungszuständigkeit. Seine Entscheidung lässt auf eine weiterhin umfassend verstandene Auslegungszuständigkeit für gemischte Abkommen schließen.

Auffällig ist, dass der EuGH die bis dahin immer verwendete Formel der „integrierenden Bestandteile'' in der *Hermès*-Entscheidung nicht anführt. Dies könnte einerseits darauf hindeuten, dass er sich von seiner vorangegangenen Rechtsprechung, die gemischte Abkommen scheinbar insgesamt als „integrierende Bestandteile'' der Gemeinschaftsrechtsordnung verstanden hatte, distanzierte. Anderseits ist es ebenso möglich, dass das Auslassen der Wendung „integrierender Bestandteil'' anders zu bewerten ist. Es ließe sich argumentieren, der EuGH habe erkannt, dass die betroffene Bestimmung nicht der ausschließlichen Gemeinschaftskompetenz angehört. Damit würde er in Einklang zu seinen vorherigen Urteilen stehen (vorausgesetzt diese sind so zu verstehen, dass er darin nur die Normen gemischter Verträge, die der ausschließlichen Gemeinschaftskompetenz zugeordnet werden konnten, als „integrierende Bestandteile'' der Gemeinschaftsrechtsordnung bezeichnen wollte).

Unabhängig von dem Umstand, wie die der *Hermès*-Entscheidung vorangegangene Rechtsprechung richtig zu deuten ist, wird in *Hermès* mit der Auslassung dieser Formel deutlich, dass der EuGH für die Bestimmung seiner Auslegungszuständigkeit den internen Status der auszulegenden Norm eines gemischten Vertrags für unbeachtlich hält. Der einzige Grund für die Begründung seiner weiten Auslegungskompetenz, den der Gerichtshof für relevant zu erachten scheint, ist die Sicherstellung einer einheitlichen Auslegung.

Auf dieses Argument ist bereits in den vor dem *Hermès*-Urteil ergangenen Entscheidungen Bezug genommen worden[290].

Im *Hermès*-Fall betonte der EuGH die Notwendigkeit einer einheitlichen Auslegung von Vorschriften, die auf Sachverhalte anwendbar sind, die sowohl dem mitgliedstaatlichen Recht als auch dem Gemeinschaftsrecht unterliegen, unabhängig von der Frage unter welchen Voraussetzungen sie Anwendung finden sollen[291]. Damit scheint der Gerichtshof die einheitliche Auslegung von Normen sichern zu wollen, sobald nur bereits die abstrakte Möglichkeit besteht, dass deren Auslegung Relevanz für die Auslegung einer Bestimmung des primären oder sekundären Gemeinschaftsrechts haben könnte.

Ähnlich verhielt sich der Gerichtshof bereits in den *Dzodzi*-Fällen. Darin bejahte er seine Zuständigkeit aufgrund der Notwendigkeit einer einheitlichen

290 EuGH, Rs. 104/81 (Kupferberg), Slg. 1982, 3641, Rdn. 14; EuGH, verb. Rs. 267 bis 269/81 (SPI/SAMI), Slg. 1983, 801, Rdn. 14 f.; EuGH, Rs. C-192/89 (Sevince), Slg. 1990, I-3461, Rdn. 11.

291 Siehe oben 1.Teil, B II 4.

Auslegung, weil die von den nationalen Gerichten aufgeworfenen Fragen in irgendeiner Weise die Auslegung des Gemeinschaftsrechts betrafen. Die *Dzodzi*-Entscheidungen behandelten Streitigkeiten um Normkomplexe, die außerhalb des Gemeinschaftsrechts angesiedelt waren. Nur um eine einheitliche Auslegung von durch die Mitgliedstaaten übernommenen gemeinschaftsrechtlichen Bestimmungen zu sichern, hat sich der EuGH immer dort als auslegungsberechtigt angesehen, wo das nationale Recht eine unbedingte Verweisung auf das Gemeinschaftsrecht enthielt, wodurch dieses Recht in der internen Rechtsordnung anwendbar wurde. In letzterem Umstand ist der entscheidende Unterschied zu den Fällen zu erblicken, in denen der EuGH Normen gemischter Verträge auszulegen hat. Gemischte Abkommen enthalten gerade keine Verweisungen in das Gemeinschaftsrecht, wodurch diese zwangsläufig in den nationalen Rechtsordnungen als Gemeinschaftsrecht anwendbar würden. Infolgedessen ist es nicht möglich, die *Dzodzi*-Rechtsprechung auf Auslegungsfragen zu gemischten Abkommen zu übertragen.

Insgesamt bleibt festzuhalten, dass der Gerichtshof bereits in den unterschiedlichsten Fallkonstellationen die Notwendigkeit einer einheitlichen Auslegung von Gemeinschaftsrecht immer wieder hervorgehoben hat. Die Zuständigkeit des Gerichtshofs für die Auslegung einzelner Bestimmungen gemischter Abkommen ist judikativ noch nicht abschließend geklärt. Jedoch scheint auch bei gemischten Abkommen die Notwenigkeit einer einheitlichen Auslegung zu bestehen. Für die Auslegung von Normen gemischter Verträge, die der Gemeinschaftskompetenz angehören, bejaht der EuGH seine Kompetenz. Zunächst offengelassen hatte der EuGH, ob er auch für die Entscheidung über die Auslegung einer Bestimmung eines gemischten Abkommens zuständig ist, die eine Verpflichtung enthält, die nur die Mitgliedstaaten im Bereich ihrer eigenen Zuständigkeit übernehmen konnten.

B. Die Rechtsprechung des EuGH nach dem Hermès-Urteil

In der dem *Hermès*-Urteil nachfolgenden Entscheidung *Dior* und *Assco* bot sich dem EuGH nochmals die Möglichkeit, die Frage nach seiner Auslegungszuständigkeit für Normen gemischter Übereinkommen zu beantworten.

I. Dior- und Assco-Entscheidung

In der *Dior*- und *Assco*-Rechtssache stand erneut die Zulässigkeit eines Vorabentscheidungsersuchens durch zwei niederländische Gerichte für die Auslegung und die unmittelbare Anwendbarkeit von Art. 50 TRIPs in Frage. Die Fallgestaltungen betrafen nicht markenrechtliche Vorgänge, sondern den

Schutz gewerblicher Modelle[292]. Es sollte geklärt werden, ob die Argumentation des Gerichtshofs im *Hermès*-Urteil auf markenrechtliche Fallgestaltungen beschränkt war.

1. Sachverhalt

Im *Dior*-Ausgangsverfahren, bei dem es sich um ein niederländisches Verfahren des vorläufigen Rechtsschutzes handelte, klagte Parfums Christian Dior SA[293] gegen Tuk Consultancy BV[294] auf Unterlassung, Parfums unter der Dior-Marke zu verkaufen, die nicht von Dior oder ohne deren Zustimmung im Europäischen Wirtschaftsraum in den Verkehr gebracht werden[295]. Tuk habe durch seine Praxis die in den Benelux-Staaten eingetragene internationale Dior-Marke verletzt. In diesem Zusammenhang wurde die Frage der unmittelbaren Wirkung von Art. 50 Abs. 6 TRIPs aufgeworfen. Zu entscheiden war, ob „Art. 50 Abs. 6 TRIPs so zu verstehen [ist], dass er unmittelbare Wirkung in dem Sinne hat, dass die darin bezeichneten Rechtsfolgen auch dann eintreten, wenn das nationale Gesetz keine dieser Übereinkommensbestimmung entsprechende Bestimmung enthält''[296].

Auch in der *Assco*-Rechtssache stand die Auslegungszuständigkeit des EuGH für Art. 50 TRIPs zur Diskussion. Im Ausgangsverfahren ging es um die Nachahmung eines gewerblichen Modells der Layher GmbH[297] durch die Assco Gerüste GmbH[298]. Die Firma Layher warf Assco vor, sich ihr gegenüber rechtswidrig verhalten zu haben, indem sie ein Gerüstesystem auf den Markt gebracht habe, das eine „sklavische Nachahmung'' ihres Gerüsts „Allroundsteiger'' sei[299]. Layher beantragte nun im Rahmen des vorläufigen Rechtsschutzes die nach niederländischen Bestimmungen rechtswidrige Nachahmung ihres gewerblichen Modells verbieten zu lassen. Dem Antrag wurde statt gegeben und gleichzeitig die Frist des Art. 50 Abs. 6 TRIPs auf ein Jahr festgesetzt[300]. Die Berufung von Assco hatte insofern Erfolg, als die Fristsetzung nach Art. 50 Abs. 6 TRIPs aufgehoben wurde[301]. Auf die Kassationsbeschwerde von Assco hin setzte das zuständige niederländische Gericht das Verfahren aus und legte dem Gerichtshof die Frage vor, ob „der Gerichtshof für die Auslegung des Artikels 50 des TRIPs-Übereinkommens auch insoweit zuständig ist, als die Bestimmungen dieses Artikels sich nicht auf einstweilige Maßnahmen beziehen,

292 EuGH, verb. Rs. C-300 und 392/98 (Dior und Assco), Slg. 2000, I-11307, Rdn. 28.
293 Im Folgenden: Dior.
294 Im Folgenden: Tuk.
295 EuGH, verb. Rs. C-300 und 392/98 (Dior und Assco), Slg. 2000, I-11307, Rdn. 17 ff.
296 EuGH, verb. Rs. C-300 und 392/98 (Dior und Assco), Slg. 2000, I-11307, Rdn. 19.
297 Im Folgenden: Layher.
298 Im Folgenden: Assco.
299 EuGH, verb. Rs. C-300 und 392/98 (Dior und Assco), Slg. 2000, I-11307, Rdn. 24.
300 Ebenda, Rdn. 25.
301 Ebenda, Rdn. 26.

die die Verletzung eines Markenrechts verhindern sollen''[302]. Zudem wurde die Frage nach der unmittelbaren Anwendbarkeit von Art. 50 Abs. 6 TRIPs aufgeworfen.

2. Schlussanträge des Generalanwalts Cosmas

Ebenso wie der Rat, die Kommission und die niederländische Regierung[303] hielt auch Generalanwalt *Cosmas* die *Dior*-Vorlagefrage für unzulässig[304]. Die Vorabentscheidungsfrage sei für die Entscheidung des Ausgangsverfahrens nicht mehr erforderlich, da das vorlegende Gericht im Wesentlichen bereits abschließend über das Ausgangsverfahren entschieden habe[305].

Desweiteren hielt Generalanwalt *Cosmas* den EuGH nicht für zuständig, Art. 50 TRIPs im Rahmen des *Assco*-Falles auszulegen. Anders als in der *Hermès*-Entscheidung, in der es mit dem Markenrecht um eine Materie ginge, in der die Gemeinschaft mit Art. 99 der Gemeinschaftsmarkenverordnung bereits intern Rechtsvorschriften erlassen habe, betreffe der Ausgangsfall in *Assco* den Bereich des Schutzes gewerblicher Modelle, in dem die Gemeinschaft ihre internen Rechtssetzungsbefugnisse insofern noch nicht ausgeübt habe[306]. Die Argumentation im *Hermès*-Fall könne daher auf den vorliegenden Fall nicht übertragen werden, da der Gerichtshof für die Auslegung von Art. 50 TRIPs nicht zuständig sei, soweit dieser Artikel im Ausgangsverfahren in einem Bereich angewendet worden sei, in dem eine Gemeinschaftszuständigkeit noch nicht ausgeübt wurde[307].

Darüber hinaus führte Generalanwalt *Cosmas* an, dass die Wahrung des institutionellen Gleichgewichts zwischen gemeinschaftlichen und nationalen Stellen für die Anerkennung einer weiten Auslegungszuständigkeit des EuGH noch kein unüberwindbares Hindernis darstelle[308]. Ein Widerspruch zwischen der Ausdehnung der Auslegungszuständigkeit des Gerichtshofs und der bestehenden Zuständigkeitsverteilung zwischen der Gemeinschaft und den Mitgliedstaaten läge nur in den Bereichen vor, in denen die Mitgliedstaaten eine ausschließliche Zuständigkeit habe[309]. Beim TRIPs bestehe aber eine „geteilte Zuständigkeit''. Da die Gemeinschaftsorgane in einem solchen Bereich ihre potentielle Zuständigkeit durch ihr Aktivwerden jederzeit in eine tatsächliche umwandeln können, hätten die Mitgliedstaaten lediglich Zuständigkeiten von vorläufiger Natur. Eine potentielle Gemeinschaftszuständigkeit genüge, um ein

302 Ebenda, Rdn. 27.
303 Ebenda, Rdn. 29.
304 Schlussanträge des GA *Cosmas*, EuGH, verb. Rs. C-300 und 392/98 (Dior und Assco), Slg. 2000, I-11307, Rdn. 26 ff.
305 Ebenda, Rdn. 28 f.
306 Ebenda, Rdn. 31 ff., 33, 35.
307 Ebenda, Rdn. 40 ff.
308 Ebenda, Rdn. 42 ff.
309 Ebenda, Rdn. 43.

gemeinschaftliches Interesse zu begründen und um die Suche nach einer gemeinsamen Position der Gemeinschaftsstellen sowie der nationalen Stellen bei der Frage nach der Auslegung der gemischten Übereinkommen zu rechtfertigen[310].

Allerdings lehnte der Generalanwalt sodann aus Gründen des institutionellen Gleichgewichts zwischen dem Gerichtshof und den anderen Gemeinschaftsorganen die Zuständigkeit des EuGH zur Auslegung von Art. 50 TRIPs ab. Eine Ausdehnung der Auslegungszuständigkeit des EuGH störe das institutionelle Gleichgewicht zwischen dem Gerichtshof und anderen Gemeinschaftsorganen, die nach den Vorschriften der Art. 94, 95 und 308 EG zur Harmonisierung berufen seien[311]. Eine Auslegung der TRIPs-Norm durch den Gerichtshof würde der zukünftigen Ausübung der (bis dahin nur potentiellen) Gemeinschaftszuständigkeit Grenzen setzen[312]. Die Möglichkeit, die Legislative einzuengen, widerspreche dem konstitutionellen Gleichgewicht des EG-Vertrags und käme einer Politik der richterlichen Rechtsschöpfung gleich[313]. Gegenüber diesen Interessen, die Auslegungszuständigkeit des EuGH zugunsten der Rechtssetzungsbefugnisse der anderen Gemeinschaftsorgane zu begrenzen, müsse das Interesse an einer einheitlichen Auslegung des TRIPs zurückstehen[314].

3. Urteil des Gerichtshofs

Nachdem der Gerichtshof beide Vorlagebeschlüsse als zulässig angesehen hatte[315], beschäftigte er sich sogleich mit der Frage, ob seine Ausführungen in der *Hermès*-Entscheidung in der Tat auf markenrechtliche Fallgestaltungen beschränkt sind. Dies verneinte er[316]. Zunächst wies er darauf hin, dass das TRIPs von der Gemeinschaft und ihren Mitgliedstaaten augrund geteilter Zuständigkeiten geschlossen worden sei und dass seine Auslegungszuständigkeit dazu diene, die von der Gemeinschaft übernommenen Verpflichtungen zu bestimmen[317]. Er hielt sich für die Auslegung von Art. 50 TRIPs soweit für zuständig, als bei den Gerichten der Mitgliedstaaten der Erlass einstweiliger Maßnahmen zum Schutz von Rechten des geistigen Eigentums, die zum Geltungsbereich des TRIPs gehörten (wie etwa der Schutz gewerblicher Modelle) beantragt werden konnten[318].

Zur Begründung seiner umfassenden Auslegungszuständigkeit beruft sich der EuGH auf seine in der Rechtssache *Hermès* entwickelte Argumentation, wonach

310 Ebenda, Rdn. 44.
311 Ebenda, Rdn. 45 ff.
312 Ebenda, Rdn. 48.
313 Ebenda, Rdn. 51.
314 Ebenda, Rdn. 52 ff., 56, 61.
315 EuGH, verb. Rs. C-300 und 392/98 (Dior und Assco), Slg. 2000, I-11307, Rdn. 30.
316 Ebenda, Rdn. 39.
317 Ebenda, Rdn. 33.
318 Ebenda, Rdn. 34 ff., 40.

voneinander abweichende Auslegungen von Vorschriften wie Art. 50 TRIPs durch eine einheitliche Auslegung in Zukunft verhindert werden sollten[319]. Aufgrund der zwischen der Gemeinschaft und den Mitgliedstaaten geteilten Abschlusszuständigkeit des WTO-Abkommens seien die Mitgliedstaaten und die Gemeinschaftsorgane bei der Erfüllung der TRIPs Verpflichtungen zur engen Zusammenarbeit verpflichtet[320]. Da Art. 50 TRIPs eine Verfahrensvorschrift sei, „die für alle in ihren Geltungsbereich fallenden Sachverhalte in gleicher Weise gilt und sowohl auf dem innerstaatlichen Recht unterliegende als auch auf dem Gemeinschaftsrecht unterliegende Sachverhalte anwendbar ist, gebietet es diese Verpflichtung sowohl aus praktischen wie aus rechtlichen Gründen, dass die Stellen der Mitgliedstaaten und der Gemeinschaft sie einheitlich auslegen''[321]. Nur der Gerichtshof, der nach Art. 234 EG in Zusammenarbeit mit den Gerichten der Mitgliedstaaten tätig werde, könne diese einheitliche Auslegung gewährleisten.

Nachdem sich der Gerichtshof für zuständig erklärt hatte, Art. 50 Abs. 6 TRIPs auszulegen, war es notwendig geworden, zu dessen unmittelbarer Anwendbarkeit Stellung zu beziehen. Da aber Art. 50 Abs. 6 TRIPs eine Verfahrensbestimmung sei, die sowohl die Gemeinschaft als auch die nationalen Gerichte aufgrund von Verpflichtungen durchzuführen hätten, die sowohl von der Gemeinschaft als auch von den Mitgliedstaaten übernommen worden seien, sah sich der EuGH außerstande, die interne Wirkung von Art. 50 TRIPs ungehindert bestimmen zu können. Stattdessen nahm er folgende Differenzierung vor:

„In einem Bereich, auf den das TRIPs-Übereinkommen anwendbar ist und in dem die Gemeinschaft bereits Rechtsvorschriften erlassen hat, [wie z.B. im Bereich des Markenrechts], sind die Gerichte der Mitgliedstaaten nach dem Gemeinschaftsrecht verpflichtet, bei der Anwendung ihrer nationalen Rechtsvorschriften im Rahmen der Anordnung einstweiliger Maßnahmen zum Schutz von geistigen Rechten, die zu diesem Bereich gehören, soweit wie möglich den Wortlaut und den Zweck von Art. 50 TRIPs zu berücksichtigen''[322]. In einem solchen Fall besteht demnach für die nationalen Gerichte eine Pflicht zur TRIPs-konformen Auslegung ihres nationalen Rechts. Die interne Wirkung dieser Bereiche wird sich folglich nach Gemeinschaftsrecht bestimmen.

Der EuGH fährt weiter fort: „In einem Bereich in dem die Gemeinschaft noch keine Rechtsvorschriften erlassen hat und der somit in die Zuständigkeit der Mitgliedstaaten fällt, unterliegen der Schutz der Rechte des geistigen Eigentums und die von den Gerichten hierzu getroffenen Maßnahmen nicht dem Gemeinschaftsrecht. Das Gemeinschaftsrecht gebietet es daher nicht, schließt es aber auch nicht aus, dass die Rechtsordnung eines Mitgliedstaats dem einzelnen das

---

319 Ebenda, Rdn. 34 f., unter Verweis auf EuGH, Rs. C-53/96 (Hermès), Slg. 1998, I-3603, Rdn. 28 ff.

320 Ebenda, Rdn. 36.

321 Ebenda, Rdn. 37.

322 EuGH, verb. Rs. C-300 und 392/98 (Dior und Assco), Slg. 2000, I-11307, Rdn. 47, 49.

Recht zuerkennt, sich unmittelbar auf die Bestimmungen des Art. 50 Abs. 6 TRIPs zu berufen, oder die Gerichte verpflichtet, diese Vorschrift von Amts wegen anzuwenden''[323]. Hier können die Mitgliedstaaten die interne Wirkung der Bereiche, für die eigene Zuständigkeiten verbleiben, entsprechend den Vorgaben der nationalen Verfassungsordnungen bestimmen.

Demnach sah sich der EuGH nur dann als berechtigt an, die interne Wirkung von Art. 50 TRIPs zu bestimmen, wenn diese der „Sphäre des Gemeinschaftsrechts''[324] zugeordnet werden kann, dass heißt wenn es sich um einen Bereich handelt, „in dem die Gemeinschaft bereits Rechtsvorschriften erlassen hat''[325], wie z.B. im Bereich des Markenrechts. In einem solchen Fall lehnt der EuGH die unmittelbare Anwendbarkeit von Art. 50 TRIPs ab, betont jedoch zugleich die Pflicht zur TRIPs-(völkerrechts-) konformen Auslegung. In Bereichen verbleibender Zuständigkeit der Mitgliedstaaten bleiben die mitgliedstaatlichen Stellen dafür zuständig, die interne Wirkung von Art. 50 TRIPs nach Maßgabe des nationalen Rechts festzulegen.

Am Ende seines Urteils legt der EuGH noch den Ausdruck „Recht des geistigen Eigentums'' des Art. 50 Abs. 1 TRIPs aus[326].

Bestätigt hat der Gerichtshof die *Dior*-Rechtsprechung in der *Schieving-Nijstad*-Entscheidung[327].

II. Stellungnahme

In der *Dior-* und *Assco*-Entscheidung dehnt der EuGH die im *Hermès*-Urteil entwickelte Begründung seiner Auslegungszuständigkeit über den Bereich des Markenrechts hinaus aus. Es fehlt nun gänzlich an einem gemeinschaftsrechtlichen Bezug. Die jeweilige Fallgestaltung betraf nicht, wie im *Hermès*-Fall, markenrechtliche Vorgänge, sondern mit dem Schutz gewerblicher Modelle einen Bereich, in dem die Gemeinschaft noch gar keine Harmonisierungsmaßnahmen erlassen hatte.

Im Gegensatz zur Rechtssache *Hermès* fällt auf, dass der EuGH in *Dior* einige bereits verwendete Argumente zur Begründung seiner umfassenden Auslegungszuständigkeit nicht erwähnt und zugleich einige neue Begründungsansätze anführt. Dieses Vorgehen könnte auf eventuell vorhandene Zweifel des Gerichtshofs an seiner bisherigen Rechtsprechung hindeuten. So hat er das auf die *Dzodzi*-Rechtsprechung zurückzuführende Argument, wonach das vorlegende nationale Gericht zur Beurteilung der Erforderlichkeit einer Vorabentscheidung zuständig, und der EuGH damit grundsätzlich zu einer Ent-

---

323 Ebenda, Rdn. 48 f.
324 Ebenda, Rdn. 41.
325 Ebenda, Rdn. 47, 49.
326 Ebenda, Rdn. 50 ff.
327 EuGH, Rs. C-89/99 (Schieving-Nijstad), Slg. 2001, I-5851.

scheidung verpflichtet sei[328], nicht mehr weiter verwendet. Ebenso ausgelassen wurde das im *Hermès*-Urteil entwickelte Kriterium einer möglichen Relevanz der Auslegung von Art. 50 TRIPs auf die zukünftige Auslegung der Verordnung zur Gemeinschaftsmarke[329].

Eine Abkehr von seinen früheren Entscheidungen kann zudem darin erblickt werden, dass der EuGH im *Dior*-Fall darauf verzichtete, das TRIPs als „integrierenden Bestandteil der Gemeinschaftsrechtsordnung" zu bezeichnen.

Dennoch sah sich der EuGH in der Rechtssache *Dior* für zuständig an, Art. 50 TRIPs nicht nur bei markenrechtlichen Fallgestaltungen auszulegen, sondern immer dann, wenn bei mitgliedstaatlichen Gerichten einstweilige Maßnahmen zum Schutz der von TRIPs geregelten Immaterialgüterrechten beantragt worden sind. Ausschlaggebend schien zu sein, dass Art. 50 TRIPs als Verfahrensvorschrift für alle in seinen Geltungsbereich fallenden Sachverhalte – innerstaatliche wie gemeinschaftsrechtliche - in gleicher Weise gelten und deshalb im Interesse der Zusammenarbeit von Mitgliedstaaten und Gemeinschaft einheitlich ausgelegt werden soll. Wie in der *Hermès*-Entscheidung stand demnach die Gewährleistung der einheitlichen Auslegung dieser Vorschrift im Mittelpunkt ohne Rücksicht darauf, unter welchen Voraussetzungen sie angewendt werden soll.

Einige der Argumente zur Begründung seiner Auslegungszuständigkeit leitet der Gerichtshof, anders als in der *Hermès*-Entscheidung, aus dem WTO-*Gutachten 1/94* ab. Dieses Gutachten schien der EuGH in seinem *Hermès*-Urteil eher zu meiden. Er erwähnt es zwar, aber nur weil sich einige Mitgliedstaaten darauf beriefen[330]. In der *Dior*-Entscheidung stützt der Gerichtshof seine Auslegungszuständigkeit hingegen auf die im *Gutachten 1/94* geforderte Pflicht der Mitgliedstaaten und der Gemeinschaftsorgane zu einer engen Zusammenarbeit bei der Durchführung des TRIPs. Auch weist der EuGH darauf hin, dass das TRIPs, wie im *Gutachten 1/94* festgestellt, von der Gemeinschaft und den Mitgliedstaaten aufgrund geteilter Zuständigkeit geschlossen worden sei, und seine Auslegungszuständigkeit dazu diene, die von der Gemeinschaft übernommenen Verpflichtungen festzustellen. Im Gegensatz dazu hatte er im *Hermès*-Urteil noch ausdrücklich erklärt, es bedürfe keiner Bestimmung, welche Verpflichtungen die Gemeinschaft durch den Abschluss des WTO-Übereinkommens und damit verbunden des TRIPs eingegangen sei[331].

Die *Dior*-Entscheidung erweckt den Eindruck, als ob der Gerichtshof der bei gemischten Abkommen vorhandenen Kompetenzaufteilung zwischen der Gemeinschaft und den Mitgliedstaaten wieder Bedeutung beimisst. So dürfte *von Danwitz* zuzustimmen sein, wenn er im Zusammenhang mit dem *Dior*-

---

328 EuGH, Rs. C-53/96 (Hermès), Slg. 1998, I-3603, Rdn. 31 mit Verweis auf EuGH, verb. Rs. C-297/88 und 197/89 (Dzodzi), Slg. 1990, I-3763, Rdn. 34 f. und EuGH, Rs. C-231/89 (Gmurzynska-Bscher), Slg. 1990, I-4003, Rdn. 19 f.

329 Ebenda, Rdn. 28.

330 Ebenda, Rdn. 23.

331 Ebenda, Rdn. 25.

Urteil von einer „Wiederentdeckung der kompetenzrechtlichen Betrachtung" durch den Gerichtshof spricht[332]. Ein Ausdruck der Achtung der Kompetenzverteilung ist insbesondere auch die vom EuGH vorgenommene Differenzierung bei der Bestimmung der unmittelbaren Anwendbarkeit von Art. 50 Abs. 6 TRIPs. Dabei kam der Gerichtshof zu dem Schluss, dass sich die interne Wirkung des Abkommens nach Gemeinschaftsrecht bestimmt, soweit die Gemeinschaft im Anwendungsbereich des TRIPs bereits Vorschriften erlassen hat. In Bereichen, in denen die Gemeinschaft noch keine Regelungen erlassen hat, bleibt es den Mitgliedstaaten überlassen, den internen Wirkungsmodus abweichend von der Situation im Gemeinschaftsrecht zu bestimmen. Der EuGH erkennt damit die Kompetenzen der Mitgliedstaaten an, in Bereichen verbleibender eigener Zuständigkeit die innerstaatliche Wirkung des TRIPs entsprechend den Vorgaben der nationalen Verfassungsordnung bestimmen zu können. Damit verbunden ist die Entscheidung über die unmittelbare Anwendbarkeit der Norm, und somit die Möglichkeit, dass Mitgliedstaaten und ihre Gerichte in ihre Zuständigkeit fallende Bestimmungen des TRIPs direkt anwenden[333]. *Von Danwitz* sieht darin die gemeinschaftsrechtliche Freigabe einer individuellen Einklagbarkeit von Bestimmungen des TRIPs in den Mitgliedstaaten[334]. Dies hat zur Folge, dass die nationalen Rechtsordnungen bei der Frage der unmittelbaren Anwendbarkeit von z.B. Art. 50 TRIPs zu unterschiedlichen Ergebnissen kommen können. Einige nationale Gerichte werden Art. 50 TRIPs vielleicht direkt anwenden, andere hingegen nicht. Der EuGH wird indes bei der Auslegung von Art. 50 TRIPs im Bereich des Gemeinschaftsrechts dessen direkte Anwendbarkeit immer ablehnen, und lediglich eine mittelbare Anwendbarkeit in Form einer TRIPs-konformen Auslegung annehmen.

Mit der *Dior*- und *Assco*-Rechtsprechung konzediert der Gerichtshof den Mitgliedstaaten nun, dass sie für weite Teile die unmittelbare Anwendbarkeit selbst bestimmen dürfen[335]. Insoweit muss die Frage erlaubt sein, welchen Wert eine vom Gerichtshof zuvor bekundete einheitliche Auslegung von Art. 50 TRIPs durch ihn hat, wenn die Norm aufgrund ihrer geteilten internen Geltung innerhalb der Gemeinschaft unterschiedliche Rechtswirkungen entfalten kann und darüber hinaus auch in den einzelnen Mitgliedstaaten völlig unterschiedlich ausgelegt werden kann.

Die Ausführungen des Gerichtshofs zur geteilten innergemeinschaftlichen Geltung von Art. 50 TRIPs führen zu folgendem Problem:

Maßgebliches Abgrenzungskriterium dafür, ob der EuGH oder ein nationales Gericht für die Bestimmung der internen Wirkung zuständig ist, ist der Vorgang, ob die Gemeinschaft in einem Bereich bereits Rechtsvorschriften erlassen hat oder nicht. Weitere Ausführungen, wann ein solcher Bereich tatsächlich

332 *Von Danwitz*, Der EuGH und das Wirtschaftsvölkerrecht, JZ 2001, 721 (724).

333 *Stoll/Schorkopf*, WTO – Welthandelsordnung und Welthandelsrecht, Rdn. 684.

334 *Von Danwitz*, Der EuGH und das Wirtschaftsvölkerrecht, JZ 2001, 721 (724).

335 *Hermes*, TRIPs im Gemeinschaftsrecht, S. 95 f.; *Groh/Windisch*, Die EG und TRIPS: Hermès, Dior und die Folgen, GRUR Int. 2001, 497 (500).

hinreichend tangiert ist, macht der Gerichtshof nicht. Damit lässt er ungeklärt, welche Anforderungen an die Dichte der fraglichen Gemeinschaftsrechtssetzung zu stellen sind[336]. Einerseits könnte der bloße Erlass von gemeinschaftlichen Rechtsvorschriften genügen, um die Zuständigkeit des EuGH zur Bestimmung der innergemeinschaftlichen Wirkung anzunehmen. Andererseits wäre denkbar, dass vielmehr eine umfassende interne Harmonisierung vonnöten wäre. Der Verweis des Gerichtshofs im *Dior*-Urteil in Randnummer 47 auf den Bereich des Markenrechts als einen Bereich, „in dem die Gemeinschaft bereits Rechtsvorschriften erlassen hat", spricht dafür, dass der Gerichtshof keine umfassende Rechtssetzung seitens der Gemeinschaft fordern würde, ist doch die gemeinschaftsrechtliche Harmonisierung im Bereich des Markenrechts nur von partiellem Charakter[337]. Demnach muss die Gemeinschaft nicht umfassend, sondern nur überhaupt tätig geworden sein, um dem EuGH die Bestimmung der innergemeinschaftlichen Wirkung der TRIPs-Norm überlassen zu können. In fast allen Bereichen des TRIPs sind bereits in einem gewissen Umfang Rechtsvorschriften erlassen worden. Die Bereiche ohne Gemeinschaftsrechtssetzung dürften daher zunehmend gering ausfallen, was zur Folge hat, dass den nationalen Gerichten kaum Bereiche verblieben, in denen sie die innerstaatliche Wirkung der TRIPs-Norm festlegen könnten. Mit zunehmender Gemeinschaftsaktivität auf dem Gebiet des geistigen Eigentums hätte sich die Anwendung der Bereiche ohne Gemeinschaftsrechtssetzung damit bald erledigt[338].

Insgesamt legt der EuGH in der *Dior*- und *Assco*-Entscheidung ein in sich widersprüchliches Verhalten an den Tag, dessen Bewertung sehr schwierig ist. Zum einen nimmt er eine umfassende Auslegungszuständigkeit für Art. 50 TRIPs an. Zum anderen lehnt er eine einheitliche innergemeinschaftliche Geltung von Art. 50 TRIPs ab, indem er dahingehend differenziert, dass er die Bestimmung der internen Wirkung der Norm nur dann vornimmt, wenn die Gemeinschaft von ihrer Rechtssetzungsbefugnis intern bereits Gebrauch gemacht hat, im Übrigen aber die Mitgliedstaaten für zuständig erklärt. Damit versucht der EuGH das Problem seiner Auslegungszuständigkeit losgelöst von der Problematik der internen Geltung von Art. 50 TRIPs zu betrachten. Ungereimt erscheint dabei jedoch, wie der EuGH umfassend zur Auslegung einer Norm eines gemischten Abkommens befugt sein soll, wenn dieser Norm zugleich keine umfassende innergemeinschaftliche Geltung zukommt.

Bei der Bestimmung seiner Auslegungszuständigkeit muss der Gerichtshof als Vorfrage klären, ob es sich bei der auszulegenden Norm um Gemeinschaftsrecht handelt. Infolgedessen muss er die auszulegende völkerrechtliche Norm als Gemeinschaftsrecht qualifizieren. Dafür muss der völkerrechtlichen Norm innergemeinschaftliche Geltung zukommen. Mit der Annahme einer umfassenden Auslegungszuständigkeit für Art. 50 TRIPs muss zwangsläufig die

336 *Hermes*, TRIPs im Gemeinschaftsrecht, S. 94.
337 Ebenda, S. 95.
338 Ebenda, S. 95.

Erkenntnis der innergemeinschaftlichen Geltung der Norm im Gemeinschaftsrecht einhergehen. Wenn sich aber die interne Wirkung von Art. 50 TRIPs nicht ausschließlich nach Gemeinschaftsrecht bestimmt, so kann für diese Norm auch keine einheitliche und umfassende Auslegungszuständigkeit des EuGH bestehen. Insoweit widersprechen sich die vom Gerichtshof in der *Dior*-Entscheidung erzielten Ergebnisse.

Für die Bejahung der Auslegungszuständigkeit des EuGH für eine Norm wie Art. 50 TRIPs kann es nicht genügen, dass die Norm „auch gemeinschaftsrechtlicher Natur'' ist. Es ist bereits fraglich, was genau unter einer auch gemeinschaftsrechtlichen Natur einer völkerrechtlichen Norm zu verstehen ist. Stellt man darauf ab, dass die jeweilige Norm des gemischten Vertrags sowohl auf die dem nationalen Recht als auch die dem Gemeinschaftsrecht unterliegenden Sachverhalte anwendbar ist, so muss man zu dem Ergebnis gelangen, dass dies zunächst auf jede Norm eines gemischten Abkommens zutrifft. Schließlich ist der gemischte Vertrag sowohl von der EG als auch von den Mitgliedstaaten abgeschlossen worden und muss infolgedessen sowohl von der Gemeinschaft als auch von den Mitgliedstaaten in deren jeweiligen Rechtskreisen beachtet werden. Damit wäre jede Norm gemischter Abkommen auch gemeinschaftsrechtlicher Natur unabhängig davon, ob die Norm überhaupt dem gemeinschaftsrechtlichen Kompetenzbereich unterfällt. Aufgrund ihrer Doppelnatur wäre jede Norm eines gemischten Abkommens aber zugleich auch mitgliedstaatlicher Natur. Damit wären grundsätzlich die nationalen Gerichte für deren Auslegung zuständig.

Letztendlich ist die beschriebene Doppelnatur von Normen gemischter Abkommen Ausfluss des gemeinsamen Vertragsabschlusses von Gemeinschaft und Mitgliedstaaten[339]. Damit stellen derartige Normen eine Besonderheit gemischter Abkommen dar. Aus dem besonderen Charakter solcher Normen können keine Rückschlüsse auf die Auslegungszuständigkeit gezogen werden. Die zufällig auftretende Doppelnatur einer Norm eines gemischten Vertrags kann keine Auslegungszuständigkeit zugunsten des EuGH begründen. Vielmehr muss sich diese nach der Kompetenzverteilung zwischen der EG und den Mitgliedstaaten richten. Ansonsten würden die Mitgliedstaaten allein durch den Abschluss eines gemischten Abkommens ihre Gerichtshoheit an die EG abgeben.

Demnach hat der EuGH auch mit seiner *Dior*- und *Assco*-Rechtsprechung die Fragen nach seiner Auslegungszuständigkeit für gemischte Abkommen nicht geklärt.

339 Vgl. 2.Teil, A II 2 b.

C. Zusammenfassung und Ergebnisse

Der EuGH hat in der Rechtssache *Hermès* im Interesse der Rechtseinheit die Auslegungskompetenz zu Art.50 TRIPs mit dem Argument beansprucht, dass die Vorschrift innerstaatliche und gemeinschaftliche Sachverhalte regle. Er nahm an, für die Auslegung einer Norm eines gemischten Abkommens zuständig zu sein, ohne dabei auf die Kompetenzverteilung zwischen den Mitgliedstaaten und der Gemeinschaft einzugehen.

In den vielen Entscheidungen, die vor dem *Hermès*-Urteil ergangen sind, hat der Gerichtshof immer wieder Normen gemischter Abkommen ausgelegt, ohne genau festzulegen, worauf sich seine Auslegungszuständigkeit gründet. Dabei hat er gemischte Abkommen immer wieder als „integrierende Bestandteile der Gemeinschaftsrechtsordnung'' bezeichnet[340]. Ferner hat er für die Mitgliedstaaten die Pflicht, Verpflichtungen aus den Gemeinschaftsabkommen einzuhalten, abgeleitet, da die Gemeinschaft für die gesamte Durchführung des jeweiligen Abkommens verantwortliche sei[341]. Zugleich hat er die Gemeinschaft und die Mitgliedstaaten darauf hingewiesen, dass im Umgang mit gemischten Abkommen zwischen ihnen eine Kooperationspflicht besteht[342]. Nicht zuletzt hat der Gerichtshof immer wieder die Notwendigkeit einer einheitlichen Auslegung von Normen völkerrechtlicher Übereinkommen betont, die nur er gewährleisten könne[343].

Im *Dior*- und *Assco*-Urteil hat der Gerichtshof seine im *Hermès*-Urteil auf markenrechtliche Fallgestaltungen beschränkte Entscheidungen auf sämtliche vom TRIPs geschützte Immaterialgüterrechte erweitert. Begründet hat er die einheitliche Auslegung von Art. 50 TRIPs mit der bei gemischten Abkommen zwischen der Gemeinschaft und den Mitgliedstaaten bestehenden Zusammenarbeitspflicht[344]. Zugleich hat er sich aber gegen eine einheitliche interne Wirkung von Art. 50 TRIPs ausgesprochen[345]. Die interne Wirkung des Abkommens bestimmt sich nach Gemeinschaftsrecht, soweit die Gemeinschaft im Anwendungsbereich des TRIPs bereits Vorschriften erlassen hat. In

---

340 EuGH, Rs. 181/73 (Haegeman), Slg. 1974, 449, Rdn. 2/6; EuGH, Rs. 104/81 (Kupferberg), Slg. 1982, 3641, Rdn. 13; EuGH, Rs. 118/83 (Amalti-Wasserableitungsvorarbeiten), Slg. 1983, 2583, Rdn. 20; EuGH, Rs. 12/86 (Demirel), Slg. 1987, 3719, Rdn. 7; EuGH, Rs. 30/88 (Sonderhilfe Türkei), Slg. 1989, 3711, Rdn. 12; EuGH, Rs. C-192/89 (Sevince), Slg. 1990, I-3461, Rdn. 8.

341 EuGH, Rs. 104/81 (Kupferberg), Slg. 1982, 3641, Rdn. 13; EuGH, Rs. 12/86 (Demirel), Slg. 1987, 3719, Rdn. 11.

342 EuGH, Beschluß 1/78 (Objektschutz), Slg. 1978, 2151, Rdn. 31, 34, 36.

343 EuGH, Rs. 104/81 (Kupferberg), Slg. 1982, 3641, Rdn. 14; EuGH, verb. Rs. 267 bis 269/81 (SPI/SAMI), Slg. 1983, 801, Rdn. 14 f.; EuGH, Beschluß 1/78 (Objektschutz), Slg. 1978, 2151, Rdn. 31 ff.; Schlussanträge des GA *Darmon* EuGH, Rs. 12/86 (Demirel), Slg. 1987, 3719, Rdn. 14 f.; EuGH, Rs. C-192/89 (Sevince), Slg. 1990, I-3461, Rdn. 11.

344 EuGH, verb. Rs. C-300 und 392/98 (Dior und Assco), Slg. 2000, I-11307, Rdn. 37.

345 Ebenda, Rdn. 47 ff.

Bereichen, in denen die Gemeinschaft noch keine Regelungen erlassen hat, bleibt es den Mitgliedstaaten überlassen, den internen Wirkungsmodus abweichend von dem im Gemeinschaftsrecht zu bestimmen. Demnach besteht die Möglichkeit, dass Mitgliedstaaten und ihre Gerichte die in ihre Zuständigkeit fallenden Bestimmungen des TRIPs direkt anwenden.

Bei Einbeziehung all dieser Entscheidungen bleibt insgesamt unklar, wie die Rechtsprechung des Gerichtshofs hinsichtlich gemischter Abkommen zu verstehen ist. Problematisch erscheint insbesondere, ob es sich bei gemischten Abkommen um Bestandteile des Gemeinschaftsrechts handelt. Letztendlich haben diese Urteile aber gezeigt, wie wichtig dem Gerichtshof eine einheitliche Auslegung der diesen Entscheidungen zugrundeliegenden völkerrechtlichen Abkommen ist. Ob die angeführten Begründungsansätze zur Rechtfertigung seiner Auslegungszuständigkeit den Gerichtshof tatsächlich zu einer umfassenden Auslegungszuständigkeit für gemischte Abkommen berechtigen, wird im nun folgenden dritten Teil dieser Arbeit untersucht.

3. Teil: Begründungsansätze für das Gebot der einheitlichen Auslegung gemischter Abkommen

Das unklare Gesamtbild, das die Rechtsprechung des Gerichtshofs ergibt, macht es nötig, Begründungsansätze für die These einer einheitlichen Auslegung aller Bestimmungen gemischter Abkommen durch den EuGH zu finden. Dabei müssen die einzelnen, zum Teil bereits erwähnten Gesichtspunkte gemischter Abkommen, wie z.B. die Kompetenzverteilung zwischen der Gemeinschaft und den Mitgliedstaaten, die innergemeinschaftliche Geltung oder die völkerrechtliche Haftung gesondert betrachtet werden. Fraglich ist, ob sich daraus eine Auslegungszuständigkeit des Gerichtshofs für gemischte Verträge ableiten lässt.

Häufig ist zu beobachten, dass bei der Diskussion um gemischte Abkommen deren verschiedene Gesichtspunkte nicht getrennt voneinander behandelt, sondern miteinander vermischt werden. Zwar mag z.B. die Kompetenzverteilung gemischter Abkommen eng mit der innergemeinschaftlichen Geltung verbunden sein, wobei beide Bereiche wiederum Auswirkungen auf die Bestimmung der Auslegungszuständigkeit haben. Doch nur eine getrennte Betrachtungsweise dieser einzelnen Bereiche ermöglicht es, die besonderen Problempunkte gemischter Verträge herauszuarbeiten, die entscheidend für die Bestimmung der Auslegungszuständigkeit gemischter Abkommen sind.

A. Kompetenzen der Gemeinschaften im Bereich der Außenbeziehungen

Bei gemischten Abkommen stellt die Kompetenzverteilung zwischen der Gemeinschaft und den Mitgliedstaaten den maßgeblichen Grund für deren gemeinsamen Abschluss dar. Entscheidende Frage in diesem Zusammenhang ist, welche Auswirkungen diese Kompetenzaufteilung auf die Auslegungszuständigkeit des Gerichtshofs für Normen gemischter Verträge hat.

Zu klären ist, wie sich die Kompetenzen zwischen der Gemeinschaft und ihren Mitgliedstaaten in den Außenbeziehungen tatsächlich verteilen, und wo sich die Kompetenzgrenze befindet. Daraus können Kompetenzkonstellationen bestimmt werden, bei denen der gemeinsame Abschluss in Form eines gemischten Abkommens notwendig ist.

Voraussetzung der Auslegungszuständigkeit des EuGH für völkerrechtliche Normen ist, dass diese „Handlungen der Gemeinschaftsorgane" im Sinne von Art. 234 Abs. 1 lit. b EG darstellen. Unterfällt die auszulegende Bestimmung des gemischten Vertrags der ausschließlichen Gemeinschaftskompetenz, ist sie eine „Handlung eines Gemeinschaftsorgans" und kann vom EuGH ausgelegt werden. Die Auslegungszuständigkeit des Gerichtshofs für Normen gemischter

Abkommen besteht immer dann, wenn die auszulegende Norm der ausschließlichen Abschlusskompetenz der Gemeinschaft unterfällt. Dieser Mechanismus kann beschrieben werden als das Prinzip der Parallelität von Abschlusskompetenz der Gemeinschaft und Auslegungszuständigkeit des EuGH. Fraglich ist indes, ob der EuGH auch für die Auslegung derjenigen Normen zuständig ist, die nicht der ausschließlichen Gemeinschaftszuständigkeit unterfallen, und wenn ja, ob dann noch von der Parallelität von Abschlusskompetenz und Auslegungszuständigkeit gesprochen werden kann.

Diese allgemeinen Gedanken sollen anhand des *Hermès*-Urteils konkretisiert werden. Immerhin hat der EuGH darin Art. 50 TRIPs ausgelegt, eine Norm, die als nicht dem gemeinschaftlichen Kompetenzbereich zugehörig angesehen worden ist[346]. Die genaue Abschlusskompetenz der Gemeinschaft für das TRIPs ist durch den EuGH nie genau festgelegt worden, so dass dieser Aspekt einer genauen Betrachtung zu unterziehen ist. Mit einer weit verstandenen Abschlusskompetenz der Gemeinschaft für das TRIPs könnte eine weite Auslegungskompetenz des Gerichtshofs einhergehen. Um die Abschlusskompetenz für eine Norm wie die des Art. 50 TRIPs bestimmen zu können, bedarf es zunächst eines genauen Verständnisses der Kompetenzverteilung zwischen den Gemeinschaften und den Mitgliedstaaten in den Außenbeziehungen.

I. Allgemein

Die Aufteilung der Zuständigkeiten zwischen der Gemeinschaft und den Mitgliedstaaten ergibt sich aus der Betrachtung des Vertragsgegenstandes eines jeden völkerrechtlichen Abkommens[347]. Zuständigkeitskonflikte bezüglich der genauen Kompetenzverteilung zwischen der Gemeinschaft und ihren Mitgliedstaaten sind keine Seltenheit[348]. Allgemein werden völkerrechtliche Verträge von der EG im Rahmen ihrer Verbandskompetenz abgeschlossen die gleichbedeutend mit dem Umfang ihrer Völkerrechtsfähigkeit ist. Die Organzuständigkeit der Gemeinschaft für den Abschluss völkerrechtlicher Verträge ist in Art. 300 EG normiert[349]. Darin ist das Zusammenwirken der Organe beim Vertragsschluss geregelt.

Die Gründungsverträge der EG statuieren eine Reihe von Kompetenzen zur Wahrnehmung von Außenbeziehungen und zum Abschluss völkerrechtlicher Verträge. Diese Kompetenzzuweisungen sind allerdings nicht systematisiert, so dass der Umfang der Handlungsfähigkeit der Gemeinschaft nicht immer leicht zu bestimmen ist. Dennoch zeichnen sich bestimmte Gruppierungen ab.

---

346 Vgl. 1.Teil, B II; *Kreibich*, Das TRIPs-Abkommen in der Gemeinschaftsrechtsordnung, S. 105.

347 *Krück*, in: Schwarze, EU-Kommentar, Art. 300 Rdn. 6 EG; *McGoldrick*, International Relations Law of The EU, S. 79; *Leal-Arcas*, The European Community and Mixed Agreements, EFARev. 2001, 483 (487).

348 *Groux/Manin*, Die Europäischen Gemeinschaften in der Völkerrechtsordnung, S. 61.

349 *Krück*, in: Schwarze, EU-Kommentar, Art. 300, Rdn. 3 EG.

1. Externe Gemeinschaftskompetenzen

Die Verbandskompetenz der Gemeinschaft zum Abschluss völkerrechtlicher Verträge leitet sich aus ausdrücklichen oder impliziten Kompetenzen ab[350].

a. Ausdrückliche Kompetenzen

Die Kompetenz zum Abschluss völkerrechtlicher Verträge wird der EG in den Gründungsverträgen an verschiedenen Stellen ausdrücklich zuerkannt. Zunächst enthielt der EG-Vertrag nur für Zoll- und Handelsverträge in Art. 133 EG, sowie für Assoziationsverträge in Art. 310 EG ausdrückliche Vertragsschlusskompetenzen. Nunmehr sind weitere ausdrückliche Abschlusskompetenzen etwa in den Bereichen Währungsfragen und Devisenregelungen (Art. 111 Abs. 3 EG), Forschung (Art. 170 Abs. 2 EG), Umweltschutz (Art. 174 Abs. 4 EG) und Entwicklungspolitik (Art. 181 EG) in den Katalog aufgenommen worden[351]. Diese Kompetenzzuweisungen enthalten neben einer ausdrücklichen Ermächtigung der EG den expliziten Hinweis darauf, dass dadurch die Vertragsschlusskompetenz der Mitgliedstaaten nicht berührt wird[352]. Darüber hinaus kamen noch einige weitere Kompetenzen zur Förderung der internationalen Zusammenarbeit hinzu, wie z.B. in den Bereichen allgemeine und berufliche Bildung (Art. 149 Abs. 3, 150 Abs. 3 EG), Kultur (Art. 151 Abs. 3 EG), Gesundheitswesen (Art. 152 Abs. 3 EG) und transeuropäische Netze (Art. 155 Abs. 3 EG)[353].

Eine allgemeine Kompetenzzuweisung für die Außenbeziehungen enthält der EG-Vertrag nicht. Eine solche kann auch nicht unter zu Hilfenahme von Art. 308 EG entwickelt werden, da dies dem Prinzip der begrenzten Einzelzuständigkeit nach Art. 5 Abs. 1 EG zuwiderliefe[354]. Auf Art. 308 EG kann im Außenbereich nur unter ganz begrenzten Umständen zurückgegriffen werden[355], nämlich wenn dessen Voraussetzung vorliegen[356], und das entsprechende Sekundärrecht erlassen worden ist bzw. die Kompetenz nur wirksam mit der externen Zuständigkeit ausgeübt werden kann[357]. Demnach fehlen in vielen Sachbereichen ausdrückliche Kompetenzen, so dass die Gemeinschaft auf diesen Gebieten, die häufig nach innen bereits „vergemeinschaftet" sind, nach außen als handlungs-

---

350 EuGH, Gutachten 2/91 (ILO), Slg. 1993, I-1061, Rdn. 7; *Krück*, in: Schwarze, EU-Kommentar, Art. 300 Rdn. 4 EG; *Schweitzer/Hummer*, Europarecht, Rdn. 651.

351 *Geiger*, EUV/EGV, Art. 300 Rdn. 2 EG; *Pernice/Hoffmeister*, The Devision of Economic Policy Powers, S. 363 (365 ff.); *Gilsdorf*, Die Außenkompetenzen der EG im Wandel, EuR 1996, 145 (147).

352 Art. 111 Abs. 5, 174 Abs. 4 Uabs. 2, 181 Abs. 2 EG; *Schmalenbach*, in: Calliess/Ruffert, EUV/EGV, Art. 300 Rdn. 4 EG.

353 *Geiger*, EUV/EGV, Art. 300 Rdn. 2 EG; *Schweitzer/Hummer*, Europarecht, Rdn. 652.

354 *Oppermann*, Europarecht, Rdn. 1701.

355 *Schmalenbach*, in: Calliess/Ruffert, EUV/EGV, Art. 300 Rdn. 18 EG; *Gilsdorf*, Die Außenkompetenzen der EG im Wandel, EuR 1996, 145 (151).

356 EuGH, Gutachten 2/94 (EMRK), Slg. 1996, I-1759, Rdn. 29.

357 EuGH, Gutachten 1/94 (WTO), Slg. 1994, I-5267, Rdn. 89.

unfähig erscheint[358]. Aus dieser Notlage heraus sind die impliziten Kompetenzen entstanden.

b. Implizite Kompetenzen

Die impliziten Kompetenzen, die auch als „ungeschriebene'' Kompetenzen bezeichnet werden, sind von der Judikative entwickelt worden und auf die „implied-power''-Doktrin als allgemein anerkannte Auslegungsregel des Völkerrechts zurückzuführen[359]. Danach enthalten „die Vorschriften eines völkerrechtlichen Vertrags oder eines Gesetzes zugleich diejenigen Vorschriften [...], bei deren Fehlen sie sinnlos wären oder nicht in vernünftiger und zweckmäßiger Weise zur Anwendung gelangen könnten''[360].

Für die Entwicklung der impliziten Kompetenzen der EG sind die folgenden Urteile von entscheidender Bedeutung:

aa. AETR-Urteil

Mit der *AETR*-Entscheidung, ergänzt durch das *Kramer*-Urteil, bestimmte der Gerichtshof, dass sich eine Vertragsschlusskompetenz der Gemeinschaft „nicht nur aus einer ausdrücklichen Erteilung durch den Vertrag ergibt, sondern sie auch aus anderen Vertragsbestimmungen und aus in ihrem Rahmen ergangenen Rechtsakten der Gemeinschaftsorgane fließen kann''[361]. Dies begründete der EuGH zunächst damit, dass Vorschriften, die die Gemeinschaft im Innenbereich erlassen hat, durch das Eingehen völkerrechtlicher Verpflichtungen durch die Mitgliedstaaten beeinträchtigt würden[362]. Um das zu verhindern, hätten die Mitgliedstaaten in diesem geregelten Bereich ihre „treaty making power'' zugunsten der Gemeinschaft verloren, die ausschließlich zuständig geworden sei[363]. In der Rechtssache *Kramer* ging der EuGH sogar soweit, die Zuständigkeit der Gemeinschaft allein aus einer Rechtsetzungsermächtigung des Primärrechts abzuleiten[364].

Mit dem *AETR*-Urteil ist die Idee der Parallelität von Innen- und Außenkompetenzen entstanden. Diesen Gedanken baute der Gerichtshof in seinem

358 *Oppermann*, Europarecht, Rdn. 1703.

359 *Dörr*, Die Entwicklung der ungeschriebenen Außenkompetenzen der EG, EuZW 1996, 39 (40 f.).

360 EuGH, Rs. 8/55 (Fédération Charbonnière), Slg. 1955/56, 197, 312 ; EuGH, Rs. 20/59 (Italien/Hohe Behörde), Slg. 1960, 681, 708; EuGH, verb. Rs. 281, 283-285 und 287/85 (Deutschland u.a./Kommission), Slg. 1987, 3203, 3253; *Nicolaysen*, Zur Theorie von den Implied Powers in den Europäischen Gemeinschaften, EuR 1966, 129, (129 ff.).

361 EuGH, Rs. 22/70 (AETR), Slg. 1971, 263, Rdn. 15/19; EuGH, verb. Rs. 3, 4 und 6/76 (Kramer), Slg. 1976, 1279, Rdn. 19/20.

362 EuGH, Rs. 22/70 (AETR), Slg. 1971, 263, Rdn. 20/22.

363 Ebenda, Rdn. 15/19; EuGH, verb. Rs. 3, 4 und 6/76 (Kramer), Slg. 1976, 1279, Rdn. 19/20; bestätigt durch EuGH, Gutachten 2/91 (ILO), Slg. 1993, I-1061, Rdn. 9.

364 EuGH, verb. Rs. 3, 4 und 6/76 (Kramer), Slg. 1976, 1279, Rdn. 21/25.

Gutachten 1/76[365] zu einer Doktrin aus, die vielfach als „*AETR*-Doktrin''[366] bzw. als „1/76-Doktrin''[367] bezeichnet worden ist. Im Folgenden wird von der 1/76-Doktrin gesprochen werden.

bb. Gutachten 1/76

Die im *Gutachten 1/76* entwickelte 1/76-Doktrin besagt, dass aus einem Kompetenztitel im Innenverhältnis auch ohne vorherigen internen Rechtssetzungsakt die entsprechende Außenkompetenz fließe, wenn die völkerrechtliche Vereinbarung zur Erreichung des Zieles der Gemeinschaft notwendig sei[368]. Dies hat zur Folge, dass die Gemeinschaft überall dort über Kompetenzen zum Abschluss völkerrechtlicher Verträge verfügt, wo der Vertrag Kompetenzen für den Innenbereich zuweist[369].

Mit seiner gesamten *AETR*-Rechtsprechung, zu der unter anderem das *AETR*-Urteil, die *Kramer*-Entscheidung und das *Gutachten 1/76* gehören, hat der Gerichtshof die Einheit der Handlungsbefugnisse nach innen und außen hergestellt[370].

Die Parallele von Innen- und Außenkompetenz existierte zunächst aber nur unter Einschränkungen. In *AETR* war Voraussetzung für die Annahme der gemeinschaftlichen Außenkompetenz, dass die Gemeinschaft von ihrer Innenkompetenz bereits Gebrauch gemacht haben musste[371]. Hiervon machte der Gerichtshof sogleich in der Rechtssache *Kramer* eine Ausnahme. Demnach konnte die Außenkompetenz im Einzelfall bereits vor der Ausübung der Binnenkompetenz entstehen, denn nur so könne ein „wirksamer und zugleich gerechter'' Schutz der Ziele der Gemeinschaft gewährleistet werden[372]. In dem *Gutachten 1/76* erachtete der Gerichtshof für die Annahme der impliziten Kompetenzen als ausreichend, dass „die internen Maßnahmen der Gemeinschaft erst anlässlich des Abschlusses und der Inkraftsetzung der völkerrechtlichen Vereinbarung ergriffen werden, [...] sofern die Beteiligung der Gemeinschaft an der völkerrechtlichen Übereinkunft zur Verwirklichung eines Gemeinschaftszieles notwendig ist, um eines der Ziele der Gemeinschaft zu erreichen''[373]. In

---

365 EuGH, Gutachten 1/76 (Stillegungsfonds), Slg. 1977, 741.

366 *Oppermann*, Europarecht, Rdn. 1703 f.; *Ott*, GATT und WTO im Gemeinschaftsrecht, S. 208.

367 EuGH, Gutachten 1/94 (WTO), Slg. 1994, I-5267, Rdn. 99; *Hermes*, TRIPs im Gemeinschaftsrecht, S. 60 ff.; *Hilpold*, Die EU im GATT/WTO-System, S. 125.

368 EuGH, Gutachten 1/76 (Stillegungsfonds), Slg. 1977, 741, Rdn. 3 f.; s. auch EuGH, Gutachten 2/91 (ILO), Slg. 1993, I-1061, Rdn. 7, 17.

369 *Oppermann*, Europarecht, Rdn. 1703; *Streinz*, Europarecht, Rdn. 594; *Gilsdorf*, Die Außenkompetenzen der EG im Wandel, EuR 1996, 145 (148).

370 *Geiger*, Vertragsschlusskompetenzen der EG und auswärtige Gewalt der Mitgliedstaaten, JZ 1995, 973 (975).

371 EuGH, Rs. 22/70 (AETR), Slg. 1971, 263, Rdn. 15/19.

372 EuGH, verb. Rs. 3, 4 und 6/76 (Kramer), Slg. 1976, 1279, Rdn. 30/33.

373 EuGH, Gutachten 1/76 (Stillegungsfonds), Slg. 1977, 741, Rdn. 4.

dem auch der *AETR*-Rechtsprechung angehörendem *Gutachten 2/91* verzichtete der EuGH sogar auf die zuletzt genannte Notwendigkeitsprüfung. Um die impliziten Kompetenzen zu bejahen genügte, dass die Gemeinschaft interne Rechtssetzungskompetenzen besaß[374].

Insgesamt kann festgehalten werden, dass bei einer Gesamtbetrachtung der *AETR*-Rechtsprechung die Gemeinschaft mit dem bloßen Bestehen der Innenkompetenz gleichwohl von Anfang an über die entsprechende (Annex-) Kompetenz nach außen verfügt hat[375].

cc. Gutachten 1/94

Bei dem Erlass jüngerer Entscheidungen entsteht der Eindruck, als lege der Gerichtshof nun einen strengeren Maßstab für das Vorliegen der Parallelität von Innen- und Außenkompetenzen an[376].

Das die WTO betreffende *Gutachten 1/94* ist hier von besonderer Bedeutung. Darin knüpft der EuGH die implizite Kompetenz der EG zusätzlich über das bloße Bestehen einer Innenkompetenz hinaus an die Bedingung, dass die Gemeinschaft mit einem Rechtsakt die Binnenkompetenz bereits wahrgenommen hat[377]. Eine Ausnahme im Sinne des *Gutachtens 1/76* solle nur vorliegen, wenn der Abschluss des Vertrags mit Drittstaaten notwendig sei, um ein Ziel des EG-Vertrags zu erreichen[378]. Voraussetzung dafür sei aber, dass die externe Regelung „untrennbar" mit dem internen Ziel oder dessen „praktischer Wirksamkeit" verbunden sei[379]. Insgesamt kann der EuGH damit so verstanden werden, dass der Gemeinschaft bis zum Erlass eines Gemeinschaftsrechtsaktes nicht nur keine ausschließliche, sondern überhaupt keine implizite Kompetenz zustehe, es sei denn der Vertragsabschluss ist zu Erreichung eines Gemeinschaftsziels zwingend notwenig. Dazu müsste die externe Regelung in untrennbarem Zusammenhang mit dem internen Ziel oder dessen praktischer Wirksamkeit stehen[380].

---

374 EuGH, Gutachten 2/91 (ILO), Slg. 1993, I-1061, Rdn. 17.

375 *Dörr*, Die Entwicklung der ungeschriebenen Außenkompetenzen der EG, EuZW 1996, 39 (42); *Geiger*, Vertragsschlusskompetenzen der EG und auswärtige Gewalt der Mitgliedstaaten, JZ 1995, 973 (975 f.).

376 EuGH, Gutachten 1/94 (WTO), Slg. 1994, I-5267; EuGH, Gutachten 2/92 (OECD), Slg. 1995, I-521.

377 EuGH, Gutachten 1/94 (WTO), Slg. 1994, I-5267, Rdn. 77, 88 f., 95; EuGH, Gutachten 2/92 (OECD), Slg. 1995, I-521, Rdn. 31 ff.

378 EuGH, Gutachten 1/94 (WTO), Slg. 1994, I-5267, Rdn. 85 f.; EuGH, Gutachten 2/92 (OECD), Slg. 1995, I-521, Rdn. 32.

379 EuGH, Gutachten 1/94 (WTO), Slg. 1994, I-5267, Rdn. 86, 100.

380 *Bleckmann*, Europarecht, Rdn. 1401; *Oppermann*, Europarecht, Rdn. 1704; *Geiger*, Vertragsschlusskompetenzen der EG und auswärtige Gewalt der Mitgliedstaaten, JZ 1995, 973 (979), *Hilf*, EG-Außenkompetenzen in Grenzen, EuZW 1995, 7 (8); a.A. *Dörr*, Die Entwicklung der ungeschriebenen Außenkompetenzen der EG, EuZW 1996, 39 (42).

Letztendlich kann die Gemeinschaft aufgrund ausdrücklicher oder impliziter Kompetenzen völkerrechtliche Abkommen schließen. Zu klären bleibt die Frage der Reichweite ihrer Kompetenzen.

2. Grenze der externen Gemeinschaftskompetenzen

Die Grenze auch der externen Gemeinschaftskompetenzen verläuft zwischen den ausschließlichen Gemeinschaftskompetenzen und den konkurrierenden Kompetenzen.

a. Ausschließliche Gemeinschaftskompetenzen

Von der Herleitung insbesondere impliziter Kompetenzen ist deren Ausschließlichkeit zu unterscheiden[381]. Der Begriff der ausschließlichen Kompetenzen wird in Art. 5 Abs. 2 EG verwendet. Liegen ausschließliche Kompetenzen der Gemeinschaft vor, so ist durch die bloße Existenz der Gemeinschaftskompetenz ein Tätigwerden der Mitgliedstaaten in dem jeweiligen Sachbereich ohne entsprechende Ermächtigung ausgeschlossen. Dies gilt sowohl für Innen- als auch Außenkompetenzen.

Ausdrückliche ausschließliche Außenkompetenzen sind die Wechselkurspolitik (Art. 111 EG)[382], die gemeinsame Handelspolitik (Art. 133 EG)[383] und die Fischereipolitik (Art. 102 Beitrittsakte 1972)[384]. Die Bestimmung der impliziten ausschließlichen Gemeinschaftskompetenzen hängt von dem jeweiligen Verständnis der EuGH-Rechtssprechung ab.

aa. *AETR*-Urteil

Nach der *AETR*-Rechtsprechung verlieren die Mitgliedstaaten ihre Kompetenz zum Vertragschluss insoweit, als ihre Beteiligung an einem völkerrechtlichen Vertrag mit Dritten eine gemeinschaftsinterne Regelung „beeinträchtigen oder in ihrer Tragweite ändern'' könnte[385]. Unbestritten ist damit, dass der Erlass gemeinschaftlichen Sekundärrechts zum Verlust der mitgliedstaatlichen Vertragsschlussbefugnis führt[386].

---

381 EuGH, Gutachten 2/91 (ILO), Slg. 1993, I-1061, Rdn. 8; *Geiger*, Vertragsschlusskompetenzen der EG und auswärtige Gewalt der Mitgliedstaaten, JZ 1995, 973 (976).

382 *Gilsdorf*, Die Außenkompetenzen der EG im Wandel, EuR 1996, 145 (149).

383 EuGH, Gutachten 1/75 (Lokale Kosten), Slg. 1975, 1355, 1363 f.; EuGH, Rs. 41/76 (Donckerwolke), Slg. 1976, 1921, Rdn. 32; *Geiger*, Vertragsschlusskompetenzen der EG und auswärtige Gewalt der Mitgliedstaaten, JZ 1995, 973 (976).

384 EuGH, Rs. 804/79 (Seefischerei), Slg. 1981, 1045, Rdn. 17, 18.

385 EuGH, Rs. 22/70 (AETR), Slg. 1971, 263, Rdn. 20/22; vgl. auch EuGH, Gutachten 2/91 (ILO), Slg. 1993, I-1061, Rdn. 9, 18.

386 *Krück*, in: Schwarze, EU-Kommentar, Art. 300 Rdn. 7 EG; *Dörr*, Die Entwicklung der ungeschriebenen Außenkompetenzen der EG, EuZW 1996, 39 (41); *Geiger*, Vertrags-

bb. Gutachten 1/94

Mit dieser Rechtsprechung im Einklang befindet sich der EuGH in seinem *Gutachten 1/94*, wenn er davon spricht, dass nach dem *AETR*-Urteil die Mitgliedstaaten das Recht zum Eingehen von Verpflichtungen gegenüber Drittstaaten nur insoweit verlieren, wie gemeinsame Rechtsnormen erlassen werden, „die durch diese Verpflichtungen beeinträchtigt werden können''[387]. Weiter fährt er fort: „Nur in dem Maße, wie gemeinsame Vorschriften auf interner Ebene erlassen werden, wird die externe Zuständigkeit der Gemeinschaft zu einer ausschließlichen''[388].

Zugleich scheint der Gerichtshof dabei aber auch die Begründung impliziter ausschließlicher Gemeinschaftskompetenzen erschwert zu haben. Es ist auffällig, dass der Gerichtshof lediglich von einer möglichen „Beeinträchtigung'' der Rechtsakte des abgeleiteten Rechts, die im Rahmen der Gemeinschaft erlassenen wurden, durch die Mitwirkung der Mitgliedstaaten am Vertragsabschluss spricht[389] und nicht, wie in *AETR*, von einer „Beeinträchtigung oder Änderung der Tragweite''[390]. Damit verzichtet der Gerichtshof auf die Möglichkeit, die ausschließliche Kompetenz auch dann zu bejahen, wenn die mitgliedstaatliche Beteiligung an dem völkerrechtlichen Vertrag eine gemeinschaftsinterne Regelung lediglich „in ihrer Tragweite ändert''. Somit beschränkt er die möglichen Kriterien für die Begründung ausschließlicher Kompetenzen. Im Unterschied zur *AETR*-Rechtsprechung verlieren die Mitgliedstaaten ihre Kompetenz zum Vertragschluss insoweit also nur, als ihre Beteiligung an einem völkerrechtlichen Vertrag mit Dritten eine gemeinschaftsinterne Regelung tatsächlich „beeinträchtigt''.

Des Weiteren bejaht der Gerichtshof letztendlich das Vorliegen einer „Beeinträchtigung'' und damit die Existenz ausschließlicher Gemeinschaftskompetenzen nur dann, wenn eine vollständige interne Harmonisierung vorgenommen worden ist[391]. Im Vergleich zu seiner früheren Rechtsprechung erschwert er dadurch die Anforderungen für die Annahme einer ausschließlichen Gemeinschaftskompetenz.

Für den Fall, dass gar keine oder keine umfassenden internen Harmonisierungsmaßnahmen bestehen, steht mit dem *Gutachten 1/94* fest, dass implizite ausschließliche Kompetenzen nur vorliegen können, wenn der gemeinschaftliche Vertragsschluss für die Verwirklichung der Gemeinschaftsziele notwendig ist, wobei die externe Maßnahme zugleich in einem „untrennbaren Zusammenhang'' mit einer zu treffenden internen Regelung bzw. deren „praktischer

---

schlusskompetenzen der EG und auswärtige Gewalt der Mitgliedstaaten, JZ 1995, 973 (978).

387 EuGH, Gutachten 1/94 (WTO), Slg. 1994, I-5267, Rdn. 77.

388 Ebenda; bestätigt durch EuGH, Gutachten 2/92 (OECD), Slg. 1995, I-521, Rdn. 31.

389 EuGH, Gutachten 1/94 (WTO), Slg. 1994, I-5267, Rdn. 77 ff., 96, 99, 102.

390 EuGH, Rs. 22/70 (AETR), Slg. 1971, 263, Rdn. 20/22.

391 EuGH, Gutachten 1/94 (WTO), Slg. 1994, I-5267, Rdn. 96 f., 102 f.

Wirksamkeit'' stehen muss[392]. Es genügt für die Annahme einer ausschließlichen, externen Gemeinschaftskompetenz nun nicht mehr allein, dass ein völkerrechtliches Übereinkommen zur Verwirklichung eines Gemeinschaftsziels notwendig ist, wie es der EuGH insbesondere in dem *Gutachten 1/76* entschieden hatte[393]. Damit hat der Gerichtshof auch die Anforderungen an die Notwendigkeitsprüfung erhöht[394].

cc. Stellungnahme

Insgesamt entsteht der Eindruck, als habe sich der EuGH mit seinem *Gutachten 1/94* von seiner zuvor praktizierten extensiven Auslegung im Bezug auf die Existenz impliziter Gemeinschaftskompetenzen gelöst. Obwohl der Gemeinschaft insbesondere für die vom GATS erfassten Bereiche weit reichende interne Regelungsbefugnisse zustanden, verneinte er in seinem *Gutachten 1/94* dennoch die bedingungslose Parallelität von Innen- und Außenkompetenzen[395]. Im Gegensatz zu früheren Entscheidungen[396] scheint dafür das Bestehen einer Innenkompetenz oder auch einer Teilregelung alleine nicht mehr auszureichen[397]. Vielmehr muss beim jetzigen Stand der Dinge eine umfassende interne Harmonisierung bereits vorgenommen worden oder der Vertragsschluss für die Ereichung eines Gemeinschaftsziel zwingend erforderlich sein[398]. Letzteres gilt auch für einen Bereich ausschließlicher Innenkompetenzen der Gemeinschaft. Diese Gesamtentwicklung bestätigte sich im *Gutachten 2/92*. Darin heißt es, dass „die ausschließliche externe Zuständigkeit der Gemeinschaft nicht ohne weiteres aus ihrer Befugnis zum Erlass von Vorschriften auf interner Ebene folge''[399].

Indem der Gerichtshof es erschwert hat eine implizite ausschließliche Zuständigkeit der Gemeinschaft zu begründen, hat er die gesamte *AETR*-

392 EuGH, Gutachten 1/94 (WTO), Slg. 1994, I-5267, Rdn. 86, 100.

393 EuGH, Gutachten 1/76 (Stillegungsfonds), Slg. 1977, 741, Rdn. 4; s. auch EuGH, Gutachten 2/91 (ILO), Slg. 1993, I-1061, Rdn. 17; bereits ähnlich EuGH, verb. Rs. 3, 4 und 6/76 (Kramer), Slg. 1976, 1279, Rdn. 30/33.

394 *Schmalenbach*, in: Calliess/Ruffert, EUV/EGV, Art. 300 Rdn. 12 EG; *Bourgeois*, The EC and the WTO and advisory Opinion 1/94, CMLRev. 1995, 763 (780 f.); *Dörr*, Die Entwicklung der ungeschriebenen Außenkompetenzen der EG, EuZW 1996, 39 (43).

395 *Geiger*, Vertragsschlusskompetenzen der EG und auswärtige Gewalt der Mitgliedstaaten, JZ 1995, 973 (979); *Hilf*, EG-Außenkompetenzen in Grenzen, EuZW 1995, 7 (8); a.A. *Mögele*, in: Streinz, EU/EGV, Art. 300 Rdn. 32 EG.

396 EuGH, verb. Rs. 3, 4 und 6/76 (Kramer), Slg. 1976, 1279, Rdn. 30/33; EuGH, Gutachten 1/76 (Stillegungsfonds), Slg. 1977, 741, Rdn. 4; EuGH, Gutachten 2/91 (ILO), Slg. 1993, I-1061, Rdn. 17.

397 *Krück*, in: Schwarze, EU-Kommentar, Art. 300 Rdn. 7 EG.

398 *Dörr*, Die Entwicklung der ungeschriebenen Außenkompetenzen der EG, EuZW 1996, 39 (43).

399 EuGH, Gutachten 2/92 (OECD), Slg. 1995, I-521, Rdn. 31.

Rechtsprechung eingeschränkt[400] und zugleich das nationale Vertragsschließungsrechts der Mitgliedstaaten gestärkt[401]. Dadurch scheint der EuGH dem Prinzip der begrenzten Einzelermächtigung und dem Subsidiaritätsprinzip nach Art. 5 EG wieder erhöhte Bedeutung beizumessen[402]. Zugleich, so wird vertreten, sei der Gerichtshof zu einer traditionelleren „implied-power'' Lehre zurückgekehrt[403].

Die Gründe für den Wandel seiner Rechtsprechung hat der Gerichtshof nicht offen gelegt. Es werden Vermutungen dahingehend angestellt, dass die deutlich geäußerte Kritik an der mangelnden Rücksichtnahme der bisher betont großzügigen „gemeinschaftsfreundlichen'' Rechtsprechung des Gerichtshofs auf die Belange der Mitgliedstaaten eine Rolle gespielt habe[404]. Das politische Klima in den Mitgliedstaaten ist zeitgleich von einer von Integrationsskepsis gekennzeichneten „Maastricht''-Debatte geprägt gewesen[405].

Zusammenfassend lässt sich sagen, dass eine ausschließliche externe Kompetenz der Gemeinschaft dann gegeben ist, wenn eine ausschließlich bei der Gemeinschaft liegende ausdrückliche Außenkompetenz ausgeübt wird, oder wenn eine Innenkompetenz durch eine erschöpfende Ausübung zu einer ausschließlichen Außenkompetenz geworden ist[406]. Eine Kompetenz ist ebenfalls ausschließlicher Natur, wenn der völkerrechtliche Vertragsschluss zwingend notwendig ist, um Ziele des Vertrags innergemeinschaftlich zu verwirklichen,

---

400 *Dörr*, Die Entwicklung der ungeschriebenen Außenkompetenzen der EG, EuZW 1996, 39 (43); *Geiger*, Vertragsschlusskompetenzen der EG und auswärtige Gewalt der Mitgliedstaaten, JZ 1995, 973 (975 ff.); *Hilf*, EG-Außenkompetenzen in Grenzen, EuZW 1995, 7 (8); *Oppermann*, Die EG und Union in der WTO, RIW 1995, 919 (927); *ders.*, in: Europarecht, Rdn. 1704 spricht sogar von einer„gelockerten AETR Doktrin''; a.A. *Ott*, GATT und WTO im Gemeinschaftsrecht, S. 208.

401 *Schmalenbach*, in: Calliess/Ruffert, EUV/EGV, Art. 300 Rdn. 16 EG; kritisch *Bourgeois*, The EC in the WTO and advisory Opinion 1/94, CMLRev. 1995, 763 (776 ff.).

402 *Schweitzer/Hummer*, Europarecht, Rdn. 657; *Dörr*, Die Entwicklung der ungeschriebenen Außenkompetenzen der EG, EuZW 1996, 39 (43).

403 *Oppermann*, Europarecht, Rdn. 527 ff.; *Dörr*, Die Entwicklung der ungeschriebenen Außenkompetenzen der EG, EuZW 1996, 39 (40, 43).

404 Die mit einer extensiven Rechsprechung des EuGH verbundenen Gefahren sind bereits von *Drexl* vor dem Gutachten 1/94 erkannt worden, *Drexl*, Nach „GATT und WIPO'': Das TRIPs-Abkommen und seine Anwendung in der EG, GRUR Int. 1994, 777 (781); *Geiger*, Vertragsschlusskompetenzen der EG und auswärtige Gewalt der Mitgliedstaaten, JZ 1995, 973 (981).

405 *Dörr*, Die Entwicklung der ungeschriebenen Außenkompetenzen der EG, EuZW 1996, 39 (43); *Hilf*, The ECJ's Opinion 1/94 on the WTO, 6 EJIL (1995), 245 (245 f., 256).

406 EuGH, Rs. 22/70 (AETR), Slg. 1971, 263, Rdn. 15/19 ff.; EuGH, Gutachten 1/94 (WTO), Slg. 1994, I-5267, Rdn. 77 ff., 89; *Geiger*, EUV/EGV, Art. 300 Rdn. 27 EG; *Schweitzer/Hummer*, Europarecht, Rdn. 655, 342 ff.; *Dörr*, Die Entwicklung der ungeschriebenen Außenkompetenzen der EG, EuZW 1996, 39 (42); *Gilsdorf*, Die Außenkompetenzen der EG im Wandel, EuR 1996, 145 (149).

wobei zudem die externe Regelung „untrennbar'' mit dem internen Ziel oder dessen „praktischer Wirksamkeit'' verbunden sein muss[407].

b. Konkurrierende Kompetenzen

Hat die Gemeinschaft von ihren internen Regelungszuständigkeiten noch keinen erschöpfenden Gebrauch gemacht, liegen konkurrierende oder geteilte Kompetenzen vor. Für die Mitgliedstaaten bedeutet dies, dass sie trotz bestehender Gemeinschaftskompetenz zunächst noch zum Eingehen völkerrechtlicher Abkommen befugt sind[408]. Erst wenn die Gemeinschaftsorgane eigene umfassende Maßnahmen erlassen haben oder wenn die ausschließliche Beteiligung der Gemeinschaft zur Verwirklichung der Ziele der Gemeinschaft zwingend erforderlich ist[409], verlieren die Mitgliedstaaten ihre Befugnis zum Vertragsschluss[410]. Diese für das Handeln der Mitgliedstaaten eintretende Sperrwirkung führt dann zur Entstehung ausschließlicher Gemeinschaftskompetenzen, mit der die Kompetenzüberschneidung endet[411]. Damit beginnt immer dort die ausschließliche Gemeinschaftskompetenz, wo keine konkurrierenden Kompetenzen mehr vorhanden sind.

3. Gesamtentwicklung der externen Gemeinschaftskompetenzen

Die Kompetenzen der Gemeinschaft zum Abschluss völkerrechtlicher Verträge leiten sich aus ausdrücklichen und impliziten Kompetenzen ab. Zunächst hatte der Gerichtshof mit seiner gesamten *AETR*-Rechtsprechung[412] das Prinzip der Parallelität von Innen- und Außenkompetenzen entwickelt, so dass umfassende implizite Kompetenzen begründet werden konnten. Erst mit dem *Gutachten 1/94* hat der Gerichtshof seine bisherige Rechtsprechung dahingehend erheblich eingeschränkt, dass die impliziten Kompetenzen der Gemeinschaft nicht mehr so leicht zu begründen waren und erschwerte Anforderungen an deren Ausschließlichkeit gestellt. Für die Bejahung von

---

407 EuGH, Gutachten 1/94 (WTO), Slg. 1994, I-5267, Rdn. 86, 100; EuGH, Gutachten 2/92 (OECD), Slg. 1995, I-521, Rdn. 32.

408 EuGH, Rs. 22/70 (AETR), Slg. 1971, 263, Rdn. 30/31, *Tomuschat*, in: von der Groeben/Schwarze, EU/EGV, Art. 300 Rdn. 11 EG; *Schmalenbach*, in: Calliess/ Ruffert, EUV/EGV, Art. 300 Rdn. 13 EG; *Geiger*, Vertragsschlusskompetenzen der EG und auswärtige Gewalt der Mitgliedstaaten, JZ 1995, 973 (976); *Gilsdorf* spricht von „potentielle Kompetenzen'', *Gilsdorf*, Die Außenkompetenzen der EG im Wandel, EuR 1996, 145 (150).

409 EuGH, Gutachten 1/94 (WTO), Slg. 1994, I-5267, Rdn. 86, 100.

410 *Geiger*, Vertragsschlusskompetenzen der EG und auswärtige Gewalt der Mitgliedstaaten, JZ 1995, 973 (977).

411 *Geiger*, EUV/EGV, Art. 300 Rdn. 27 EG; *Nettesheim*, Kompetenzen, in: von Bogdandy, Europäisches Verfassungsrecht, S. 415 (455).

412 EuGH, Rs. 22/70 (AETR), Slg. 1971, 263, Rdn. 20/22; EuGH, verb. Rs. 3, 4 und 6/76 (Kramer), Slg. 1976, 1279, Rdn. 30/33; EuGH, Gutachten 1/76 (Stillegungsfonds), Slg. 1977, 741, Rdn. 4; EuGH, Gutachten 2/91 (ILO), Slg. 1993, I-1061, Rdn. 17.

ausschließlichen impliziten Kompetenzen der Gemeinschaft bedarf es nun grundsätzlich einer umfassenden Ausübung der internen Kompetenzen. Eine Ausnahme hiervon liegt indes vor, wenn das völkerrechtliche Abkommen zu Erreichung eines Vertragsziels zwingend erforderlich ist, wobei die externe Maßnahme mit der internen Regelung untrennbar verbunden sein muss. Vom Prinzip der generellen Parallelität von Innen- und Außenkompetenzen ist der Gerichtshof in seinem *Gutachten 1/94* abgerückt.

4. Kompetenzkonstellationen bei gemischten Abkommen

Aus der Diskussion um die Kompetenzverteilung zwischen der Gemeinschaft und den Mitgliedstaaten für ein völkerrechtliches Tätigwerden lassen sich bestimmte Fallkonstellationen bilden, in denen es des Abschlusses eines gemischten Vertrags nicht bedarf bzw. ein derartiger Vertragsschluss unausweichlich ist.

Der Abschluss eines gemischten Abkommens ist dann überflüssig, wenn der Inhalt des Abkommen unter die ausschließliche Außenkompetenz entweder der Gemeinschaft oder der Mitgliedstaaten fällt. Ausschließliche Gemeinschaftskompetenzen liegen auch dann vor, wenn das Abkommen eigentlich den konkurrierenden Kompetenzen zuzuordnen ist, die Gemeinschaft hiervon aber durch den Erlass von Sekundärrecht umfassend Gebrauch gemacht hat. Sollte in derartigen Fällen dennoch ein gemischtes Abkommen abgeschlossen werden, wäre der EuGH für dessen Auslegung zuständig, da das gesamte Abkommen den ausschließlichen Gemeinschaftskompetenzen unterliegt.

Unterfällt der Vertragsinhalt hingegen teils der ausschließlichen Gemeinschaftskompetenz und teils den ausschließlichen Kompetenzen der Mitgliedstaaten, so besteht die Möglichkeit ein gemischtes Abkommen abzuschließen. In einem solchen Fall könnten auch zwei voneinander unabhängige Verträge unterzeichnet werden. Dies stellt in der Praxis aber eher die Ausnahme dar. Bei Abschluss eines gemischten Vertrags ergeben sich hinsichtlich der Auslegungszuständigkeit keine Probleme. Schließlich können hier die Kompetenzbereiche der EG klar von denen der Mitgliedstaaten getrennt werden. Somit kann auch die Auslegungszuständigkeit entweder des EuGH oder der nationalen Gerichte eindeutig bestimmt werden.

Wirklich zwingend ist der Abschluss eines gemischten Abkommens bei folgenden Konstellationen: Der eine Teil des Abkommens gehört den ausschließlichen Kompetenzen der Mitgliedstaaten an, der andere Teil hingegen unterfällt den nicht ausschließlichen Abschlusskompetenzen der Gemeinschaft und damit den konkurrierenden Kompetenzen. Es muss auch dann ein internationaler Vertrag von den Mitgliedstaaten und der Gemeinschaft gemeinsam abgeschlossen werden, wenn sich die Gemeinschaft in Teilbereichen auf eine Exklusivkompetenz berufen kann – sei es dadurch, dass der Gemeinschaft ausdrückliche Abschlusskompetenzen zustehen, oder sie von ihren internen Rechtsetzungsbefugnissen bereits umfassend Gebrauch gemacht hat - im Übrigen der Vertragsgegenstand aber den konkurrierenden Kompetenzen unterfällt[413].

Der Art und Weise, wie gemischte Abkommen gestrickt sind, lässt sich entnehmen, dass drei verschiedene Arten von Kompetenzen, nämlich konkurrierende Kompetenzen, ausschließliche Gemeinschaftskompetenzen und ausschließliche Kompetenzen der Mitgliedstaaten, darin enthalten sein können. Es fällt auf, dass in allen Konstellationen, in denen der Abschluss gemischter Verträge wirklich zwingend ist, immer konkurrierende Kompetenzen betroffen sind. Das Bestehen konkurrierender Kompetenzen scheint geradezu der eigentliche Auslöser für den Abschluss gemischter Übereinkommen zu sein. Die Mitgliedstaaten müssen also insoweit Vertragspartei eines gemischten Abkommens werden, wie der Vertragsgegenstand die ausschließlichen, externen Kompetenzen der Gemeinschaft überschreitet[414].

5. Parallelität von Abschlusskompetenz und Auslegungszuständigkeit

Unklar ist, wie sich die Verteilung der Außenkompetenzen zwischen der Gemeinschaft und den Mitgliedstaaten bei gemischten Abkommen im Einzelnen auf die Auslegungszuständigkeit des EuGH auswirkt. Grundsätzlich gilt, dass sich die Auslegungszuständigkeit des EuGH mit der Abschlusszuständigkeit der Gemeinschaft deckt. Wie soeben dargestellt[415], unterfallen die Normen gemischter Abkommen jedoch nicht nur der ausschließlichen Gemeinschaftskompetenz, sondern auch den ausschließlichen Kompetenzen der Mitgliedstaaten oder den konkurrierenden Kompetenzen. In Frage steht damit, ob der Gerichtshof für alle Normen gemischter Abkommen auslegungsberechtigt ist. Der derzeitige Stand lässt sich folgendermaßen zusammenfassen:

a. Ausschließliche Gemeinschaftskompetenzen

Der EuGH kann problemlos die Bestimmungen gemischter Verträge auslegen, die der ausschließlichen Gemeinschaftskompetenz angehören. Dies ist Ausdruck des Prinzips der Parallelität von Abschlusskompetenz der Gemeinschaft und Auslegungszuständigkeit des EuGH.

b. Ausschließliche Kompetenzen der Mitgliedstaaten

Unterfällt die in Frage stehende Bestimmung eines gemischten Vertrags den ausschließlichen Kompetenzen der Mitgliedstaaten, so obliegt den nationalen Gerichten deren Auslegung. Eine Ausnahme hiervon könnte lediglich gemacht

---

413 *Gilsdorf*, Die Außenkompetenzen der EG im Wandel, EuR 1996, 145 (160).

414 *Schermers*, A Typologie of Mixed Ageements, in: O'Keeffe/Schermers, Mixed Agreements, S. 23.

415 3.Teil, A I 4.

werden, wenn vom Prinzip der Parallelität von Abschlusskompetenz und Auslegungszuständigkeit abgewichen würde.

c. Konkurrierende Kompetenzen

Völlig ungeklärt ist die Auslegungszuständigkeit für Normen gemischter Abkommen, die den konkurrierenden Kompetenzen angehören. Wie aufgezeigt, enthalten gemischte Abkommen immer Normen, die den konkurrierenden Kompetenzen zuzuordnen sind[416]. Dies legt die Vermutung nahe, dass der EuGH in Zukunft vermehrt um die Auslegung von Normen gemischter Verträge ersucht werden wird, die den konkurrierenden Kompetenzen angehören. Eine Lösung für die Handhabung dieses Problems zu finden scheint umso dringlicher, als die Anzahl an gemischten Abkommen zukünftig steigen wird. Mit zunehmender Harmonisierung innerhalb der EU nehmen die Bereiche zu, in denen konkurrierende Kompetenzen bestehen. Zudem hat der Gerichtshof mit dem *Gutachten 1/94* die Begründung impliziter ausschließlicher Kompetenzen der Gemeinschaft erschwert mit der Folge, dass vermehrt von konkurrierenden Zuständigkeiten zwischen den Mitgliedstaaten und der Gemeinschaft auszugehen ist. Aufgrund dieser Entwicklung werden weniger reine Gemeinschaftsabkommen und stattdessen mehr gemischte Verträge abgeschlossen werden.

Ein Versuch, die Problematik der Auslegungszuständigkeit des EuGH für Normen gemischter Übereinkommen, die den ausschließlichen Kompetenzen der Mitgliedstaaten bzw. den konkurrierenden Kompetenzen angehören, zu lösen, kann möglicherweise im *Hermès*-Urteil des EuGH erblickt werden.

II. *Hermès*-Entscheidung

In der *Hermès*-Entscheidung erklärte sich der EuGH dafür zuständig, eine Norm eines gemischten Abkommens (Art. 50 TRIPs) auszulegen, die von vielen dem Kompetenzbereich der Mitgliedstaaten zugerechnet worden ist[417]. Welchem Zuständigkeitsbereich Art. 50 TRIPs tatsächlich unterfällt, hat der Gerichtshof in *Hermès* nicht bestimmt. Lediglich in seinem *Gutachten 1/94* sprach er hinsichtlich des TRIPs immer wieder von einer zwischen der Gemeinschaft und den Mitgliedstaaten „geteilten Zuständigkeit"[418]. Es sind drei Möglichkeiten denkbar, weshalb sich der Gerichtshof dazu veranlasst sah, die umstrittene TRIPs-Norm auszulegen:

Der EuGH hat seine Auslegungszuständigkeit möglicherweise

a) *gerade deshalb* bejaht, weil die auszulegende Norm in Wirklichkeit der ausschließlichen Gemeinschaftskompetenz unterfiel. Damit hätte der

416 Ebenda.

417 Vgl. dazu 1.Teil, B II 2 a.

418 EuGH, Gutachten 1/94 (WTO), Slg. 1994, I-5267, Rdn. 103, 105.

Gerichtshof das Prinzip der Parallelität von Abschlusszuständigkeit und Auslegungszuständigkeit der Gemeinschaft beachtet.

b) *dennoch* bejaht, obwohl die auszulegende Norm den ausschließlichen Kompetenzen der Mitgliedstaaten zugeordnet werden musste. Darin könnte eine Ausnahme zu dem Grundsatz der Parallelität von Abschlusskompetenz und Auslegungszuständigkeit gesehen werden mit der Folge, dass der Gerichtshof nun auch für Normen gemischter Abkommen zuständig wäre, die den ausschließlichen mitgliedstaatlichen Kompetenzen unterstehen.

c) bejaht, *obwohl* die auszulegende Norm den konkurrierenden Kompetenzen angehört. Zunächst müsste darin eine Ausdehnung des Prinzips der Parallelität von Abschlusskompetenzen und Auslegungszuständigkeit gesehen werden. Schließlich gehören Normen konkurrierender Kompetenzen noch nicht den ausschließlichen Gemeinschaftskompetenzen an, da die Gemeinschaft von ihren Rechtsetzungsbefugnissen durch den Erlass umfassender Harmonisierungsmaßnahmen noch keinen abschließenden Gebrauch gemacht hat. Somit sind grundsätzlich noch die Mitgliedstaaten zum Abschluss der jeweiligen Normen berechtigt, und auch die nationalen Gerichte zu deren Auslegung befugt.

1. Kompetenzbestimmung für Art. 50 TRIPs

Zur Untersuchung der Frage, ob der EuGH im Fall *Hermès* tatsächlich auslegungsbefugt war, ist es nötig zu klären, in wessen Zuständigkeitsbereich die auszulegende Norm des Art. 50 TRIPs fällt. Die kompetenzrechtliche Einordnung der TRIPs-Norm muss unter Beachtung der bisherigen EuGH-Rechtsprechung vorgenommen werden. Hierbei wird man zwangsläufig auf das bereits vorgestellte *Gutachten 1/94* stoßen, in dem der Gerichtshof unter anderem darüber zu entscheiden hatte, ob das TRIPs der ausschließlichen Abschlusskompetenz der Gemeinschaft unterfällt[419].

a. Ausschließliche Kompetenzen

Das TRIPs und insbesondere Art. 50 Abs. 6 TRIPs könnte der gemeinsamen Handelspolitik und damit der ausschließlichen und zugleich ausdrücklichen Zuständigkeit der Gemeinschaft nach Art. 113 Abs. 1 EG zugeordnet werden.

aa. Art. 133 Abs. 1 EG

Der Begriff der Handelspolitik ist im EG-Vertrag nicht definiert. Handelspolitik im Sinne von Art. 133 EG beschränkt sich nicht nur auf die herkömmlichen Aspekte des Außenhandels wie z.B. den Warenverkehr, sondern ist für neue Instrumente des Welthandels offen[420]. Möglicherweise ist das vorliegende TRIPs und insbesondere dessen Art. 50 eine Maßnahme der gemeinsamen Handelspolitik gemäß Art. 133 Abs. 1 EG.

---

419 Ebenda, Rdn. 54 ff., 99 ff.

420 EuGH, Gutachten 1/78 (Naturkautschuk), Slg. 1979, 2871, Rdn. 44.

Das TRIPS enthält als erstes multilaterales Abkommen einen normativen Mindeststandard für den Schutz aller Erscheinungsformen geistigen Eigentums. Eine Zuordnung des gesamten TRIPs unter den Begriff der Handelspolitik ist deshalb nicht einfach, weil es unterschiedliche Normarten enthält.

Art. 50 ist eine Vorschrift aus Teil III des TRIPs, der die Durchsetzung der Rechte an geistigem Eigentum betrifft. Für jene Vorschriften in Teil III, die sich mit der Durchsetzung der Rechte an geistigem Eigentum durch Maßnahmen an der Grenze befassen (Art. 51-60 TRIPs), erkannte der EuGH nach Art. 133 EG eine ausschließliche Vertragsabschlusszuständigkeit der Gemeinschaft an[421]. In diesem Bereich besteht die EG-Verordnung Nr. 3842/86 über Maßnahmen zum Verbot der Überführung nachgeahmter Waren in den zollrechtlich freien Verkehr[422].

Im Übrigen stellte der Gerichtshof aber im *Gutachten 1/94* fest, dass ein gewisser Zusammenhang zwischen den Rechten an geistigem Eigentum und dem Warenverkehr nicht genüge, um das gesamte TRIPs unter den Anwendungsbereich von Art. 133 EG fallen zu lassen[423]. Vielmehr verlangte er einen spezifischen Zusammenhang zum internationalen Warenaustausch. Allerdings habe ein solcher beim TRIPs nicht vorgelegen, denn die Rechte an geistigem Eigentum beträfen nicht spezifisch den internationalen Warenaustausch, sondern vielmehr den Binnenhandel ebenso wie den internationalen Handel im gleichen Maß[424]. Der Hauptzweck des TRIPs bestehe darin, den Schutz des geistigen Eigentums weltweit zu verstärken und zu harmonisieren[425]. Die gemeinschaftsinterne Harmonisierung, die nach Art. 94, 95 und 308 EG an besondere Verfahren anknüpfe, würde umgangen, würde man der Gemeinschaft die ausschließliche Zuständigkeit nach Art. 133 EG zuerkennen[426]. Damit hat der Gerichtshof die Vorschriften des TRIPs mit Ausnahme der Regelungen über das Verbot der Einfuhr nachgeahmter Waren nach Art. 51 ff. TRIPs als außerhalb des Bereichs von Art. 133 EG liegend angesehen.

bb. Stellungnahme

Der zurückhaltende Umgang des Gerichts mit dem Umfang der gemeinsamen Handelspolitik in Art. 133 EG hinsichtlich der Rechte des geistigen Eigentums ist aus mehreren Gründen verwunderlich.

Zum einen hatte der Gerichtshof in seinem *Gutachten 1/78* selbst festgelegt, dass „Artikel 113 EWG-Vertrag (Art. 133 EG n.F.) nicht in einer Weise ausgelegt werden darf, die dazu führen würde, die gemeinsame Handelspolitik auf den

421 EuGH, Gutachten 1/94 (WTO), Slg. 1994, I-5267, Rdn. 55 f.; *Ott*, GATT und WTO im Gemeinschaftsrecht, S. 205; *Drexl*, Nach „GATT und WIPO": Das TRIPs-Abkommen und seine Anwendung in der EG, GRUR Int. 1994, 777 (780).

422 Verordnung des Rates vom 1.12.1986, ABl. 1986, L 357, 1.

423 EuGH, Gutachten 1/94 (WTO), Slg. 1994, I-5267, Rdn. 57.

424 Ebenda.

425 Ebenda, Rdn. 58.

426 Ebenda, Rdn. 59 f.

Gebrauch der Instrumente zu beschränken, deren Wirkung ausschließlich auf die herkömmlichen Aspekte des Außenhandels gerichtet ist, und weiterentwickelte Mechanismen [...] auszuschließen. Eine so verstandene „Handelspolitik'' wäre dazu verurteilt, allmählich bedeutungslos zu werden''[427]. Mit der Ausklammerung der Rechte an geistigem Eigentum vom internationalen Warenaustausch scheint der EuGH aber gerade zu einer engen Auslegung des Art. 133 EG zurück zu kehren.

Zum anderen wäre es möglich gewesen, dass der EuGH in seinem *Gutachten 1/94* hinsichtlich TRIPs zu einem gegenteiligen Ergebnis gekommen wäre, hätte er bei seiner Entscheidung die Präambel des TRIPs beachtet, wie er es vergleichsweise bei einigen den WTO-Abkommen beigefügten multilateralen Handelsübereinkünften getan hatte, um diese dem Art. 133 EG zuordnen zu können[428]. So entschied der EuGH im *Gutachten 1/94*, dass die Verpflichtungen des Übereinkommens über die Landwirtschaft, das den WTO Abkommen beigeordnet war, von der Gemeinschaft gemäß Art. 133 EG übernommen werden konnten, obwohl die sachgemäße Rechtsgrundlage in Art. 37 EG zu finden gewesen wäre[429]. Zur Rechtfertigung seiner Vorgehensweise genügte ihm die der Präambel des Übereinkommens entnommene Erkenntnis, dass der Zweck des landwirtschaftlichen Übereinkommens die Schaffung „eines fairen und marktorientierten Agrarsystem'' sei. Desweiteren ordnete der Gerichtshof ebenfalls das Übereinkommen über gesundheitspolizeiliche und pflanzenschutzrechtliche Maßnahmen (SPS) Art. 133 EG zu, da es, wie sich aus dessen Begründung ergebe, dazu geschaffen worden sei sicherzustellen, dass keine unnötigen Hindernisse zum internationalen Handel entstünden[430].

Hinsichtlich des geistigen Eigentums hätte es dem EuGH offen gestanden, ebenso zu argumentieren. Denn im ersten Absatz der Präambel des TRIPs wird als Ziel „die Verringerung der Verzerrungen und Behinderungen des internationalen Handels, und unter Berücksichtigung der Notwendigkeit, die Förderung eines wirksamen und angemessenen Schutzes der Rechte des geistigen Eigentums'' genannt. Diese Zielsetzung sollte genügen, um das Abkommen als handelspolitische Maßnahme im Sinne des Art. 133 Abs. 1 EG zu qualifizieren.

Ein durchaus nachvollziehbarer Grund, weshalb der EuGH nicht so vorgegangen ist, könnte darin liegen, dass mit dem Zugeständnis einer ausschließlichen Zuständigkeit der Gemeinschaft für das TRIPS die internen Zwänge des gemeinschaftsrechtlichen Gesetzgebungsverfahrens hätten umgangen werden können. Dies hatte der EuGH selbst erkannt[431]. Da das Verfahren nach Art. 133 EG eine qualifizierte Mehrheit (Art. 133 Abs. 4 EG)

427 EuGH, Gutachten 1/78 (Naturkautschuk), Slg. 1979, 2871, Rdn. 44.

428 EuGH, Gutachten 1/94 (WTO), Slg. 1994, I-5267, Rdn. 22 ff.; *Burnside*, The Scope of the Common Commercial Policy Post Opinion 1/94: clouds and silver linings, S. 157.

429 EuGH, Gutachten 1/94 (WTO), Slg. 1994, I-5267, Rdn. 29.

430 Ebenda, Rdn. 31.

431 Ebenda, Rdn. 59 f.

voraussetzt, würde das Erfordernis der Einheitlichkeit anderer Vertragsnormen - wie z.B. Art. 94 Abs. 1, 308 EG, die zur (gleichzeitigen) Herstellung einer Harmonisierung des Schutzes des geistigen Eigentums auf Gemeinschaftsebene verwendet werden würden - untergraben. Gerade in Anbetracht der monistischen Sichtweise des Gemeinschaftsrechts, nach der es nicht eines internen Umsetzungsaktes bedarf, um völkerrechtlichen Gemeinschaftsabkommen innergemeinschaftliche Geltung zu verschaffen, ist es um so wichtiger, dass völkerrechtliche Abkommen nicht dazu missbraucht werden, interne Abstimmungs- oder Verfahrenvorschriften zu umgehen[432].

Anzumerken ist weiterhin, dass ein derartiges Problem hinsichtlich des Übereinkommens über die Landwirtschaft nicht hätte entstehen können, da die für die landwirtschaftlichen Maßnahmen eigentlich einschlägige Norm des Art. 37 EG ebenso wie Art. 133 Abs. 4 EG eine qualifizierte Mehrheit verlangt (Art. 37 Abs. 2 Uabs. 3 EG).

Obwohl das TRIPs durchaus handelspolitischen Charakter aufweist und somit eine weite Auslegung der gemeinsamen Handelspolitik im Rahmen des *Gutachtens 1/94* möglich gewesen wäre, stellt die Verhinderung der Umgehung gemeinschaftsrechtlicher Verfahrensvorschriften für Harmonisierungsmaßnahmen im Bereich des Schutzes des geistigen Eigentums einen berechtigten Grund dafür dar, dass der Gerichthof das TRIPs insgesamt und folglich auch Art. 50 TRIPs nicht dem Art. 133 Abs. 1 EG zugeordnet hat.

Nicht vergessen werden sollte in diesem Zusammenhang, dass gerade das *Gutachten 1/94* Ausdruck der gewachsenen Sensibilität des EuGH gegenüber den Bedürfnissen der Mitgliedstaaten ist. Diese wollten sichergestellt haben, dass ihre nationalen Interessen bei internationalen Abkommen ausreichend geschützt werden[433]. Die zurückhaltende Vorgehensweise des EuGH im *Gutachten 1/94* hinsichtlich des GATS und des TRIPs hat nicht zuletzt die Ansichten der Mitgliedstaaten in Bezug auf die Kompetenzverteilung in diesen Bereichen gut widergespiegelt. Nachdem im Vertrag von Amsterdam der Versuch gescheitert war[434], der Gemeinschaft die alleinige Außenzuständigkeit in den Bereichen Dienstleistung und Geistigem Eigentum zu verleihen, konnten sich die Mitgliedstaaten nämlich erst im Vertrag von Nizza zu einer teilweisen Neueinordnung dieser Materien durchringen[435].

Durch die Neufassung des Art. 133 Abs. 5 Uabs. 1 EG im Vertrag von Nizza wird der Anwendungsbereich der Abs. 1 bis 4 generell auf die Aushandlung und den Abschluss von Abkommen, die den Handel mit Dienstleistungen und

---

432 *Burnside*, The Scope of the Common Commercial Policy Post Opinion 1/94: clouds and silver linings, S. 157.

433 *Arnull*, The EU and its Court of Justice, S. 554.

434 Vorschlag der Kommission, Konferenz der Vertreter der Regierung der Mitgliedstaaten, CONF 2500/96.

435 Vertrag von Nizza zur Änderung des Vertrags über die EU, der Verträge zur Gründung der Europäischen Gemeinschaften sowie einiger damit zusammenhängender Rechtsakte vom 26.02.2001, ABl. 2001, C 80, 1; berichtigt ABl. 2001, C 96, 27.

Handelsaspekte des geistigen Eigentums betreffen, ausgedehnt, sofern sie nicht bereits ohnehin von den genannten Absätzen erfasst sind. Im Unterschied zur Fassung des Vertrags von Amsterdam, der für die Beschlussfassung in diesen Bereichen noch Einstimmigkeit vorsah, genügt nun die Beschlussfassung mit qualifizierter Mehrheit. Allerdings erfährt diese Generalklausel sogleich eine massive Einschränkung. Enthalten nämlich Abkommen gemäß Abs. 5 Uabs. 1 Bestimmungen, bei denen für die Verabschiedung interner Vorschriften Einstimmigkeit erforderlich ist oder betrifft ein derartiges Abkommen einen Bereich, in dem die Gemeinschaft bei der Verabschiedung interner Vorschriften ihre Zuständigkeit nach dem EG-Vertrag noch nicht ausgeübt hat, kommt nach Art. 133 Abs. 5 Uabs. 2 EG eine Abstimmung mit qualifizierter Mehrheit nicht zur Anwendung; in diesem Fall muss der Rat weiterhin einen einstimmigen Beschluss fassen. Damit sollen Beschlüsse, die die Außenbeziehungen berühren, nur in solchen Bereichen einstimmig gefasst werden, in denen auch für interne Vorschriften Einstimmigkeit erforderlich ist. Abgesehen davon ist die Kompetenz, die mit der Neufassung des Art. 133 Abs. 5 EG übertragen wird, keine ausschließliche[436]. Dessen Abs. 5 Uabs. 4 stellt nämlich klar, dass die Ausdehnung der Zuständigkeit der Gemeinschaft in Art. 133 Abs. 5 Uabs. 1 EG auf den Abschluss von Abkommen betreffend den Handel mit Dienstleistungen und Handelsaspekte des geistigen Eigentums, das Abschlussrecht der Mitgliedstaaten in diesen Bereichen nicht berührt. Damit bleibt der Abschluss fakultativer gemischter Abkommen auch in Zukunft möglich. Insgesamt ist noch anzumerken, dass die neue Handelskompetenz nur die externe Ebene umfasst, während die interne Zuständigkeit zum Erlass von Sekundärakten an die sonstigen Kompetenznormen der Gemeinschaft gebunden bleibt[437]. Eine Gleichschaltung von Innen- und Außenkompetenzen der Gemeinschaft ist in der Folge nicht erreicht worden. Letztendlich bewegt sich die Neufassung der gemeinsamen Handelspolitik entlang der Ansicht des EuGH im *Gutachten 1/94*[438].

Für die Einordnung von Art. 50 TRIPs würde die Neufassung des Art. 133 EG folgendes bedeuten: Aufgrund des neuen Art. 133 Abs. 5 Uabs. 1 EG sind die Handelsaspekte des geistigen Eigentums der gemeinsamen Handelspolitik zugeordnet. Der Begriff der Handelsaspekte des geistigen Eigentums kann dabei so weit ausgelegt werden, dass davon der gesamte Regelungsbereich des TRIPs umfasst ist[439]. Dem steht nicht entgegen, dass nach Meinung des Gerichtshofs im *Gutachten 1/94* das TRIPs gerade kein auf die Regelung des internationalen

436 *Hermann*, Vom misslungenen Versuch der Neufassung der gemeinsamen Handelspolitik durch den Vertrag von Nizza, EuZW 2001, 269 (272).

437 *Fischer*, Der Vertrag von Nizza, S. 117 f.; *Hermann*, Vom misslungenen Versuch der Neufassung der gemeinsamen Handelspolitik durch den Vertrag von Nizza, EuZW 2001, 269 (271).

438 *Hermann*, Vom misslungenen Versuch der Neufassung der gemeinsamen Handelspolitik durch den Vertrag von Nizza, EuZW 2001, 269 (274).

439 Ebenda, 269 (271 f.).

Handels gerichtetes Abkommen ist[440]. Bei Zugrundelegung dieser Interpretation läuft die Neufassung des Art. 133 Abs. 5 Uabs. 1 EG nämlich leer, da die auch nach der Auffassung des EuGH handelsbezogenen Aspekte des Schutzes geistigen Eigentums bereits unter Art. 133 Abs. 1 bis IV EG fallen[441]. Demnach hätte das TRIPs und damit dessen Art. 50 wohl von der Gemeinschaft gemäß dem neuen Art. 133 Abs. 5 Uabs. 1 EG abgeschlossen werden können, wobei allerdings aufgrund des Abs. 5 Uabs. 4 weiterhin die Mitgliedstaaten daran hätten beteiligt werden können. Darüber hinaus hätte der Abschluss trotz Neufassung durch den Vertrag von Nizza nicht mit qualifizierter Mehrheit, sondern nur durch einstimmigen Ratsbeschluss erfolgen dürfen, denn wie bereits festgestellt erfordern die internen Harmonisierungsmaßnahmen im Bereich des geistigen Eigentums ein einstimmiges Abstimmungsverhalten z.B. gemäß Art. 94 Abs. 1, 308 EG.

Insgesamt ist Art. 50 TRIPs weiterhin nicht der ausschließlichen Gemeinschaftskompetenz nach Art. 133 Abs. 1 EG zuzuordnen.

b. Implizite Kompetenzen

Es bleibt zu untersuchen, ob der Gemeinschaft für Art. 50 TRIPs implizite ausschließliche Kompetenzen zustehen. Der Gerichtshof versuchte in seinem *Gutachten 1/94* anhand des *AETR*-Urteils und dem *Gutachten 1/76* eine ausschließliche gemeinschaftliche Kompetenz für den Abschluss des TRIPs zu begründen. Seine Vorgehensweise ist im Hinblick auf Art. 50 TRIPs erneut zu betrachten.

aa. AETR-Urteil

Im *Gutachten 1/94* prüfte der EuGH, „ob die im Rahmen der Gemeinschaft erlassenen Rechtsakte des abgeleiteten Rechts im Sinne des *AETR*-Urteils beeinträchtigt sein können, wenn die Mitgliedstaaten am Abschluss des TRIPS mitwirken''[442]. Das Problematische dabei ist, dass es im Bereich des TRIPs fast völlig an internem Gemeinschaftsrecht fehlt. Lediglich in bestimmten vom TRIPs erfassten Bereichen ist im Rahmen der Gemeinschaft zumindest eine teilweise Harmonisierung verwirklicht worden, so z.B. im Bereich des Markenschutzes (Teil II, Abschnitt 2 TRIPs) mit der Richtlinie 89/104[443]. In anderen Bereichen wie dem des Schutzes vertraulicher Informationen (Teil II, Abschnitt 7 TRIPs) oder denen der gewerblichen Muster (Teil II, Abschnitt 4 TRIPs) und der Patente (Teil II, Abschnitt 5 TRIPs) sind noch keinerlei gemeinschaftliche Harmonisierungsmaßnahmen erlassen worden[444].

---

440 EuGH, Gutachten 1/94 (WTO), Slg. 1994, I-5267, Rdn. 57 f.

441 Ebenda, Rdn. 55; *Hermann*, Vom misslungenen Versuch der Neufassung der gemeinsamen Handelspolitik durch den Vertrag von Nizza, EuZW 2001, 269 (272).

442 EuGH, Gutachten 1/94 (WTO), Slg. 1994, I-5267, Rdn. 102.

443 Richtlinie des Rates vom 21.12.1988, ABl. 1989, L 40, 1.

444 EuGH, Gutachten 1/94 (WTO), Slg. 1994, I-5267, Rdn. 103.

Art. 50 TRIPs gehört dem dritten Abschnitt von Teil III TRIPs an, in dem einstweilige Maßnahmen zum Schutz der TRIPs Rechte geregelt sind. Bislang hat die Gemeinschaft lediglich in Art. 99 EG-Verordung Nr. 40/94 über die Gemeinschaftsmarke Regelungen über einstweilige Maßnahmen zum Schutz der Gemeinschaftsmarke getroffen. Die Gemeinschaftsmarkenverordnung könnte eine Harmonisierungsmaßnahme darstellen.

Im *Gutachten 1/94* bezeichnete der Rat die Gemeinschaftsmarke als eine eigenständige gemeinschaftliche Schutzregelung, die neben die mitgliedstaatlichen Markenregeln trete[445]. Zwar könnten hieraus seiner Ansicht nach implizite Kompetenzen abgeleitet werden, dies aber nur soweit der Gegenstand dieser ergänzenden Regelungen reiche. Ihr Anwendungsbereich erstrecke sich nicht auf Gegenstände, die weiterhin von nationalen Regelungen über Marken erfasst werden[446].

Auffällig ist, dass die Gemeinschaftsmarkenverordnung nicht auf Art. 94, 95 EG, sondern auf Art. 308 EG gestützt worden ist[447]. Zum Teil wird es daher abgelehnt, in der Einführung eines solchen Gemeinschaftsmarkenregimes eine Harmonisierungsmaßnahme zu erblicken[448]. Ein Beleg für diese Ansicht könnte sein, dass selbst der EuGH in seinem *Gutachten 1/94* lediglich Teil III, Abschnitt 4 (Art. 51-60 TRIPs) des TRIPs aufgrund der Verordnung Nr. 3842/86 über Maßnahmen zum Verbot der Überführung nachgeahmter Waren in den zollrechtlich freien Verkehr als gemeinschaftsintern harmonisiert angesehen hatte, nicht dagegen Art. 50 TRIPs[449].

Dennoch kann nicht bestritten werden, dass die EG, auch wenn sie noch keine einheitlichen Regelungen für die nationalen Marken ihrer Mitgliedsstaaten geschaffen hat, mit der Gemeinschaftsmarkenverordnung ein einheitliches Schutzsystem wenigstens für die Gemeinschaftsmarke geschaffen hat. Damit hat sie zumindest in diesem Bereich eine Angleichung der Rechte durchgeführt. Insofern kann von einer teilweisen Harmonisierung durch die Gemeinschaftsmarkenverordnung im Bereich des Markenrechts gesprochen werden. Seit dem *Gutachten 1/94* genügt die teilweise Harmonisierung aber nicht mehr, um eine ausschließliche, implizite Gemeinschaftskompetenz zu begründen[450]. Für das gesamte Markenrecht hat die EG also noch keine ausschließlichen Zuständigkeiten erlangt. Es können sich implizite (ausschließliche) Kompetenzen in dem Maße bilden wie gemeinsame Vorschriften auf interner Ebene bereits erlassen

---

445 Standpunkt der Rates, EuGH, Gutachten 1/94 (WTO), Slg. 1994, I-5267 (5338 f.).

446 Standpunkt der Rates, EuGH, Gutachten 1/94 (WTO), Slg. 1994, I-5267 (5339).

447 Verordnung des Rates vom 20.12.1993 über die Gemeinschaftsmarke, ABl. 1994, L 11, 1.

448 *Hermes*, TRIPs im Gemeinschaftsrecht, S. 64.

449 Verordnung des Rates vom 1.12.1986, ABl. 1986, L 357, 1; EuGH, Gutachten 1/94 (WTO), Slg. 1994, I-5267, Rdn. 55, 104.

450 Vgl. dazu oben 3.Teil, A I 2 a bb, cc, 3.

worden sind[451]. Damit kann die Gemeinschaft im harmonisierten Bereich der Gemeinschaftsmarken externe Regelungen treffen. Bei Art. 50 TRIPs handelt es sich um eine Norm im Bereich der Durchsetzung der Rechte an geistigem Eigentum. Art. 99 der Gemeinschaftsmarkenverordnung sieht die Möglichkeit vor, bezogen auf eine Gemeinschaftsmarke oder deren Anmeldung einstweilige Maßnahmen zu beantragen. Soweit dieser beschränkte Bereich betroffen ist, hat die EG die ausschließliche Vertragsschlusskompetenz für Art. 50 TRIPs inne. In der Rechtssache *Hermès* geht es aber nicht um eine einstweilige Maßnahme zum Schutz einer Gemeinschaftsmarke, sondern um den Schutz einer international eingetragenen Marke nach niederländischem Recht.

Art. 50 TRIPs steht in seiner Bedeutung damit nicht für die Auslegung der Gemeinschaftsmarkenordnung in Frage, sondern für eine nationale Norm. Fest steht, dass die Gemeinschaft einstweilige Maßnahmen zum Schutz der mitgliedstaatlichen Markenrechte oder gar anderer vom TRIPs erfasster Immaterialgüterrechte bisher nicht geregelt hat. Insoweit können weder durch die Gemeinschaftsmarkenverordnung noch durch andere Harmonisierungsmaßnahmen ausschließliche, implizite Gemeinschaftskompetenzen hinsichtlich des Art. 50 TRIPs begründet werden.

bb. Gutachten 1/76

Der Gerichtshof hat im *Gutachten 1/94* unter Hinweis auf das *Gutachten 1/78* für den Fall, dass bisher keine umfassende interne Harmonisierung vorgenommen worden ist, in Erwägung gezogen, ausschließliche Gemeinschaftskompetenzen für den Abschluss des TRIPs damit zu begründen, dass eine Beteiligung der Gemeinschaft am Abkommen notwendig sei, um die ihr vom Vertrag gesetzten Ziele zu verwirklichen[452]. Allerdings verwarf er diesen Ansatz mit dem Argument, dass „die Vereinheitlichung oder Harmonisierung des Schutzes des geistigen Eigentums im Rahmen der Gemeinschaft, um praktisch wirksam [zu sein], nicht notwendig durch Abkommen mit Drittstaaten begleitet werden muss"[453]. Diese Argumentation ist nachvollziehbar, da kein Grund ersichtlich ist, weshalb der Abschluss des TRIPs notwendig sein sollte, nur um eine interne Harmonisierung im Bereich des Schutzes des geistigen Eigentums zu erreichen. Eine Angleichung der Rechte des geistigen Eigentums innerhalb der Gemeinschaft kann auch wirkungsvoll sein, ohne zugleich auf internationaler Ebene ähnliche Maßnahmen treffen zu müssen.

c. Zwischenergebnis

Insgesamt kann festgehalten werden, dass Art. 50 Abs. 6 TRIPs nicht der gemeinsamen Handelspolitik nach Art. 133 EG unterfällt. Lediglich Teil III,

---

451 EuGH, Gutachten 1/94 (WTO), Slg. 1994, I-5267, Rdn. 77; bestätigt durch EuGH, Gutachten 2/92 (OECD), Slg. 1995, I-521, Rdn. 31.

452 EuGH, Gutachten 1/94 (WTO), Slg. 1994, I-5267, Rdn. 99.

453 Ebenda, Rdn. 100.

Abschnitt 4 (Art. 51-60) des TRIPs wird von der ausschließlichen Kompetenznorm des Art. 133 EG erfasst[454]. Es bestand ferner die Möglichkeit, implizite ausschließliche Kompetenzen unter Zuhilfenahme der Rechtsprechung *AETR* und des *Gutachtens 1/76* zu begründen. Für Art. 50 TRIPs ist dies jedoch daran gescheitert, dass es sich bei der Gemeinschaftsmarkenverordnung um keine umfassende Harmonisierungsmaßnahme handelt, und nicht der Schutz einer Gemeinschaftsmarke in Frage stand. Auch war „die Vereinheitlichung oder Harmonisierung des Schutzes des geistigen Eigentums im Rahmen der Gemeinschaft, um praktisch wirksam zu sein'', nicht notwendig an den Abschluss des TRIPs und damit nicht an Art. 50 Abs. 6 TRIPs gekoppelt.

Daher gehört Art. 50 Abs. 6 TRIPs nicht dem Bereich der ausschließlichen Zuständigkeit der Gemeinschaft an. Damit ist aber noch nicht geklärt, in wessen Zuständigkeitsbereich die auszulegende Norm des *Hermès*-Urteils eigentlich fällt. Es besteht weiterhin die Möglichkeit, dass Art. 50 TRIPs entweder der ausschließlichen, mitgliedstaatlichen Kompetenz oder dem Bereich der konkurrierenden Kompetenzen zuzuordnen ist.

d. Verständnis von „geteilter Zuständigkeit''

In dem *Gutachten 1/94* gelangt der Gerichtshof allgemein zu der Erkenntnis, dass „die Zuständigkeit für den Abschluss des TRIPs zwischen der Gemeinschaft und den Mitgliedstaaten geteilt ist''[455]. Diese Äußerung kann nunmehr so verstanden werden, als werde damit lediglich die externe Handlung des Vertragsabschlusses als solche beschrieben. Allein der Abschluss des gesamten TRIPs wäre sodann als zwischen der Gemeinschaft und den Mitgliedstaaten geteilt anzusehen.

Ob der Gerichtshof mit den Worten „geteilte Zuständigkeit'' darüber hinaus eine Aussage über die interne Kompetenzverteilung des TRIPS treffen wollte, ist fraglich. In dem *Gutachten 1/94* untersucht der EuGH nämlich lediglich, ob die Gemeinschaft für den Abschluss des gesamten TRIPs ausschließliche Kompetenzen besitzt. Dies verneint er und nimmt sogleich eine „geteilte Zuständigkeit'' an. Es liegt daher nahe, dass sich seine Annahme von „geteilten Zuständigkeiten'' nur auf den eigentlichen völkerrechtlichen Vertragsabschluss und die im Einzelnen einzuhaltenden Abschlussmodalitäten bezieht. Darüber hinaus wird angeführt, dass eine genaue Zuteilung einzelner TRIPs-Bestimmungen zu bestimmten Kompetenzbereichen durch den EuGH im *Gutachten 1/94* nicht erfolgt sei[456].

---

454 *Drexl*, The TRIPs Agreement and the EC, S. 18 (35); *ders.*, Nach „GATT und WIPO'': Das TRIPs-Abkommen und seine Anwendung in der EG, GRUR Int. 1994, 777 (780); *Ott*, GATT und WTO im Gemeinschaftsrecht, S. 205.

455 EuGH, Gutachten 1/94 (WTO), Slg. 1994, I-5267, Rdn. 103, 105.

456 *Drexl*, The TRIPs Agreement and the EC, S. 18 (32).

aa. Die verschiedenen Sprachversionen

Um den Begriff der „geteilten Zuständigkeit'' besser zu verstehen ist es hilfreich, einen Vergleich der einzelnen Sprachversionen des *Gutachtens 1/94* anzustellen, die wie in jedem Gutachtenverfahren nach Art. 300 Abs. 6 EG gleichberechtigt nebeneinander stehen. In der französischen Version des Gutachtens wird der Begriff „compétence partagée'' verwendet. Der englische Text hingegen spricht von „jointly competent''.

i. Die deutsche und französische Version

Zu einem einheitlichen Verständnis gelangt man bei der Betrachtung der deutschen und französischen Übersetzung des Gutachtens.

Der Ausdruck „geteilte Zuständigkeit'' kann so verstanden werden, dass die Abschlusshandlung für das gesamte TRIPS als zwischen der Gemeinschaft und den Mitgliedstaaten geteilt anzusehen ist. Zugleich kann darin aber die Aussage enthalten sein, dass die einzelnen TRIPs-Normen zwischen den Zuständigkeitsbereichen der Gemeinschaft und den Mitgliedstaaten sozusagen „aufgeteilt'' werden können. Die EG wie auch die Mitgliedstaaten wären dann für jeweils unterschiedliche TRIPs-Bestimmungen zuständig. In diesem Sinne kann auch die französische Version des Urteils verstanden werden, in der es nämlich heißt: „[...] il résulte que la Communauté et ses États membres ont une compétence partagée pour conclure le TRIPs''[457]. Für Art. 50 TRIPs würde dies bedeuten, dass ihr Abschluss zwar gemeinsam von der EG und den Mitgliedstaaten hätte erfolgen müssen, intern die Norm aber einem Zuständigkeitsbereich der Gemeinschaft oder der Mitgliedstaaten zugeordnet werden könnte. Je nach dem, ob Art. 50 TRIPs den gemeinschaftlichen oder den mitgliedstaatlichen Kompetenzen unterfallen würde, obläge die Auslegungszuständigkeit entweder dem EuGH oder den nationalen Gerichten.

ii. Die englische Version

Zu einem etwas anderen Verständnis kann eine Betrachtung der englischen Version des Gutachtens führen. Darin heißt es: „The Community and the Member States are jointly competent to conclude TRIPs''. Eine wortgetreue deutsche Übersetzung dieses Satzes lautet: „Die Gemeinschaft und die Mitgliedstaaten sind gemeinsam für den Abschluss des TRIPs zuständig''. Insoweit sich die englische Urteilsversion nur auf die Vertragsschlusshandlung des TRIPs bezieht, scheint sie sich noch im Einklang mit den deutschen und französischen Übersetzungen zu befinden. Ist die englische Aussage aber auch auf die interne Kompetenzverteilung des TRIPs anzuwenden, entsteht ein Widerspruch zu dem eben beschrieben Verständnis der deutschen und französischen Version. Die englische Version des Urteils betont nämlich, dass die Gemeinschaft und die

---

457 EuGH, Avis 1/94 (WTO), 1994, Rec. p. I-5267, point 105; z.T. a.A. *Drexl*, The TRIPs Agreement and the EC, S. 18 (33).

Mitgliedstaaten für das TRIPs nicht getrennt, sondern gemeinsam, sozusagen zugleich und nebeneinander, zuständig sind. Bezogen auf die interne Kompetenzverteilung wären die EG als auch die Mitgliedstaaten damit für jede einzelne TRIPs-Bestimmung intern gleichzeitig zuständig; extern müssten das TRIPs im gegenseitigen Einvernehmen gemeinsam abgeschlossen werden[458]. Für Art. 50 TRIPs würde dies bedeuten, dass sowohl die Gemeinschaft wie auch die Mitgliedstaaten gemeinsam zuständig wären. Eine ausdrückliche Zuweisung zu einem Kompetenzbereich der Gemeinschaft oder der Mitgliedstaaten wäre damit nicht möglich. In der Folge wäre auch die Bestimmung der Auslegungszuständigkeit schwierig.

Allgemein stellt sich damit das Problem, ob der Gerichtshof in seinem *Gutachten 1/94* unter Verwendung der Termini „geteilte Zuständigkeit'', „compétence partagée'' oder „jointly competent'' so zu verstehen ist, dass hinsichtlich des TRIPs klar voneinander trennbare Bereiche der (ausschließlichen) Gemeinschaftskompetenz und der (ausschließlichen) Kompetenzen der Mitgliedstaaten bestehen, oder dass hinsichtlich des TRIPS keine voneinander trennbaren Kompetenzbereiche existieren, sondern nur solche, die von der Gemeinschaft und den Mitgliedstaaten gemeinsam wahrgenommen werden müssen[459]. Wäre letzteres der Fall, hätte die Gemeinschaft folglich für keine einzige TRIPs-Bestimmung eine ausschließliche Zuständigkeit.

Allerdings hat der Gerichtshof in seinem *Gutachten 1/94* sehr wohl einzelne TRIPs-Normen bestimmten Zuständigkeitsbereichen zugeordnet. Er hat z.B. die Regelungen über die Maßnahmen an der Grenze (Art. 51-60 TRIPs) der ausschließlichen Gemeinschaftskompetenz zugewiesen[460]. Andere Bereiche wiederum werden als der ausschließlichen Zuständigkeit der Mitgliedstaaten angehörig angesehen[461]. Damit ist im *Gutachten 1/94* eine gewisse Einteilung der TRIPs-Bestimmungen erfolgt.

Die widersprüchliche Ausdruckswahl der englischen Version im Gegensatz zu den deutschen und französischen Urteilsversionen könnte auf eine lediglich ungeschickt gewählte Formulierung des englischen Ausdrucks „jointly competent'' zurück zuführen sein. Dieser Verdacht wird dadurch erhärtet, dass in der englischen Urteilsversion mehrere sprachliche Ungenauigkeiten zu finden sind. Hinsichtlich des GATS ist neben „joint competence'' auch der Ausdruck „shared competence'' verwendet worden, obwohl mit beiden Ausdrücken ein und derselbe Sachverhalt beschrieben wird[462]. In der deutschen als auch in der französischen Übersetzung sind in diesem Zusammenhang einheitliche Begrifflichkeiten[463] verwendet worden. Ferner ist auffällig, dass im Gegensatz zur

458 *Drexl*, The TRIPs Agreement and the EC, S. 18 (33); *Appella*, Constitutional Aspects of Opinion 1/94 of the ECJ concerning the WTO Agreement, ICLQ 1996, 440 (460).
459 *Drexl*, The TRIPs Agreement and the EC, S. 18 (32).
460 EuGH, Gutachten 1/94 (WTO), Slg. 1994, I-5267, Rdn. 55 f.
461 Ebenda, Rdn. 103.
462 Ebenda, Rdn. 98.
463 „geteilter Zuständigkeit'' und „compétence partagée''.

deutschen und französischen Version die englische Übersetzung mit „The Community and the Member States are jointly competent to conclude TRIPs'' die Syntax verändert hat. Aus einer „geteilten Zuständigkeit'' ist „sind gemeinsam zuständig'' geworden. Daher liegt der Schluss nahe, dass eine einheitliche englische Übersetzung mit „shared competences'' weniger missverständlich gewesen wäre. Auch hätte diese mit den anderen Übersetzungen, insbesondere mit der französischen Version als der Version der Verhandlungssprache des Gerichts, besser übereingestimmt.

bb. Einheitliches Verständnis der Begriffe „geteilte Zuständigkeit'', „compétence partagée'' und „jointly competent''

Da der Gerichtshof in seinem *Gutachten 1/94* eine gewisse Einteilung einzelner TRIPs-Normen vornimmt, kann davon ausgegangen werden, dass er mit der Verwendung der Begrifflichkeiten „geteilte Zuständigkeiten'', „compétence partagée'' und „jointly competent'' auch die interne Kompetenzverteilung zwischen der Gemeinschaft und den Mitgliedstaaten hinsichtlich der TRIPs-Bestimmungen beschrieben hat. Demnach wollte der EuGH in allen Sprachversionen trotz der unterschiedlichen Übersetzungen zum Ausdruck bringen, dass ein gemeinsamer völkerrechtlicher Abschluss des TRIPS durch die Gemeinschaft und die Mitgliedstaaten als Ergebnis der internen Kompetenzaufteilung von Nöten gewesen ist.

Deshalb ist es möglich und auch nötig, Art. 50 TRIPs einem bestimmten Zuständigkeitsbereich zuzuordnen.

e. Übertragung auf Art. 50 TRIPs

Im *Gutachten 1/94* nimmt der EuGH zu Art. 50 TRIPs nicht ausdrücklich Stellung. Bedeutsam für dessen genaue Einordnung ist aber eine wichtige Bemerkung des Gerichtshofs im Hinblick auf Bestimmungen des TRIPs im Bereich der Durchsetzung der Rechte am geistigen Eigentum. Im Zusammenhang mit der Behauptung der Regierung Deutschlands und des Rates, dass genau diese Bestimmungen des TRIPs in die ausschließliche Zuständigkeit der Mitgliedstaaten fielen[464], lehnte der EuGH diese Ansicht ab. Dabei betonte er, dass die Gemeinschaft trotz der noch unvollständigen internen Rechtssetzung auf allen Gebieten, die der Durchsetzung der Rechte am geistigen Eigentum dienten, eine Zuständigkeit für die Harmonisierung der nationalen Vorschriften in diesem Bereich habe, soweit sich diese, wie es in Art. 94 EG heißt, „unmittelbar auf die Errichtung oder das Funktionieren des Gemeinsamen Marktes auswirken wird''[465]. Damit hat er die Bestimmungen, die die Einleitung von Maßnahmen zum Schutz der Rechte an geistigem Eigentum vorsehen, als nicht zur aus-

---

464 So gefordert von der BRD, EuGH, Gutachten 1/94 (WTO), Slg. 1994, I-5267 (5342) und dem Rat, EuGH, Gutachten 1/94 (WTO), Slg. 1994, I-5267 (5339).

465 EuGH, Gutachten 1/94 (WTO), Slg. 1994, I-5267, Rdn. 104.

schließlichen mitgliedstaatlichen Zuständigkeit angehörig angesehen. Vielmehr sprach er der Gemeinschaft für diesen Bereich das Recht zur Harmonisierung zu. Mangels unfassender Harmonisierung hat die Gemeinschaft in diesem Bereich allerdings noch keine ausschließliche externe Zuständigkeit erlangt. Folglich liegen implizite konkurrierende Kompetenzen vor. Da Art. 50 TRIPs eben diesem Bereich der Durchsetzung der Rechte am geistigen Eigentum angehört, unterfällt die Norm somit den konkurrierenden Kompetenzen.

2. Auslegungszuständigkeit für Art. 50 TRIPs

Bezogen auf die oben aufgeworfenen drei Möglichkeiten[466] für die Annnahme der Auslegungszuständigkeit des EuGH für Art. 50 TRIPs zeigt sich, dass der EuGH seine Auslegungszuständigkeit:

a) dennoch bejaht hat, obwohl die auszulegende Norm gerade nicht der ausschließlichen Gemeinschaftskompetenz unterfiel.

b) bejaht hat, weil die auszulegende Norm nicht den ausschließlichen Kompetenzen der Mitgliedstaaten zugeordnet werden konnte.

c) bejaht hat, obwohl die auszulegende Norm den konkurrierenden Kompetenzen angehört.

3. Übertragung auf das Prinzip der Parallelität von Abschlusskompetenz und Auslegungszuständigkeit

Mit der *Hermès*-Entscheidung, bestätigt durch das *Dior*-Urteil, hat der Gerichtshof damit begonnen, Normen gemischter Abkommen auszulegen, die im Gegensatz zu frühren Entscheidungen nicht den ausschließlichen Gemeinschaftskompetenzen, sondern nunmehr den konkurrierenden Kompetenzen angehören. Von hier aus scheint es nur noch ein kleiner Schritt zu sein, seine Auslegungszuständigkeit auch auf die Bestimmungen gemischter Übereinkommen zu übertragen, die den ausschließlichen Kompetenzen der Mitgliedstaaten unterfallen. Zu überprüfen bleibt, ob der EuGH nunmehr gänzlich mit dem Prinzip der Parallelität von Abschlusskompetenz und Auslegungszuständigkeit gebrochen hat.

Mit dem Erlass des *Hermès*-Urteils ergibt sich folgendes Bild.

a) Indem der EuGH in *Hermès* eine Norm auslegt, die gerade nicht der ausschließlichen Gemeinschafszuständigkeit unterfällt, scheint er sich bereits außerhalb seines bisherigen Grundssatzes der Parallelität von Abschlusskompetenz und Auslegungszuständigkeit zu bewegen.

b) Insoweit wie die in *Hermès* ausgelegte Norm nicht den ausschließlichen Kompetenzen der Mitgliedstaaten zugeordnet werden konnte, ist darin keine Ausnahme vom Grundsatz zu sehen. Zugleich bietet die *Hermès*-Entscheidung damit aber keine Antwort auf die Frage, ob sich der Gerichtshof auch für die Auslegung von Normen gemischter Abkommen für zuständig ansieht, die den

---

466 3.Teil, A II.

ausschließlichen Zuständigkeiten der Mitgliedstaaten unterfallen. Dies ginge wohl nur unter Verletzung des Prinzips der Parallelität von Abschlusskompetenz und Auslegungszuständigkeit.

c) Indem der Gerichtshof in *Hermès* eine Norm auslegt, die den konkurrierenden Kompetenzen angehört, ist darin eine Abweichung vom Prinzip der Parallelität von Abschlusskompetenz und Auslegungszuständigkeit zu erblicken. Eine Ausnahme dazu könnte dann gegeben sein, wenn die Normen konkurrierender Kompetenzbereiche den Abschlusskompetenzen der Gemeinschaft zugeordnet werden könnten. Dann nämlich würde sich der EuGH weiterhin innerhalb des bisherigen Prinzips der Parallelität bewegen.

a. Die Besonderheit konkurrierender Kompetenzen

Die Mitgliedstaaten können in einem Bereich konkurrierender Kompetenzen selbst noch Reglungen treffen, solange und soweit die Gemeinschaft nicht erschöpfend von ihren Kompetenzen Gebrauch gemacht und damit die Umwandlung von konkurrierenden zu ausschließlichen Kompetenzen bewirkt hat. Das Recht zum Eingehen völkerrechtlicher Abkommen verlieren die Mitgliedstaaten erst, sobald die ausschließliche Beteiligung der Gemeinschaft am Abkommen zur Verwirklichung der Gemeinschaftsziele zwingend erforderlich ist oder sobald die Gemeinschaft ihre Kompetenzen durch den Erlass umfassender Harmonisierungsmaßnahmen abschließend ausübt[467].

Auch Normen gemischter Abkommen, die von einer sogenannten Doppelnatur sind, wie z.B. Art. 50 TRIPs, sind dem Bereich der konkurrierenden Kompetenzen zuzuordnen. Eine Norm mit Doppelnatur zeichnet sich dadurch aus, dass sie sowohl auf Sachverhalte anwendbar ist, die dem mitgliedstaatlichen Recht als auch dem Gemeinschaftsrecht unterliegen. Ist eine Norm aber auf Sachverhalte anwendbar, die dem Gemeinschaftsrecht unterliegt, so muss die Gemeinschaft für diesen Bereich mit Kompetenzen ausgestattet sein. Da Normen mit Doppelnatur aber zugleich auf Sachverhalte anwendbar sind, die dem nationalen Recht unterliegen, kann kein ausschließlicher Kompetenzbereich der Gemeinschaft vorliegen. Vielmehr sind auch die Kompetenzen der Mitgliedstaaten betroffen, die wiederum ebenfalls nicht ausschließlicher Natur sind. Gerade in solchen Situationen wird vom Vorliegen konkurrierender Kompetenzbereiche gesprochen. Dies trifft insbesondere auf Bereiche zu, in denen die Gemeinschaft von ihren internen Kompetenzen mangels umfassender Harmonisierungsmaßnahmen noch keinen abschließenden Gebrauch gemacht hat.

---

467 EuGH, Gutachten 1/94 (WTO), Slg. 1994, I-5267, Rdn. 77 ff.; *Geiger*, EUV/EGV, Art. 300 Rdn. 27 EG; *Hermes*, TRIPs im Gemeinschaftsrecht, S. 64; *Geiger*, Vertragsschlusskompetenzen der EG und auswärtige Gewalt der Mitgliedstaaten, JZ 1995, 973 (976 f.).

aa. Konkurrierende Kompetenzen mit Harmonisierungsmaßnahmen

Meist sind in Bereichen konkurrierender Kompetenzen, wie im *Hermès*-Fall selbst, gewisse Harmonisierungsmaßnahmen bereits erlassen worden. Durch den Erlass weiterer Harmonisierungsmaßnahmen können die konkurrierenden Kompetenzen dann zu ausschließlichen Gemeinschaftskompetenzen anwachsen. Der Umfang der Exklusivität misst sich dabei an der Reichweite der Harmonisierungsmaßnahmen[468]. Schwierig ist es, für einen solchen „Zwischenbereich'' die Auslegungszuständigkeit des EuGH zu bestimmen.

Zum einen lässt sich argumentieren, dass es sich bei konkurrierenden Kompetenzen eben noch nicht um ausschließliche Gemeinschaftskompetenzen handelt, so dass der EuGH für derartige Normen noch nicht auslegungsberechtigt ist. Bis zu einer umfassenden internen Ausübung durch die Gemeinschaft sind die Normen konkurrierender Kompetenzen noch den mitgliedstaatlichen Kompetenzbereichen zuzuordnen[469]. Da allenfalls eine teilweise, aber eben noch keine vollständige Harmonisierung vorgenommen worden ist, sind in diesem Fall die betroffenen Normen von den nationalen Gerichten auszulegen.

Zum anderen lässt sich anführen, dass es sich bei konkurrierenden Kompetenzen letztendlich um „potentielle''[470] oder „teilweise''[471] Kompetenzen der Gemeinschaft handelt. Die Ausschließlichkeit dieser potentiellen Gemeinschaftskompetenzen hängt lediglich von der eigentlichen Gebrauchmachung durch die Gemeinschaft ab. Somit üben die Mitgliedstaaten die eigentlichen Kompetenzen der Gemeinschaft nur vorübergehend aus[472]. Es ist lediglich eine Frage der Zeit, wann diese teilweisen Kompetenzen der Gemeinschaft zu ausschließlichen werden. Der in diesen Normen enthaltene Bereich potentiellen Gemeinschafsrechts darf nicht durch mitgliedstaatliche Gerichte bestimmt werden, so dass der EuGH für die Auslegung der Normen, die den potentiellen oder teilweisen Gemeinschaftskompetenzen unterfallen, zuständig sein muss. Die Festlegung des Umfangs und der Reichweite eines potentiellen gemeinschaftsrechtlichen Bereichs ist allein Aufgabe des Gerichtshofs und nicht der nationalen Gerichte.

Um zu einem vertretbaren Ergebnis in dieser Diskussion, in deren Kern es um das eigentliche Verständnis konkurrierender Kompetenzen geht, zu gelangen, ist zu beachten, dass sich die Interpretationsbefugnis des EuGH nur auf die von der Gemeinschaftszuständigkeit abgedeckten Teile eines Abkommens beziehen darf[473]. Der Abschluss eines gemischten Abkommens darf für keinen der beteiligten Seiten zu einem Kompetenzverlust oder zu einem Kompetenzgewinn führen.

---

468 *Drexl*, The TRIPs Agreement and the EC, S. 18 (35).

469 Schlussanträge des GA *Tesauro*, EuGH, Rs. C-53/96 (Hermès), Slg. 1998, I-3603, Rdn. 11 f.

470 *Drexl*, The TRIPs Agreement and the EC, S. 18 (34); *Dreier*, TRIPs and Enforcement of IP Rights, S. 248 (269).

471 „Partial competence'', *Drexl*, The TRIPs Agreement and the EC, S. 18 (35 f.).

472 EuGH, Gutachten 2/91 (ILO), Slg. 1993, I-1061, Rdn. 9.

473 *Tomuschat*, in: von der Groeben/Schwarze, EU/EGV, Art. 300 Rdn. 100 EG.

Damit erscheint es vordergründig schwierig, dem Gerichtshof die Auslegungszuständigkeit für Normen, die den konkurrierenden Kompetenzen unterfallen, zuzugestehen. Diese gehören nun einmal, bis sich durch den Erlass umfassender Harmonisierungsmaßnahmen daraus ausschließliche Gemeinschaftskompetenzen bilden, den mitgliedstaatlichen Kompetenzbereichen an.

Allerdings muss es dem Gerichtshof immer möglich sein, den gemeinschaftlichen Kompetenzrahmen abzustecken[474]. Wenn durch den Erlass umfassender Harmonisierungsmaßnahmen aus konkurrierenden Kompetenzen ausschließliche Gemeinschaftskompetenzen erwachsen können, so prägen die konkurrierenden Kompetenzen in einem erheblichen Umfang letztendlich den gemeinschaftlichen Kompetenzrahmen. Folglich muss dem EuGH in diesem Bereich eine Auslegungszuständigkeit zugestanden werden. Seine Kompetenz muss soweit reichen, dass er das erlassene Sekundärrecht einem Kompetenzbereich zuordnen kann. Für Normen, die den konkurrierenden Kompetenzbereichen angehören, kann abstrakt nicht bestimmt werden, in wessen Kompetenzbereich sie fallen, da sie sowohl gemeinschaftsrechtliche als auch nationale Kompetenzen betreffen. Insoweit kann die Bestimmung nur durch eine Einzelfallbetrachtung vorgenommen werden, bei der dann der jeweilige Grad der Harmonisierung entscheidend für die Einordnung ist. Dem Gerichtshof muss es möglich sein, zum einen die Intensität und Dichte von erlassenen Harmonisierungsmaßnahmen zu beurteilen, und zum anderen zu ermessen, inwieweit aus konkurrierenden Kompetenzen bereits ausschließliche Gemeinschaftskompetenzen geworden sind. Der Anteil der grundsätzlich in konkurrierenden Kompetenzen enthaltenen potentiellen Gemeinschaftskompetenzen muss durch den EuGH bestimmt werden.

Damit steht dem Gerichtshof für Normen, die den konkurrierenden Kompetenzen unterfallen, eine „teilweise'' bzw. „potentielle'' Auslegungszuständigkeit zu[475]. Es ließe sich ebenso gut von einer „dynamischen'' Auslegungskompetenz sprechen. So umschreiben einige den Prozess bei gemischten Abkommen als dynamische Kompetenzentwicklung, bei dem es nach Abschluss des Abkommens – z.B. durch den Erlass weiterer Harmonisierungsmaßnahmen – zu einer Verschiebung der Kompetenzen (meist) zugunsten der Gemeinschaft komme[476]. Aus diesem Grund müsse dem EuGH die Möglichkeit anhand stehen festzustellen, ob eine Zuständigkeit der Gemeinschaft vorlag.

Dieses Ergebnis birgt jedoch weiterhin die Gefahr, dass die den Mitgliedstaaten verbliebenen Kompetenzbereiche durch den EuGH bestimmt werden,

---

474 Auch in dem Gutachtenverfahren nach Art. 300 Abs. 6 EG steht es dem Gerichtshof zu, eine umfängliche Abgrenzung der Kompetenzen des gesamten Abkommens wahrnehmen zu können. EuGH, Gutachten 1/94 (WTO), Slg. 1994, I-5267, Rdn. 9; *Ott*, GATT und WTO im Gemeinschaftsrecht, S. 216.

475 Hinsichtlich der Auslegung von TRIPs-Normen *Kreibich*, Das TRIPs-Abkommen in der Gemeinschaftsrechtsordnung, S. 133 f.

476 *Drexl*, The TRIPs Agreement and the EC, S. 18 (35 f.); *Ott*, GATT und WTO im Gemeinschaftsrecht, S. 217.

was zu einem Kompetenzzuwachs der Gemeinschaft zulasten der Auslegungszuständigkeit der nationalen Gerichte führen kann. Um diese Kompetenzverschiebung zu vermeiden, muss vom Gerichtshof folgendes beachtet werden:

Seine ihm hier zugestandene Zuständigkeit darf er einzig dazu nutzen, die genaue Kompetenzverteilung zwischen der EG und den Mitgliedstaaten zu bestimmen. Darüber hinaus darf der Gerichtshof lediglich eine Auslegung für die in die Gemeinschaftskompetenz fallenden Normen vornehmen, nicht hingegen für die in die Kompetenz der Mitgliedstaaten fallenden Bestimmungen[477]. Die eigentliche Auslegung der betroffenen Norm richtet sich folglich danach, wessen Kompetenzbereich sie vorher zugeordnet worden ist. Somit werden nur die Normen konkurrierender Kompetenzen inhaltlich ausgelegt, die jeweils einen Bereich betreffen, in dem bereits umfassende Harmonisierungsmaßnahmen erlassen worden sind.

Insgesamt ist damit eine Unterscheidung zwischen der Feststellung der Zuständigkeit anhand der Zuordnung der Norm in einen bestimmten Kompetenzbereich und der inhaltlichen Auslegung der Norm vorzunehmen. Durch die Beachtung dieser Zweiteilung kann sich der Gerichtshof im Rahmen seiner eigenen Zuständigkeiten bewegen, ohne seine Kompetenzen zu überschreiten.

Im Sinne einer Trennung von Zuständigkeitsbestimmung und inhaltlicher Auslegung einer Norm eines gemischten Abkommens scheint das *Dior- und Assco*-Urteil zu verstehen sein. Der Gerichtshof hat darin nämlich gerade zwischen seiner umfassenden Auslegungszuständigkeit und seiner Aufgabe zur Bestimmung der innergemeinschaftlichen Wirkung unterschieden. Zunächst prüfte er seine Zuständigkeit für die Auslegung von Art. 50 TRIPs[478]. Er erklärte sich für zuständig, Art. 50 TRIPs nicht nur für markenrechtliche Fallgestaltungen auszulegen, sondern für alle bei den nationalen Gerichten beantragten einstweiligen Maßnahmen zum Schutz von Rechten des geistigen Eigentums, die zum Geltungsbereich des TRIPs gehören. Erst nach der Bejahung seiner Auslegungszuständigkeit prüfte der EuGH dann, ob er zudem über die Anwendbarkeit von Art. 50 TRIPs, also dessen interne Wirkung bestimmen kann. Dabei nahm er eine Differenzierung dahingehend vor, dass er über die unmittelbare Anwendbarkeit (von Art. 50 TRIPs) nur in einem Bereich bestimmen kann, auf den das TRIPs Anwendung findet, und in dem die Gemeinschaft bereits Rechtsvorschriften erlassen hat. Ist dies nicht der Fall, so unterliegt der Schutz der Rechte des geistigen Eigentums den nationalen Gerichten. Allerdings hat sich der Gerichtshof letztendlich nicht an die aufgestellte Differenzierung gehalten. Er hat Art. 50 TRIPs dann doch inhaltlich ausgelegt, obwohl die Auslegung der Norm nicht für einen von der Gemeinschaft „vergemeinschafteten" Bereich in Frage stand.

Der EuGH muss dazu berechtigt sein, Bestimmungen gemischter Übereinkommen, die den konkurrierenden Kompetenzen unterfallen, in einem ersten

---

477 *Ott*, GATT und WTO im Gemeinschaftsrecht, S. 218.
478 Siehe oben 2.Teil, B I 3.

Prüfungsschritt auszulegen. Dies ist schon allein deswegen nötig, um zu bestimmen, wie weit die Harmonisierungsmaßnahmen im Bezug auf die in Frage stehende Norm fortgeschritten sind, und ob sich daraus bereits ausschließliche Gemeinschaftskompetenzen entwickelt haben.

Demnach wäre der EuGH auch für die Auslegung von Art. 50 TRIPs in der *Hermès*-Entscheidung zuständig gewesen, wenn dessen Auslegung für eine Gemeinschaftsmarke von Bedeutung gewesen wäre.

Bei der Auslegung von Normen gemischter Abkommen sollte in Zukunft folgende Unterscheidung getroffen und beachtet werden:

Die Begründung einer zunächst umfassenden Auslegungszuständigkeit dient dazu, den Grenzverlauf zwischen den einzelnen Kompetenzbereichen eines gemischten Abkommens zu bestimmen. Erst bei der eigentlichen inhaltlichen Auslegung bzw. Interpretation der jeweiligen Norm muss der EuGH zwischen gemeinschaftsrechtlichen und mitgliedstaatlichen Teilen des Abkommens unterscheiden. Er bestimmt den Inhalt nur für diejenigen Normen, die in einen Bereich fallen, in dem die Gemeinschaft bereits Rechtsvorschriften erlassen hat und der dadurch in ihre Zuständigkeit fällt. Die Tatsache, dass bei gemischten Abkommen geteilte Kompetenzen vorhandenen sind, wird berücksichtigt, indem sich die Interpretationsbefugnis des EuGH nur auf die von der Gemeinschaftszuständigkeit abgedeckten Teile eines Abkommens bezieht[479].

Selbst Normen wie Art. 50 TRIPs, die sowohl auf die dem nationalen Recht als auch dem Gemeinschaftsrecht unterliegende Sachverhalte anwendbar sind und dadurch eine sogenannte Doppelnatur haben, müssen bei der jeweiligen Betrachtung des Einzelfalls einem Zuständigkeitsbereich zugeordnet werden. Normen wie Art. 50 TRIPs gehören nämlich grundsätzlich den nationalen Zuständigkeitsbereichen an. Lediglich in bereits umfassend harmonisierten Bereichen werden sie Teil der Gemeinschaftszuständigkeit. Sie gehören also dann dem gemeinschaftsrechtlichen Zuständigkeitsbereich an und sind somit vom EuGH auszulegen, wenn die Auslegung der Norm für einen bereits harmonisierten Bereich von Bedeutung ist. Ansonsten würde allein die Doppelnatur solcher Normen die Auslegungszuständigkeit des EuGH begründen. Da aber das Entstehen von Normen mit Doppelnatur einzig und allein Produkt des gemeinsamen Vertragsschlusses von EG und Mitgliedstaaten ist, würde dies bedeuten, dass die Mitgliedstaaten mit Abschluss des gemischten Vertrages ihre Gerichtshoheit an die EG abgeben würden. Ein solches Ergebnis kann nicht gewollt sein, da gerade der Abschluss gemischter Abkommen zur Wahrung der jeweiligen Kompetenzen beitragen soll. Die Doppelnatur einer Norm kann keine Kompetenzen begründen.

bb. Konkurrierende Kompetenzen ohne Harmonisierungsmaßnahmen

Der Vollständigkeit halber muss am Schluss noch kurz auf folgende Konstellation hingewiesen werden, auch wenn sie nur höchst selten eintreten mag:

---

479 *Tomuschat*, in: von der Groeben/Schwarze, EU/EGV, Art. 300 Rdn. 100 EG.

Liegen Normen konkurrierender Kompetenzen vor, zu denen keinerlei Harmonisierungsmaßnahmen ergangen sind, muss deren Auslegung den mitgliedstaatlichen Gerichten überlassen bleiben. Denn ohne umfassende Harmonisierung ist der betroffene Bereich noch den mitgliedstaatlichen Kompetenzbereichen zuzuordnen.

b. Aufrechterhaltung des Prinzips der Parallelität von Abschlusskompetenz und Auslegungszuständigkeit

Mit der gewonnenen Erkenntnis, dass der Gerichthof nicht nur Normen gemischter Abkommen auslegen darf, die den ausschließlichen Gemeinschaftskompetenzen unterfallen, sondern auch teilweise die, die den konkurrierenden Kompetenzen angehören, ist fraglich, ob das Prinzip der Parallelität von Abschlusskompetenz und Auslegungszuständigkeit noch aufrecht erhalten werden kann.

Dem Gerichtshof wird keine umfassende, sondern lediglich eine teilweise Auslegung von Normen, die auf konkurrierenden Kompetenzen beruhen, gestattet. Er muss eine Einzelfallbetrachtung vornehmen, um bestimmen zu können, welchem Kompetenzbereich die Norm im konkreten Fall unterfällt. Darüber hinaus darf der EuGH die eigentliche inhaltliche Auslegung der in Frage stehenden Norm nur dann vornehmen, wenn diese der Gemeinschaftskompetenz zugeordnet werden kann. Normen konkurrierender Kompetenzbereiche können dann als den Gemeinschaftskompetenzen angehörig angesehen werden, wenn ein Bereich betroffen ist, in dem bereits umfassende Harmonisierungsmaßnahmen erlassen worden sind. Insoweit der EuGH damit nur Normen gemischter Abkommen auslegt, die den „potentiellen'' und tatsächlich ausgeübten Abschlusskompetenzen der EG unterfallen, bleibt das Prinzip der Parallelität von Abschlusskompetenz und Auslegungszuständigkeit erhalten.

III. Zusammenfassung und Ergebnisse

Die Auslegungszuständigkeit des EuGH für völkerrechtliche Verträge kann soweit gehen, wie die Abschlusskompetenz der Gemeinschaft reicht. Damit ist dem Grundsatz der Parallelität von Abschlusskompetenz und Auslegungszuständigkeit genüge getan. Die Abschlusskompetenz lässt sich auch aus impliziten Kompetenzen ableiten, und erst mit einer umfassenden internen Ausübung der impliziten konkurrierenden Kompetenzen werden diese zu ausschließlichen Gemeinschaftskompetenzen. Damit kann der EuGH auch auslegungsberechtigt sein, obwohl die Abschlusskompetenzen der Gemeinschaft noch nicht oder noch nicht vollständig ausgeübt worden sind und noch keine ausschließlichen Gemeinschaftskompetenzen entstanden sind.

Bei gemischten Abkommen darf sich die Interpretationsbefugnis des Gerichtshofs allerdings nur auf die von der Gemeinschaftszuständigkeit erfassten

Teile eines Abkommens beziehen[480]. Zugleich muss der EuGH das Recht haben, bestimmen zu können, wie weit die Gemeinschaftszuständigkeit reicht. Um die gemeinschaftlichen Kompetenzgrenzen eines gemischten Abkommens festlegen zu können, muss der EuGH deshalb zunächst die Möglichkeit haben, ein gemischtes Abkommen in seinem Gesamtzusammenhang auszulegen[481]. Dies darf aber nicht dazu führen, dass die den Mitgliedstaaten verbliebenen Kompetenzbereiche inhaltlich durch die Gemeinschaft bestimmt werden, und dies zu einem Kompetenzgewinn der Gemeinschaft führen würde[482]. Daher darf der EuGH inhaltlich die den nationalen Kompetenzen unterfallenden Vertragsteile nicht bestimmen.

Damit beschränkt sich die Erweiterung der Auslegungszuständigkeit auf eine erste Auslegungsstufe oder Vorprüfung, nämlich die Vornahme der Kompetenzabgrenzung. Die Reichweite der Befugnis zur inhaltlichen Auslegung der einzelnen Bestimmungen muss sich dann am Ergebnis dieser Kompetenzabgrenzung orientieren[483]. Die Vorlagepflicht der nationalen Gerichte endet dort, wo mit unzweifelhafter Eindeutigkeit fest steht, dass die auszulegende Norm den ausschließlichen Kompetenzen der Mitgliedstaaten unterliegt[484].

Es ergibt sich folgendes Ergebnis:

(1) Der Gerichtshof ist für die Auslegung von Bestimmungen gemischter Abkommen zuständig, die der ausschließlichen Zuständigkeit der Gemeinschaft unterstehen.

(2) Unterfällt die auszulegende Bestimmung eines gemischten Vertrags den ausschließlichen Kompetenzen der Mitgliedstaaten, so obliegt deren Auslegung den nationalen Gerichten und nicht dem EuGH. Eine Ausnahme davon ist lediglich möglich, wenn auf das Prinzip der Parallelität von Abschlusskompetenz und Auslegungszuständigkeit verzichtet würde.

Anzeichen für einen solchen Verzicht sind in der Rechtsprechung nicht ersichtlich, da der EuGH noch keine Normen gemischter Abkommen ausgelegt hat, die den ausschließlichen mitgliedstaatlichen Kompetenzen zugeordnet werden können.

Würde der EuGH allerdings Normen gemischter Abkommen auslegen, die der mitgliedstaatlichen Kompetenz zuzuordnen sind, würde sich der Gerichtshof zum einen die Auslegung nationalen Rechts anmaßen und sich zum anderen außerhalb seines Aufgabenbereichs nach Art. 220 EG sowie der Befugnisnorm

---

480 *Tomuschat*, in: von der Groeben/Schwarze, EU/EGV, Art. 300 Rdn. 100 EG.

481 *Stein*, Der gemischte Vertrag, S. 188; *Groh/Windisch*, Die EG und TRIPs, GRUR Int. 2001, 497 (500).

482 *Ott*, GATT und WTO im Gemeinschaftsrecht, S. 218.

483 Vgl. *Tomuschat*, in: von der Groeben/Schwarze, EU/EGV, Art. 300 Rdn. 100 EG; Ansätze in diese Richtung *Epiney*, Zur Stellung des Völkerrechts in der EU, EuZW 1999, 5 (8); *Groh/Windisch*, Die EG und TRIPs, GRUR Int. 2001, 497 (500).

484 *Tomuschat*, in: von der Groeben/Schwarze, EU/EGV, Art. 300 Rdn. 100 EG; a.A. *Ott*, GATT und WTO im Gemeinschaftsrecht, S. 218, die von einer generellen Vorlagepflicht ausgeht.

nach Art. 234 Abs. 1 lit. b EG bewegen. Darüber hinaus würde dies zu einem Kompetenzgewinn der Gemeinschaft auf Kosten der Mitgliedstaaten führen. Gerade dies darf aber durch den Abschluss eines gemischten Abkommens nicht geschehen. Damit sind derzeit noch keine Gründe ersichtlich, die eine einheitliche Auslegung der Bestimmungen gemischter Abkommen, die den ausschließlichen Kompetenzen der Mitgliedstaaten unterfallen, durch den Gerichtshof rechtfertigen könnten. Vielmehr muss sich deren Einordnung und Rechtswirkung nach nationalem Recht beurteilen, so dass für die Auslegung der Vorschriften der mitgliedstaatlichen Zuständigkeiten allein die nationalen Gerichte zuständig sind.

(3) Dem Gerichtshof wird die teilweise Auslegung von Normen konkurrierender Kompetenzen gestattet, jedoch zunächst nur um den in ihnen enthaltenen Anteil an potentiellen Gemeinschaftskompetenzen zu bestimmen. Ist die Auslegung der Norm für einen Bereich entscheidend, in dem bereits umfassende Harmonisierungsmaßnahmen erlassen worden sind, ist insoweit der EuGH für deren inhaltliche Auslegung zuständig.

Indem sich die Erweiterung der Auslegungszuständigkeit des Gerichtshofs lediglich auf eine erste Auslegungsstufe beschränkt, nämlich die Vornahme der Kompetenzabgrenzung, kann auch in Zukunft vom Grundsatz der Parallelität von Abschlusskompetenz der Gemeinschaft und Auslegungszuständigkeit des EuGH gesprochen werden.

Im Ergebnis darf der Gerichtshof damit zunächst all die Bestimmungen auslegen, die nicht den ausschließlichen Kompetenzen der Mitgliedstaaten unterfallen. Die Reichweite der Befugnis zur inhaltlichen Auslegung der einzelnen Bestimmungen muss sich dann am Ergebnis dieser Kompetenzabgrenzung orientieren.

B. Innergemeinschaftliche Geltung

Sind gemischte Abkommen Bestandteil des Gemeinschaftsrechts, so ist wie beim Primärrecht der Gründungsverträge und wie beim Sekundärrecht im engeren Sinne eine zentrale Interpretationsstelle nötig, um die einheitliche Anwendung der Gemeinschaftsrechtsordnung zu sichern. Die Auslegungszuständigkeit des EuGH für gemischte Abkommen ließe sich also damit begründen, dass gemischte Abkommen in ihrer Gesamtheit innergemeinschaftliche Geltung erlangen. Indem sie zum Bestandteil des Gemeinschaftsrechts werden, könnten sie als „Handlung eines Gemeinschaftsorgans" gemäß Art. 234 Abs. lit. b EG angesehen werden mit der Folge, dass der Gerichtshof zur Auslegung berechtigt wäre.

I. Allgemein

1. Definition der innergemeinschaftlichen Geltung

Unter der innergemeinschaftlichen Geltung einer völkerrechtlichen Norm ist zu verstehen, dass diese geltendes Recht im innergemeinschaftlichen Bereich darstellt[485]. Die innergemeinschaftliche Geltung ist hierbei zu trennen von der unmittelbaren Anwendbarkeit einer Norm. Die unmittelbare Anwendbarkeit betrifft die Frage, inwieweit und unter welchen Voraussetzungen die betreffenden Bestimmungen dem Einzelnen eine Anspruchsgrundlage geben, auf die er sich vor den nationalen Gerichten berufen kann[486]. Damit eine Norm aber unmittelbar anwendbar sein kann, muss sie zunächst innergemeinschaftlich gelten.

2. Innergemeinschaftliche Geltung reiner Gemeinschaftsabkommen

Voraussetzung für die innergemeinschaftliche Geltung einer Norm ist deren völkerrechtliche Bindungswirkung[487]. Mit dem Gemeinschaftsabkommen müssen also Vertragspflichten zwischen der Gemeinschaft und den dritten Vertragpartnern entstehen.

a. Völkerrechtliche Bindung reiner Gemeinschaftsabkommen

Art. 300 Abs. 7 EG stellt für die nach dem EG-Vertragsschließungsverfahren gültig zustande gekommenen und in Kraft getretenen Gemeinschaftsabkommen fest, dass sie für die Organe der Gemeinschaft und für die Mitgliedstaaten verbindlich sind. In diesem Zusammenhang muss die völkerrechtliche Verbindlichkeit der Verträge im Verhältnis zu Dritten von der internen Rechtswirkung und vom Rang im Gemeinschaftsrecht unterschieden werden. Völkerrechtlich ergibt sich die Bindung der EG an ihre Abkommen ohne Rückgriff auf Art. 300 EG aus dem auch für die Gemeinschaft gültigen allgemeinen Rechtsgrundsatz *Pacta sunt servanda*[488]. Art. 300 Abs. 7 EG kann allerdings nicht allein als deklaratorische Übernahme dieses Grundsatzes verstanden werden. Seinem Wortlaut nach verpflichtet er vor allem gemeinschaftsrechtlich

---

485 *Geiger*, EUV/EGV, Art. 300 Rdn. 19 EG, der von „innergemeinschaftlicher Wirkung'' spricht.

486 *Meng*, Gedanken zur Frage unmittelbare Anwendung von WTO-Recht, in: FS Bernhardt, S. 1063 (1065 ff.); *Zuleeg*, Die innerstaatliche Anwendbarkeit völkerrechtlicher Verträge, ZaöRV 1975, 341 (349).

487 *Vedder*, in: Grabitz/Hilf, EWGV, Art. 228 Rdn. 43, 45 EG.

488 Auch Art. 26 WVRK (Wiener Übereinkommen über das Recht der Verträge vom 23. Mai 1969) bzw. WVRK II (Wiener Konvention über das Recht der Verträge zwischen Staaten und internationalen Organisationen oder zwischen internationalen Organisationen vom 21. März 1986).

die Gemeinschaftsorgane zur Durchführung und Beachtung der Gemeinschaftsabkommen bei allen rechtsverbindlichen Organhandlungen[489].

Fraglich ist, ob zudem die Mitgliedstaaten durch Gemeinschaftsabkommen völkerrechtlich gebunden werden. Zum Teil wird aus Art. 300 Abs. 7 EG eine völkerrechtliche Bindung der Mitgliedstaaten für die allein von der Gemeinschaft mit Drittstaaten abgeschlossenen Übereinkommen abgeleitet[490]. Nach dieser Vorschrift sind die von der Gemeinschaft geschlossenen Abkommen nämlich „für die Mitgliedstaaten verbindlich''. Da völkerrechtliche Verträge aber grundsätzlich keine Wirkung zugunsten bzw. zu Lasten Dritter entfalten können[491], begründet Art. 300 Abs. 7 EG im Außenverhältnis keine völkerrechtlichen Bindungswirkungen der Mitgliedstaaten aus dem Gemeinschaftsabkommen[492]. Einigkeit besteht darüber, dass gemäß Art. 300 Abs. 7 EG die Mitgliedstaaten dazu verpflichtet sind, die völkerrechtlichen Verträge der Gemeinschaft zu achten und ordnungsgemäß im innerstaatlichen Raum durchzuführen[493]. Demnach stehen die Mitgliedstaaten nur untereinander wie den Organen der Gemeinschaft gegenüber in der Pflicht der ordnungsgemäßen Durchführung des Abkommens[494]. Reine Gemeinschaftsabkommen begründen daher lediglich für die EG völkerrechtliche Verpflichtungen. Die Mitgliedstaaten werden aus diesen Verträgen weder berechtigt noch verpflichtet.

Hinsichtlich der Geltung von Völkervertragsrecht im Gemeinschaftsrecht trifft der EG-Vertrag selbst keine eindeutige Zuordnung. Lediglich Art. 300 Abs. 7 EG stellt für gültig zustande gekommene und in Kraft getretene Gemeinschaftsabkommen fest, dass sie für die Organe der Gemeinschaft und für die Mitgliedstaaten verbindlich sind. Ausführlicher äußerte sich der Gerichtshof zu diesem Punkt.

b. Rechtsprechung

Bei der Betrachtung der EuGH-Rechtsprechung ist bereits festgestellt worden, dass seit dem *Haegeman*-Urteil der Gerichtshof in ständiger Rechtsprechung Völkervertragsrecht als „integrierenden Bestandteil der Gemeinschaftsrechts-

---

489 *Schmalenbach*, in: Callies/Ruffert, EUV/EGV, Art. 300 Rdn. 48 EG.

490 *Weissenberg*, Die Kompetenz der EWG zum Abschluss von Handels- und Kooperationsabkommen gemäß Art. 113 EWGV, S. 138.

491 Art. 34 WVRK bzw. WVRK II.

492 *Schmalenbach*, in: Calliess/Ruffert, EUV/EGV, Art. 300 Rdn. 49 EG; *Conze*, Die völkerrechtliche Haftung der EG, S. 69; *Krück*, Völkerrechtliche Verträge im Recht der Europäischen Gemeinschaften, S. 124 ff.

493 *Schmalenbach*, in: Calliess/Ruffert, EUV/EGV, Art. 300 Rdn. 49 EG; *Petersmann*, Auswärtige Gewalt, Völkerrechtspraxis und Völkerrechtsbindung der EWG, ZaöRV 1975, 213 (270).

494 Etwas missverständlich EuGH, Rs. 104/81 (Kupferberg), Slg. 1982, 3641, Rdn. 13 f.; *Krück*, Völkerrechtliche Verträge im Recht der Europäischen Gemeinschaften, S. 125; *Streinz*, Europarecht, Rdn. 606.

ordnung" bezeichnet[495]. Voraussetzung und maßgeblicher Zeitpunkt hierfür sei lediglich das Inkrafttreten des Abkommens, also seine völkerrechtliche Verbindlichkeit für die Gemeinschaft. Dem innergemeinschaftlichen Genehmigungsakt nach Art. 300 Abs. 2 Uabs. 1 EG wurde in diesem Zusammenhang keine Bedeutung beigemessen. Der Gerichtshof begründet seinen Ansatz zum Teil mit dem Wortlaut des Art. 300 Abs. 7 EG, wonach die Pflicht der Mitgliedstaaten gegenüber der Gemeinschaft begründet werde, die Verpflichtungen aus dem Gemeinschaftsabkommen einzuhalten[496]. Der EuGH spricht in diesem Zusammenhang von dem „gemeinschaftsrechtlichen Charakter [...] dieser vertraglichen Bestimmungen"[497]. Damit meint er, dass die Bestimmungen einen Teil des in der Gemeinschaftsrechtsordnung geltenden positiven Rechts darstellten und als solche innerhalb der Gemeinschaft einheitlich anzuwenden seien[498].

Diese Rechtsprechung wird in der Lehre unterschiedlich bewertet und eingeordnet.

c. Schrifttum

Da nach der Rechtsprechung des EuGH gerade keine Umsetzung völkerrechtlicher Verträge in das Gemeinschaftsrecht für die innergemeinschaftliche Geltung notwendig ist und es allein auf das Inkrafttreten der Abkommen ankommt, erkennt die Mehrheit im Schrifttum darin eine monistische Grundhaltung zum Verhältnis von Völkerrecht und Gemeinschaftsrecht[499]. Hierfür wird angeführt, dass die Organe der Gemeinschaft und der Mitgliedstaaten gemäß Art. 300 Abs. 7 EG an Gemeinschaftsabkommen gebunden seien. Die Umsetzung oder Transformation eines Gemeinschaftsabkommens in nationales Recht bzw. supranationales Recht sei nicht erforderlich[500] bzw. würde Art. 300 Abs. 7 EG widersprechen[501].

---

495 EuGH, Rs. 181/73 (Haegeman), Slg. 1974, 449, Rdn. 2/6; EuGH, Rs. 104/81 (Kupferberg), Slg. 1982, 3641, Rdn. 13; EuGH, Rs. 118/83 (Amarti-Wasserableitungsvorarbeiten), Slg. 1983, 2583, Rdn. 20; EuGH, Rs. 12/86 (Demirel), Slg. 1987, 3719, Rdn. 7; EuGH, Rs. 30/88 (Sonderhilfe Türkei), Slg. 1989, 3711, Rdn. 12; EuGH, Rs. C-192/89 (Sevince), Slg. 1990, I-3461, Rdn. 8.

496 EuGH, Rs. 104/81 (Kupferberg), Slg. 1982, 3641, Rdn. 11, 13.

497 Ebenda, Rdn. 14.

498 *Schmalenbach*, in Callies/Ruffert, EUV/EGV, Art. 300 Rdn. 52 EG.

499 *Tomuschat*, in: von der Groeben/Schwarze, EU/EGV, Art. 300 Rdn. 68 f. EG; *Beutler/Bieber/Pipkorn/Streil*, Die EU, Rdn. 1223; *Groux/Manin*, Die Europäischen Gemeinschaften in der Völkerrechtsordnung, S. 120 f.; *Ott*, GATT und WTO im Gemeinschaftsrecht, S. 71 ff.; *Pescatore*, Die Rechtsprechung des Europäischen Gerichtshofs, in: FS Mosler, S. 661 (680 f.).

500 *Schweitzer/Hummer*, Europarecht, Rdn. 667.

501 *Petersmann*, Auswärtige Gewalt, Völkerrechtspraxis und Völkerrechtsbindung der EWG, ZaöRV 1975, 213 (272).

Einige Anhänger der dualistischen Lehre hingegen werten den Ratsbeschluss nach Art. 300 Abs. 2 Uabs. 1 EG als gemeinschaftsrechtlichen Transformationsakt[502]. Eine vermittelnde Ansicht versteht Art. 300 Abs. 7 EG als Generaltransformator[503], der dem völkerrechtlichen Abkommen die Rechtsnatur des Gemeinschaftsrechts verleihe, oder als generellen Vollzugsbefehl[504], der die völkerrechtliche Natur des Abkommens unberührt lasse. Daneben müsse das Verhältnis zwischen Gemeinschaftsrecht und Völkerrecht schon wegen der Souveränität der Mitgliedstaaten dualistisch begriffen werden[505]. Die Souveränität der Staaten bewirke, dass das Völkerrecht ohne Umsetzung in die nationale Rechtsordnung die innerstaatlichen Organe nicht unmittelbar binde. Mit der Gründung der EG hätten die Mitgliedstaaten einen Teil ihrer Souveränität auf die EG übertragen, so dass der „Souveränitätspanzer" der Staaten nunmehr eine Abschirmung der Gemeinschaft vom Völkerrecht bewirke[506].

d. Stellungnahme

Mit der herrschenden Meinung ist von einer monistischen Prägung der Gemeinschaftsrechtsordnung auszugehen. Dies erklärt sich zum einen aus der Rechtsnatur des EG-Vertrags, der aus dem Völkervertragsrecht entstanden ist. Ihm ist daher eine strikte Trennung der zwei Rechtsordnungen Völkerrecht und Staatsrecht systematisch fremd[507]. Zum anderen spricht dafür die Tatsache, dass Art. 300 Abs. 7 EG für die innergemeinschaftliche Verbindlichkeit von Gemeinschaftsabkommen lediglich deren völkerrechtliche Geltung voraussetzt. Auf eine Umsetzung von Völkerrecht in Gemeinschaftsrecht wird eben gerade verzichtet. Vielmehr tritt demnach die Bindung der Gemeinschaftsorgane und der Mitgliedstaaten bereits mit dem Inkrafttreten des Abkommens ohne entsprechenden Transformationsakt ein. Wäre eine Umsetzung von Völkerrecht in Gemeinschaftsrecht gewollt gewesen, so hätten die Vertragsväter diese Norm anders ausgestaltet.

---

502 *Schmalenbach*, in: Callies/Ruffert, EUV/EGV, Art. 300 Rdn. 56 EG; *Krück*, Völkerrechtliche Verträge im Recht der Europäischen Gemeinschaften, S. 169.

503 *Bleckmann*, Position des Völkerrechts im inneren Rechtsraum der Europäischen Gemeinschaften, JIR 1975, 300 (315).

504 *Geiger*, EUV/EGV, Art.300 Rdn. 20 EG; *Tomuschat*, in: von der Groeben/Schwarze, EU/EGV, Art. 300 Rdn. 68 EG; *Vedder*, in: Grabitz/Hilf, EWGV, Art. 228 Rdn. 46 EG; *Mauderer*, Der Wandel von GATT zur WTO und die Auswirkungen auf die EG, S. 107.

505 *Bleckmann*, Position des Völkerrechts im inneren Rechtsraum der Europäischen Gemeinschaften, JIR 1975, 300 (308 f.).

506 Ebenda, 300 (309 f.).

507 *Ott*, GATT und WTO im Gemeinschaftsrecht, S. 72; *Pescatore*, Die Rechtsprechung des Europäischen Gerichtshofs, in: FS Mosler, S. 661 (680).

3. Rang des Völkervertragsrechts in der Gemeinschaftsrechtsordnung

Eine eindeutige Aussage zum Rangverhältnis von Gemeinschaftsrecht und gemeinschaftlichem Völkervertragsrecht ist im EG-Vertrag nicht zu finden. Die Feststellung, dass die Abkommen nach Art. 300 Abs. 7 EG für die Organe der Gemeinschaft verbindlich sind, zieht jedoch die Konsequenz nach sich, dass die Gemeinschaftsabkommen Vorrang vor sekundärem Gemeinschaftsrecht beanspruchen müssen[508]. Aus Art. 300 Abs. 6 EG, wonach ein dem EG widersprechendes Abkommen - festzustellen durch ein Gutachten des EuGH - nur nach einer Vertragsänderung gemäß Art. 48 EU in Kraft treten kann, ergibt sich der Vorrang des Primärrechts vor Gemeinschaftsabkommen[509]. Folglich stehen Gemeinschaftsabkommen rangmäßig unter dem gemeinschaftsrechtlichen Primärrecht und vor dem Sekundärrecht[510].

In den Rechtsordnungen der Mitgliedstaaten nehmen die reinen Gemeinschaftsabkommen am Vorrang des Gemeinschaftsrechts vor dem nationalen Recht teil[511].

Entsprechend der Stellung des Völkervertragsrechts kann der Gerichtshof die Befugnis in Anspruch nehmen, die Vereinbarkeit des Sekundärrechts mit den völkervertraglichen Abkommen zu überprüfen[512].

Letztendlich können reine Gemeinschaftsabkommen als „integrierender Bestandteil des Gemeinschaftsrechts'' betrachten werden.

II. Innergemeinschaftliche Geltung gemischter Abkommen

Die Zuordnung der Rechtsqualität gemischter Abkommen erscheint nicht ganz so unproblematisch. Fraglich ist nämlich, ob auch diese in ihrer Gesamtheit als „integrierende Bestandteile der Gemeinschaftsrechtsordnung'' angesehen werden können, oder ob dies nur insoweit möglich ist, als der Gemeinschaft für die betreffenden Bestimmungen Vertragskompetenz zusteht. Bei etwaigen „nationalen Bestandteilen'' wäre dann zu deren Qualifikation nationales Recht ergänzend heranzuziehen.

Voraussetzung der innergemeinschaftlichen Geltung gemischter Abkommen ist deren völkerrechtliche Bindung.

---

508 *Krück*, in: Schwarze, EU-Kommentar, Art. 281 Rdn. 30 EG.

509 *Streinz*, Europarecht, Rdn. 605.

510 EuGH, Rs. 112/80 (Dürbeck), Slg. 1981, 1095, Rdn. 46; EuGH, Rs. C-280/93 (Deutschland/Rat), Slg. 1994, I-4973, Rdn. 106 ff.; *Tomuschat*, in: von der Groeben/Schwarze, EU/EGV, Art. 300 Rdn. 83 ff. EG; *Ehlermann*, Die innergemeinschaftliche Anwendung der Regeln des GATT in der Praxis der EG, S. 203 (210); *Arnold*, Der Abschluß gemischter Verträge durch die Europäischen Gemeinschaften, ArchVR 1980/81, 419 (454).

511 *Stein*, Der gemischte Vertrag, S. 190; *Streinz*, Europarecht, Rdn. 606.

512 EuGH, Verb. Rs. 21-24/72 (International Fruit Company), Slg. 1972, 1219.

1. Völkerrechtliche Bindung gemischter Abkommen

Bei gemischten Verträgen stellt sich die Frage, welche Vertragspartei, die Gemeinschaft oder die Mitgliedstaaten, völkerrechtlich gebunden ist und inwieweit sie gebunden ist.

Die Verantwortlichkeit für die Vertragerfüllung könnte sich zum einen nach der internen Kompetenzverteilung richten[513]. Nach dieser Kompetenzverteilungstheorie würde sich die innergemeinschaftliche Kompetenzverteilung auf die völkerrechtliche Ebene durchschlagen. Demnach wäre die Gemeinschaft lediglich an die Vertragsteile gebunden, die in ihren Kompetenzbereich fallen; gleiches würde für die Mitgliedstaaten gelten.

Diese Ansicht muss aber aus Gründen des allgemeinen Vertrauensgrundsatzes im internationalen Rechtsverkehr[514] und der Rechtssicherheit dritter Vertragspartner, die sich nicht die schwierige interne Kompetenzverteilung zwischen der Gemeinschaft und ihren Mitgliedstaaten entgegenhalten zu lassen brauchen[515], abgelehnt werden. Wie auch sonstiges Völkervertragsrecht binden gemischte Abkommen die Gemeinschaft und alle Mitgliedstaaten gemäß dem allgemeinen Rechtsgrundsatz *pacta sunt servanda*[516] dem gesamten Vertragsinhalte nach[517]. Zudem können sich gemäß Art. 46 WVRK II weder die Mitgliedstaaten noch die Gemeinschaft darauf berufen, dass ihre Zustimmung zur Vertragsbindung unter Verletzung einer Bestimmung ihres innerstaatlichen Rechts bzw. der Vorschriften der internen Zuständigkeitsverteilung zum Abschluss von Verträgen abgegeben wurde und daher ungültig sei, außer die Verletzung war offenkundig und betraf eine Vorschrift von entscheidender

---

513 *Balekjian*, Mixed Agreements: Complementary and Concurrent Competences?, in: O'Keeffe/Schermers, Mixed Agreements, S. 141 (143 f.); *Krück*, Völkerrechtliche Verträge im Recht der Europäischen Gemeinschaften, S. 146 ff.; *Pitschas*, Die völkerrechtliche Verantwortlichkeit der Europäischen Gemeinschaft und ihrer Mitgliedstaaten, S. 240 ff.; *Stein*, Der gemischte Vertrag, S. 93 ff., 161.

514 Art. 27 WVRK II.

515 *Schmalenbach*, in: Calliess/Ruffert, EUV/EGV, Art. 300, Rdn. 26 EG; *Oppermann*, Europarecht, Rdn. 1713; *Tomuschat*, Liabilitiy for Mixed Agreements, in: O'Keeffe/Schermers, Mixed Agreements, S. 125 (130); *Bleckmann*, Der Gemischte Vertrag im Europarecht, EuR 1976, 301 (303).

516 Auch Art. 26 WVRK bzw. WVRK II.

517 EuGH, Rs. C-316/91 (Parlament/Rat), Slg. 1994, I-653, Rdn. 26, 33 f.; Allg. Ansicht mit unterschiedlichen Begründungsansätzen: *Arnold*, in: Dauses, Handbuch des EU-Wirtschaftsrechts, Bd. 2, K. I, Rdn. 83 ff.; *ders.*, Der Abschluß gemischter Verträge durch die Europäischen Gemeinschaften, ArchVR 1980/81, 419 (421); *Beutler/Bieber/Pipkorn/Streil*, Die EU, Rdn. 1223; *Bleckmann*, The Mixed Agreements of the EEC in the Public International Law, in: O'Keeffe/Schermers, Mixed Agreements, S. 155, (160 f.); *Conze*, Die völkerrechtliche Haftung der EG, S. 82; *Gaja*, The European Community's Rights and Obligations under Mixed Agreements, in: O'Keeffe/Schermers, Mixed Agreements, S. 133 (137); *Streinz*, Europarecht, Rdn. 429; *Tomuschat*, Liabilitiy for Mixed Agreements, in: O'Keeffe/Schermers, Mixed Agreements, S. 125 (130).

Bedeutung. Von einer offenkundigen Verletzung kann schon deshalb nicht ausgegangen werden, weil die genaue Kompetenzverteilung zwischen der EG und den Mitgliedstaaten unmöglich offensichtlich zu bestimmen ist[518].

Darüber hinaus kann angeführt werden, dass die Gemeinschaft und die Mitgliedstaaten gemischte Abkommen gemeinsam unterzeichnen und den Drittstaaten gegenüber meist als eine Vertragspartei auftreten[519]. Dieses einheitliche Auftreten müssen sich die Mitgliedstaaten und die Gemeinschaft auf völkerrechtlicher Ebene zurechnen lassen[520].

Gegenteiliges kann nur gelten, sofern eine offenkundige Differenzierung der Verbindlichkeiten gemäß der Kompetenzverteilung möglich ist[521]. Entsprechen den unterschiedlichen Kompetenzen der Mitgliedstaaten und der Gemeinschaften für dritte Vertragspartner klar erkennbar zu trennende Rechte und Pflichten, so sind sowohl völkerrechtlich nach außen als auch eventuell gemeinschaftsrechtlich jeweils nur die Mitgliedstaaten oder nur die Gemeinschaft und ihre Organe entsprechend berechtigt und verpflichtet[522]. Ansonsten wird aber der innergemeinschaftlich Unzuständige nicht aus der völkerrechtlichen Verpflichtung entlassen, so dass im Regelfall eine Diskrepanz von Abschlussbefugnis und völkerrechtlicher Bindungswirkung vorliegt[523].

Zur Vermeidung von Missverständnissen zwischen den Vertragparteien hinsichtlich der Kompetenzverteilung und des Bindungscharakters solcher Abkommen können deren Schlussbestimmungen Trennungsklauseln[524] darüber

---

518 *Schmalenbach*, in: Callies/Ruffert, EUV/EGV, Art. 300 Rdn. 26 EG; *Flemisch*, Umfang der Berechtigungen und Verpflichtungen aus völkerrechtlichen Verträgen, S. 33.

519 *Bleckmann*, The Mixed Agreements of the EEC in the Public International Law, in: O'Keeffe/Schermers, Mixed Agreements, S. 155, (163); *ders.*, Der Gemischte Vertrag im Europarecht, EuR 1976, 301 (311); *Stein*, Der gemischte Vertrag, S. 129 f.

520 *Streinz*, Europarecht, Rdn. 429.

521 So z.B. Art. 5 Abs. 1 der Anlage IX des VN-Seerechtsübereinkommen vom 10.12.1982, ABl. 1998, L 179, 3; Zuständigkeitserklärung der EG, ABl. 1998, L 179, 129; Art. 22 Abs. 3 des VN-Rahmenübereinkommens über Klimaänderung vom 9.5.1992, ABl. 1994, L 33, 27; Art. 34 des Übereinkommen über die biologische Vielfalt von 15.6.1992, ABl. 1993, L 309, 19; *Schmalenbach*, in: Callies/Ruffert, EUV/EGV, Art. 300 Rdn. 25 EG; *Streinz*, Europarecht, Rdn. 429.

522 *Vedder*, in: Grabitz/Hilf, EWGV, Art. 228 Rdn. 19 EG; *Gaja*, The European Community's Rights and Obligations under Mixed Agreements, in: O'Keeffe/Schermers, Mixed Agreements, S. 133 (135).

523 *Stein*, Der gemischte Vertrag, S. 108; *Streinz*, Europarecht, Rdn. 429; *Arnold*, Der Abschluß gemischter Verträge durch die Europäischen Gemeinschaften, ArchVR 1980/81, 419 (424).

524 *Stein*, Der gemischte Vertrag, S. 94 ff.; *Tomuschat*, Liability for Mixed Agreements, in: O'Keeffe/Schermers, Mixed Agreements, S. 125 (127 ff.); *Arnold*, Der Abschluß gemischter Verträge durch die Europäischen Gemeinschaften, ArchVR 1980/81, 419 (421, 436, 450 ff.).

enthalten, wer für welche Vertragsbestimmungen Vertragspartei ist[525]. Meist wird hiervon jedoch kein Gebrauch gemacht, so dass davon ausgegangen werden kann, dass durch ein gemischtes Abkommen sowohl die Gemeinschaft als auch die Mitgliedstaaten an den gesamten Vertragsinhalt völkerrechtlich gebunden sind.

Wenn sich nun die Gemeinschaft und die Mitgliedstaaten durch das gemischte Abkommen dem gesamten Vertragsinhalte nach völkerrechtlich verpflichtet haben, so ist fraglich, ob auch das gemischte Abkommen in seiner Gesamtheit innergemeinschaftliche Geltung erlangt und damit zum Bestandteil der Gemeinschaftsrechtsordnung wird. Auf diese Weise könnte leicht eine Auslegungszuständigkeit des EuGH für das gesamte gemischte Abkommen angenommen werden.

Wegen des regelmäßigen Auseinanderfallens der völkerrechtlichen Bindungswirkung und der gemeinschaftsrechtlichen Abschlussbefugnis stellt sich bei gemischten Abkommen allerdings die Frage, ob die Wirkung des Art. 300 Abs. 7 EG auch für den Teil des Abkommens gilt, der gemeinschaftsintern in die mitgliedstaatliche Zuständigkeit fällt. Anders ausgedrückt, ergibt sich die Einordnung gemischter Abkommen in die nationalen bzw. gemeinschaftsrechtlichen Normhierarchien aus ihrer Qualifizierung als Mitgliedstaaten- oder Gemeinschaftsabkommen? Hierzu werden verschiedene Meinungen vertreten.

2. Rechtsprechung

Bei der Auslegung von Normen gemischter Abkommen hat es der Gerichtshof stets vermieden eine ausdrückliche Qualifizierung der jeweiligen Bestimmungen des Abkommens als der mitgliedstaatlichen oder gemeinschaftsrechtlichen Zuständigkeit unterfallend vorzunehmen[526].

In der *Haegeman*-Entscheidung fällt auf, dass der EuGH, ohne das Assoziationabkommen in einen „Gemeinschaftsteil'' und einen „Mitgliedstaatenteil'' aufzuteilen, seine Auslegungszuständigkeit hierfür dennoch bejaht hat. Es tat dies lapidar mit der Bemerkung, dass ein vom Rat geschlossenes Abkommen eine Handlung eines Gemeinschaftsorgans gemäß Art. 234 Abs. I lit. b EG darstelle und zugleich mit seinem Inkrafttreten einen „integrierenden Bestandteil der Gemeinschaftsrechtsordnung'' bilde[527]. Seine Vorgehensweise könnte darauf hindeuten, dass er tatsächlich das gesamte gemischte Abkommen als „integrierenden Bestandteil'' der Gemeinschafts-

525 *Vedder*, in: Grabitz/Hilf, EWGV, Art. 228 Rdn. 19 EG; *Schweitzer/Hummer*, Europarecht, Rdn. 670.

526 Vgl. 2.Teil, A I 2, 6, II; EuGH, Rs. C-87/75 (Bresciani), Slg. 1976, 129; EuGH, Rs. C-65/77 (Razanatsimba), Slg. 1977, 2229; EuGH, Rs. C-18/90 (Kziber), Slg. 1991, I-199; EuGH, Rs. C-103/94 (Krid), Slg. 1995, I-719.

527 Siehe oben 2.Teil, A I 2 b.

rechtsordnung ansah und das gemischte Abkommen dadurch in seiner Gesamtheit innergemeinschaftliche Geltung erlangt.

Die *Haegeman*-Rechtsprechung hat der Gerichtshof im *Demirel*[528]- und im *Sevince*[529]-Fall fortgeführt. Im *Sevince*-Urteil geht der Gerichtshof sogar soweit, Beschlüsse des vom Assoziierungsabkommen eingerichteten Assoziationsrates auszulegen und über deren unmittelbare Anwendbarkeit zu entscheiden, ohne dabei auf die Problematik der innergemeinschaftlichen Geltung einzugehen. Dem kann entnommen werden, dass der EuGH nun selbst Assoziationsratsbeschlüsse als „integrierende Bestandteile'' der Gemeinschaftsrechtsordnung einordnet.

Von Interesse ist auch eine Äußerung des Gerichtshofs in dem Beschluß 1/78. Dort erkennt er zwar eine Kompetenzverteilung zwischen der Gemeinschaft und den Mitgliedstaaten hinsichtlich des Vertragsgegenstandes an, doch verzichtet er auf eine genaue Aufschlüsselung der Vertragsschlusskompetenzen, indem er diese lediglich als ein internes Problem bezeichnet[530]. Darüber hinaus wies der EuGH darauf hin, dass sich der Vollzug des Übereinkommens nach den Prinzipien der externen und internen Kompetenzverteilung richte. In diesem Zusammenhang äußert der Gerichtshof folgendes: „Die einschlägigen Vorschriften des Vertrags werden zusammen mit den Vorschriften des Übereinkommens – das, nachdem es von der Gemeinschaft abgeschlossen worden ist, Bestandteil des Gemeinschaftsrechts sein wird – eine angemessene Rechtsgrundlage für die erforderlichen Vollzugsmaßnahmen bilden''[531]. Diese Aussage könnte so interpretiert werden, als sehe der Gerichtshof das gesamte gemischte Abkommen mit dem Abschluss durch die Gemeinschaft als Bestandteil der Gemeinschaftsrechtsordnung an.

Auch in der Rechtssache *Hermès* hat der Gerichtshof eine Bestimmung eines gemischten Vertrags (Art. 50 TRIPs) ausgelegt, ohne sie vorher einem bestimmten Kompetenzbereich zuzuordnen. Bei der Begründung seiner Auslegungszuständigkeit hat er die innergemeinschaftliche Geltung von Art. 50 TRIPs nicht einmal erwähnt. Somit kann nur darüber gemutmaßt werden, ob er seine Auslegungszuständigkeit für Art. 50 TRIPs angenommen hat, weil die Norm bzw. das gesamte TRIPs seiner Leseart zufolge „integrierender Bestandteil der Gemeinschaftsrechtsordnung'' geworden war.

Zu der Problematik der innergemeinschaftlichen Geltung gemischter Abkommen äußerte sich der EuGH erstmals ausführlich in der *Dior- und Assco*-Entscheidung[532]. Im Zusammenhang mit der Frage nach der unmittelbaren Anwendbarkeit von Art. 50 TRIPs untersuchte der Gerichtshof nämlich, inwieweit diese Bestimmung als Teil der Gemeinschaftsrechtsordnung aufgefasst werden kann. Das Problem seiner Auslegungszuständigkeit scheint

528 Siehe oben 2.Teil, A I 6.
529 Siehe oben 2.Teil, A I 7.
530 Siehe oben 2.Teil, A I 5.
531 EuGH, Beschluß 1/78 (Objektschutz), Slg. 1978, 2151, Rdn. 36.
532 Siehe oben 2.Teil, B I 3.

der Gerichtshof dabei losgelöst von der Problematik der innergemeinschaftlichen Geltung zu betrachten. So betont er zwar seine umfassende Auslegungszuständigkeit für Art. 50 TRIPs, macht aber zugleich deutlich, dass er deswegen nicht auch dessen innergemeinschaftliche Wirkung ungehindert und in jedem Fall bestimmen kann. Der Gerichtshof differenziert nämlich in Fragen der unmittelbaren Anwendbarkeit von Art. 50 TRIPs dahingehend, dass er sich die Bestimmung der unmittelbaren Anwendbarkeit nur in einem Bereich zugestehe, auf den das TRIPs anwendbar sei, und in dem die Gemeinschaft bereits Rechtsvorschriften erlassen habe (wie z.B. im Bereich des Markenrechts). In einem solchen Fall bilde das Gemeinschaftsrecht den Maßstab für die Beurteilung der innergemeinschaftlichen Wirkung. Hierfür zuständig sei einzig und allein der Gerichtshof.

Anders sei dies in einem Bereich, in dem die Gemeinschaft noch keine Rechtsvorschriften erlassen habe und der somit in die Zuständigkeit der Mitgliedstaaten falle. Dort unterliegen der Schutz der Rechte des geistigen Eigentums und die von den Gerichten hierzu getroffenen Maßnahmen nicht dem Gemeinschaftsrecht. Der Gerichtshof führt an, dass Art. 50 Abs. 6 TRIPs in einem solchen Fall den nationalen Rechtsordnungen der Mitgliedstaaten zuzurechnen sei, wobei sich dessen interne Wirkung dann nach Maßgabe der mitgliedstaatlichen Vorschriften beurteile. Unter solchen Umständen stünde es den Gerichten der Mitgliedstaaten frei, die unmittelbare Anwendbarkeit von Art. 50 Abs. 6 TRIPs zu bejahen.

Insgesamt kommt der EuGH zu dem Schluss, dass er die innergemeinschaftliche Wirkung und damit die Auslegung von Art. 50 Abs. 6 TRIPs nur insoweit bestimmen darf, wie die Norm der „Sphäre des Gemeinschaftsrechts" zugeordnet werden kann.

Dies erweckt den Anschein, dass der Gerichtshof seit seiner *Dior-* und *Assco-*Entscheidung von einem nicht einheitlichen Status gemischter Abkommen im Gemeinschaftsrecht ausgeht.

3. Schrifttum

In der Lehre werden verschiedene Ansichten hinsichtlich der innergemeinschaftlichen Geltung gemischter Abkommen vertreten.

Bei der Darstellung der verschiedenen Literaturmeinungen ist stets folgende Frage im Hinterkopf zu behalten: Werden die in die Kompetenzbereiche der Mitgliedstaaten fallenden Vertragsbestandteile eines gemischten Abkommens ab dem völkerrechtlichen Inkrafttreten (auch aufgrund des Art. 300 Abs. 7 EG) innergemeinschaftlich wirksam und wirken sie als ranghöheres Gemeinschaftsrecht in die Rechtsordnungen der Mitgliedstaaten hinein?

a. Einheitliche Betrachtung gemischter Abkommen

Diese Frage ist zu bejahen, wenn man gemischte Abkommen gesamtheitlich als Gemeinschaftsabkommen betrachtet. Hierbei wird vertreten, dass gemischte

Verträge in ihrer Gesamtheit Gemeinschaftsabkommen darstellen[533]. Auch gemischte Abkommen, die keine Verteilung der Bindungswirkung vornehmen, seien als Gemeinschaftsabkommen anzusehen, denn die Gemeinschaft habe die gesamten Abkommen ratifiziert, sie sei an sämtliche Bestimmungen völkerrechtlich gebunden und hafte für diese[534]. Bei einer Fragmentarisierung der Geltung und der Auslegungszuständigkeit für gemischte Abkommen liege das Risiko, dass es bei der Gemeinschaft oder den Mitgliedstaaten zu Verletzungen des Abkommens komme, höher als bei einer einheitlichen Geltung der Abkommensbestimmungen als Gemeinschaftsrecht und einer beim EuGH zentralisierten Auslegungszuständigkeit[535]. Darüber hinaus wird vorgebracht, dass auch der EuGH in seinen Urteilen, in denen gemischte Abkommen zur Anwendung kommen[536], diese als Abkommen der Gemeinschaft behandle, ohne sie jedoch ausdrücklich als solche zu qualifizieren[537]. Folglich nähmen gemischte Abkommen dann insgesamt den Rang eines Gemeinschaftsabkommens ein[538].

Gleichzeitig würden zwar gemischte Abkommen im gesamten Umfang auch Abkommen der Mitgliedstaaten darstellen, so dass ihnen eigentlich der Rang zustehen müsste, den völkerrechtliche Verträge in der jeweiligen nationalen Rechtsordnung einnehmen[539]. Dieser Rang bleibe jedoch ohne Bedeutung, da er von der höheren Rangstellung, den Gemeinschaftsabkommen in den nationalen Rechtsordnungen genießen, überlagert werde[540]. Das Prinzip des Vorrangs des Gemeinschaftsrechts bewirkt dieser Ansicht nach, dass sich der Vertrag nach den durch das Gemeinschaftsrecht bestimmten Rechtsgrundsätzen richtet. Die Behauptung, dass solche gemischten Verträge insgesamt dem Rechtsschutz vor dem EuGH unterliegen, ist auf dieser Grundlage nachzuvollziehen.

---

533 *Groux/Manin*, Die Europäischen Gemeinschaften in der Völkerrechtsordnung, S. 118; *Hermes*, TRIPS im Gemeinschaftsrecht, S. 102; *Oehmichen*, Die unmittelbare Anwendbarkeit der völkerrechtlichen Verträge der EG, S. 77; *Stein*, Der gemischte Vertrag, S. 132 ff., 190; *Bleckmann*, Der Gemischte Vertrag im Europarecht, EuR 1976, 301 (305 ff., 309).

534 *Stein*, Der gemischte Vertrag, S. 134; *Hermes*, TRIPs im Gemeinschaftsrecht, S. 98 f.

535 *Hermes*, TRIPs im Gemeinschaftsrecht, S. 98 f.

536 EuGH, Rs. 40/72 (Schröder), Slg. 1973, 125; EuGH, Rs. 181/73 (Haegeman), Slg. 1974, 449; EuGH, Rs. C-87/75 (Bresciani), Slg. 1976, 129; EuGH, Rs. C-65/77 (Razanatsimba), Slg. 1977, 2229; EuGH, Rs. 17/81 (Pabst), Slg. 1982, 1331.

537 *Stein*, Der gemischte Vertrag, S. 132; *Pescatore*, External Relations in the Case-Law of the Court of Justice of the European Communities, CMLRev. 1979, 615 (634).

538 *Cremona*, The Doctrin of Exklusivity and the Position of mixed Agreements in the external Relations of the European Community, S. 425 ff.; *Stein*, Der gemischte Vertrag, S. 190 f.

539 *Stein*, Der gemischte Vertrag, S. 191.

540 *Bleckmann*, Die Position des Völkerrechts im inneren Rechtsraum der europäischen Gemeinschaften, JIR 1975, 300 (318).

b. Getrennte Betrachtung gemischter Abkommen

Vielfach wird diese einheitliche Betrachtung gemischte Abkommen jedoch abgelehnt. Es wird im Gegensatz dazu eine getrennte bzw. differenzierte Betrachtung der innergemeinschaftlichen Geltung gemischter Abkommen bevorzugt.

Einige Autoren gehen davon aus, dass gemischte Abkommen rechtlich in zwei Teile zu trennen seien, nämlich in einen Gemeinschaftsteil und einen Mitgliedstaatenteil[541]. Hierzu wird vorgebracht, dass sich innergemeinschaftlich die Zuständigkeit zwischen den Mitgliedstaaten und der Gemeinschaft nach der internen Kompetenzverteilung richten müsse[542]. Demnach seien nur die Vertragsteile, die auf einer Gemeinschaftskompetenz beruhen, als Gemeinschaftsabkommen anzusehen. Als Gemeinschaftsrecht könnten sie dann in die nationalen Rechtsordnungen hineinwirken[543]. Die Teile des Abkommens, die auf einer mitgliedstaatlichen Zuständigkeit beruhen, würden nach Maßgabe des nationalen Verfassungsrechts wirksam, mit allen Unterschieden im Rang und der Möglichkeit der unmittelbaren Anwendbarkeit[544]. Es wird angeführt, dass es einer Kompetenzübertragung auf die Gemeinschaft gleich käme, die noch nicht erfolgt sei, soweit in einem Vertragsteil der nicht der ausschließlichen Gemeinschaftskompetenz unterfällt, die Bindungswirkung in bezug auf Gemeinschaftsrecht bestimmt würde[545]. Zudem sei es sehr bedenklich, bei Abschluss des gemischten Abkommens zwischen nationalen und gemeinschaftlichen Kompetenzen zu unterscheiden, dann aber das gesamte völkerrechtliche Abkommen als Gemeinschaftsabkommen zu betrachten[546]. Die Unterscheidung zwischen Gemeinschaftskompetenzen und Kompetenzen der Mitgliedstaaten würde so zur bloßen Förmelei degradiert werden. Im Ergebnis sind damit nur die Bestimmungen gemischter Abkommen „integrierende Bestandteile der

---

541 *Ehlermann*, Mixed Agreements: A List of Problems, in: O'Keeffe/Schermers, Mixed Agreements, S. 3 (18); *Gaja*, The European Community's Rights and Obligations under Mixed Agreements, in: O'Keeffe/Schermers, Mixed Agreements, S. 133 (137); *Kreibich*, Das TRIPs Abkommen in der Gemeinschaftsordnung, S. 95, 99; *MacLeod/Hendry/Hyett*, The External Relations of the European Communities, S. 156 ff.; *Schermers*, The Internal Effoot of Community Treaty-making, in: O'Keeffe/Schermers, Essay in European Law and Integration, S. 167 (174 f.); *Vedder*, Die Auswärtige Gewalt des Europa Der Neun, S. 226; *Arnold*, Der Abschluß gemischter Verträge durch die Europäischen Gemeinschaften, ArchVR 1980/81, 419 (454 f.); *Epiney*, Zur Stellung des Völkerrechts in der EU, EuZW 1999, 5 (7); *Meessen*, Das Abkommen von Lomé als gemischter Vertrag, EuR 1980, 36 (47 f.).

542 *Ehlermann*, Mixed Agreements: A List of Problems, in: O'Keeffe/Schermers, Mixed Agreements, S. 3 (18 f.).

543 *Tomuschat*, in: von der Groeben/Schwarze, EU/EGV, Art. 300 Rdn. 88 EG; *Streinz*, Europarecht, Rdn. 608.

544 *Vedder*, in: Grabitz/Hilf, EWGV, Art. 228 Rdn. 23 EG.

545 *Ott*, GATT und WTO im Gemeinschaftsrecht, S. 214.

546 *Mauderer*, Der Wandel von GATT zur WTO und die Auswirkungen auf die EG, S. 110.

Gemeinschaftsrechtsordnung'', die in die Vertragsabschlusszuständigkeit der Gemeinschaft fallen.

4. Stellungnahme

Indem der Gerichtshof bis zur *Hermès*-Entscheidung keine Aussage darüber getroffen hat, worauf seine Auslegungszuständigkeit für Normen gemischter Abkommen tatsächlich beruht, diese aber stets unter dem Hinweis darauf, dass sie „integrierende Bestandteile der Gemeinschaftsrechtsordnung'' seien[547], bejaht hat, könnte daraus die Schlussfolgerung gezogen werden, dass gemischte Übereinkommen in ihrer Gesamtheit integrierende Bestandteile der Gemeinschaftsrechtsordnung bilden. Sie würden so innergemeinschaftliche Geltung erlangen, und der Gerichtshof könnte daraus eine umfassende Auslegungszuständigkeit für alle Normen gemischter Verträge ableiten[548].

Dieser Ansatz ignoriert jedoch folgende Tatsachen:

Wie bereits in dieser Arbeit festgestellt werden konnte, hat der EuGH bis zur Rechtssache *Hermès* nur solche Bestimmungen gemischter Verträge ausgelegt, die den gemeinschaftsrechtlichen Zuständigkeiten unterfielen[549]. Lediglich diese hat er dann als „integrierende Bestandteile der Gemeinschaftsrechtsordnung'' bezeichnet. Als er in *Hermès* das erste Mal eine Norm eines gemischten Vertrags ausgelegt hat, die nicht der ausschließlichen Gemeinschaftszuständigkeit zugeordnet werden konnte, sprach der EuGH in keiner Weise mehr davon, dass gemischte Abkommen „integrierende Bestandteile der Gemeinschaftsrechtsordnung'' seien. Damit gerät die Schlussfolgerung, der Gerichtshof sehe gemischte Abkommen in ihrer Gesamtheit als Bestandteile der Gemeinschaftsrechtsordnung an, erheblich ins Wanken.

Zudem hat der Gerichtshof dieser Ansicht nicht zuletzt in seiner *Dior- und Assco*-Entscheidung eine Absage erteilt. Darin entschied der EuGH, dass er die unmittelbare Anwendbarkeit von Normen gemischter Abkommen nur dann bestimmen dürfe, wenn diese der „Sphäre des Gemeinschaftsrecht'' zugeordnet werden könnten, also in einem Bereich aufträten, in dem die Gemeinschaft bereits Rechtsvorschriften erlassen habe; im Übrigen seien die Mitgliedstaaten dafür zuständig, die interne Wirkung zu bestimmen[550]. Der Grund für die Annahme einer lediglich eingeschränkten Auslegungszuständigkeit kann nur darin zu sehen sein, dass Normen gemischter Abkommen der Gemeinschaftsrechtsordnung dann zuzuordnen sind, wenn sie tatsächlich der „Sphäre des Gemeinschaftsrechts'' unterfallen, ansonsten aber den mitgliedstaatlichen Rechtsordnungen unterliegen. Damit spricht sich der EuGH mit seinem *Dior-*

---

547 EuGH, Rs. 181/73 (Haegeman), Slg. 1974, 449, Rdn. 2/6; EuGH, Rs. 12/86 (Demirel), Slg. 1987, 3719, Rdn. 7; EuGH, Rs. C-192/89 (Sevince), Slg. 1990, I-3461, Rdn. 8.

548 *Hermes*, TRIPs im Gemeinschaftsrecht, S. 76.

549 Vgl. 2.Teil, A II 1 a bb, b bb.

550 EuGH, verb. Rs. C-300 und 392/98 (Dior und Assco), Slg. 2000, I-11307, Rdn. 41 ff., (47, 49).

und Assco-Urteil gerade gegen eine einheitliche innergemeinschaftliche Geltung aller Bestimmungen gemischter Abkommen aus.

Gemischte Abkommen zeichnen sich durch die interne Kompetenzverteilung zwischen der Gemeinschaft und den Mitgliedstaaten aus. Dies ist der eigentliche Grund für ihren Abschluss und kann nach Vertragsschluss nicht einfach ignoriert werden. Die Kompetenzaufspaltung zwischen der Gemeinschaft und den Mitgliedstaaten muss deshalb bei der Betrachtung sämtlicher Gesichtspunkte gemischter Abkommen immer herangezogen werden. Folglich muss auch die interne Geltung von Bestimmungen gemischter Verträge nach der internen Kompetenzverteilung bestimmt werden.

Dem kann nicht entgegen gehalten werden, dass gemischte Verträge insgesamt als Gemeinschaftsabkommen zu qualifizieren seien, weil die Gemeinschaft diese komplett ratifiziere und völkerrechtlich für die Einhaltung des gesamten Vertrags hafte[551]. Denn lediglich der Schutz der dritten Vertragspartner ist der Grund dafür, dass sich die interne Kompetenzverteilung zwischen der Gemeinschaft und den Mitgliedstaaten grundsätzlich nicht auf die außergemeinschaftliche bzw. völkerrechtliche Ebene des Abkommens durchschlägt. Nur weil den Vertragspartnern die gemeinschaftsinterne Lage grundsätzlich nicht entgegengehalten werden darf, haftet die Gemeinschaft völkerrechtlich umfassend. Dieser Umstand kann aber nicht darüber hinwegtäuschen, dass intern geteilte Kompetenzen vorliegen, die bei der internen Geltung der Normen beachtet werden müssen.

Ferner ist bei gemischten Abkommen zwischen völkerrechtlichen und gemeinschaftsrechtlichen Problemen zu unterscheiden[552]. Die Beurteilung der internen Geltung von Normen gemischter Abkommen stellt ein innergemeinschaftliches Problem dar. Insoweit gibt es innergemeinschaftlich aber keine dritte Partei, die schutzbedürftig ist; vielmehr betreffen die Probleme einzig und allein das Verhältnis zwischen der Gemeinschaft und den Mitgliedstaaten. Daher ist kein Grund ersichtlich, warum die interne Kompetenzverteilung zwischen der Gemeinschaft und den Mitgliedstaaten von diesen bei der Bestimmung der internen Geltung der Normen gemischter Abkommen nicht beachtet werden sollte. Alles andere würde nicht im Einklang mit den Grundsätzen dieser Kompetenzverteilung stehen. Ein Kompetenzübergriff zulasten der Mitgliedstaaten, der bei Abschluss des Vertrags durch die Beteiligung der Mitgliedstaaten gerade vermieden werden sollte, würde durch eine einheitliche innergemeinschaftliche Geltung aller Bestimmungen gemischter Abkommen wieder zunichte gemacht werden. So darf der Abschluss eines gemischten Abkommens weder für die Gemeinschaft noch für die Mitgliedstaaten zu einem Kompetenzgewinn führen[553].

551 *Stein*, Der gemischte Vertrag, S. 134; *Hermes*, TRIPs im Gemeinschaftsrecht, S. 98 f.

552 *Streinz*, Europarecht, Rdn. 428 ff.

553 *Tomuschat*, in: von der Groeben/Schwarze, EU/EGV, Art. 300 Rdn. 88 EG; *Epiney*, Zur Stellung des Völkerrechts in der EU, EuZW 1999, 5 (8).

Insgesamt erscheint deshalb die getrennte bzw. differenzierte Betrachtungsweise der innergemeinschaftlichen Geltung gemischter Abkommen vorzugswürdig vor der einheitlichen Sichtweise. Dadurch wird dem Gebot der beschränkten Einzelermächtigung Rechnung getragen, und die Souveränität der Mitgliedstaaten gewahrt.

Selbst wenn der EuGH mit seinen früheren Urteilen lange Zeit den Eindruck erweckt hat, von einer umfassenden innergemeinschaftlichen Geltung aller Normen gemischter Abkommen auszugehen, so lehnt er dies in seinem *Dior- und Assco*-Urteil zu Recht ab und kommt letztendlich zu dem Schluss, dass sich die innergemeinschaftliche Geltung gemischter Abkommen danach richtet, in wessen Zuständigkeitsbereich die in Frage stehende Norm fällt.

Gegen die *Dior*- und *Assco*-Entscheidung des EuGH wird allerdings vorgebracht, dass gerade in der Annahme einer geteilten innergemeinschaftlichen Geltung von Art. 50 TRIPs ein Wertungswiderspruch zu seiner im selben Urteil festgelegten umfassenden Auslegungszuständigkeit für Art. 50 TRIPs zu sehen sei[554]. So sei es nicht verständlich, wie der Gerichtshof zwar umfassend zur Auslegung einer Norm befugt sein soll, nicht aber dazu, deren interne Wirkung zu bestimmen. Diese Einsicht veranlasst die Kritiker der *Dior*-Rechtsprechung dazu, das vom Gerichtshof gewonnene Ergebnis einer geteilten innergemeinschaftlichen Geltung gemischter Abkommen abzulehnen[555]. *Hermes* kommt aus Wertungsgesichtspunkten zu der Erkenntnis, dass alle Bestimmungen gemischter Abkommen eine einheitliche innergemeinschaftliche Geltung beanspruchen und dem EuGH eine umfassende Auslegungszuständigkeit zufällt[556]. Hierfür sprächen insbesondere Gründe der Praktikabilität in der internen Anwendung des Abkommens[557].

Dieser Argumentationsweise lässt sich indes folgendes entgegnen:

Es hat den Anschein, als würde mit der von *Hermes* vertretenen Lösung das Problem der Auslegungszuständigkeit des EuGH für gemischte Abkommen von hinten aufgerollt. *Hermes* verkennt, dass zunächst das Problem der innergemeinschaftlichen Geltung gemischter Abkommen eindeutig gelöst werden muss, um dann, sollte man tatsächlich zu einer einheitlichen innergemeinschaftlichen Geltung für gemischte Abkommen kommen, daraus eine umfassende Auslegungszuständigkeit des EuGH für sämtliche darin enthaltene Bestimmungen ableiten zu können. Es darf aber nicht in umgekehrter Weise vorgegangen werden und, nur um das gewünschte Ergebnis einer umfassenden Auslegungszuständigkeit des EuGH für gemischte Abkommen zu erzielen, einfach die einheitliche innergemeinschaftliche Geltung des gesamten gemischten Vertrags angenommen werden. Dabei würde augenfällig die Kompetenzverteilung außer Acht gelassen. Zugleich werden bei dieser Vorgehensweise die einzelnen

---

554 *Hermes*, TRIPs im Gemeinschaftsrecht, S. 95 f.
555 Ebenda, S. 95 ff.
556 Ebenda, S. 97 ff.
557 Ebenda, S. 99 f.

Problemkreise gemischter Abkommen nicht voneinander getrennt, sondern durch einander gemischt. Nur durch eine scharfe Trennung der einzelnen Fragestellungen können für die einzelnen Probleme klare Lösungen gefunden werden.

Bei der innergemeinschaftlichen Geltung gemischter Abkommen handelt es sich damit nicht, wie es *Hermes* formulierte, um ein bloßes „Wertungsproblem''[558]; die interne Geltung einer Norm muss sich nach rechtlichen Gesichtspunkten bemessen und nicht nach einer bloßen Interessenlage. Ansonsten würde die bei gemischten Abkommen bestehende interne Kompetenzverteilung zwischen der Gemeinschaft und den Mitgliedstaaten als rechtliches Faktum ignoriert werden.

Dem Kritiker *Hermes* ist aber insoweit zuzustimmen, als das in der *Dior*- und *Assco*-Entscheidung erzielte Ergebnis des EuGH als in der Tat widersprüchlich aufgefasst werden kann. Es ist nur schwerlich nachvollziehbar, wie der Gerichtshof eine umfassende Auslegungszuständigkeit für völkerrechtliche Normen ausüben will, sich gleichzeitig die inhaltliche Bestimmung der innergemeinschaftlichen Wirkung genau dieser Normen aber nur unter bestimmten Umständen zugesteht. Die Bejahung der Auslegungszuständigkeit des Gerichtshofs in *Dior* und *Assco* setzt nämlich voraus, dass die völkerrechtliche Norm innergemeinschaftliche Geltung erlangt hat und sie somit Bestandteil des Gemeinschaftsrechts geworden ist. Damit müsste der Gerichtshof aber zugleich für die Festlegung der Wirkung dieser Norm innerhalb der Gemeinschaftsrechtsordnung zuständig sein. Gerade letzteres hat sich der EuGH in *Dior* und *Assco* aber nur zugestanden, soweit die in Frage stehende Norm tatsächlich der „Sphäre des Gemeinschaftsrechts'' angehört.

Ein möglicher Begründungansatz für dieses „widersprüchliche Verhalten'' des EuGH könnte sein, dass vielleicht von zwei verschiedenen Auslegungsstufen auszugehen ist.

Wie in dieser Untersuchung bereits festgestellt wurde[559], soll die Begründung einer zunächst umfassenden Auslegungszuständigkeit dazu dienen, den Grenzverlauf zwischen den einzelnen Kompetenzbereichen eines gemischten Abkommens zu bestimmen. Ist dieser Verlauf sodann festgelegt worden, kann der Gerichtshof anhand des gewonnen Ergebnisses entscheiden, ob er darüber hinaus für eine weitere inhaltliche Auslegung der Norm zuständig ist. Für diese ist er insoweit zuständig, wie die Norm tatsächlich dem gemeinschaftsrechtlichen Kompetenzbereich angehört und sie demnach innergemeinschaftliche Geltung erlangt hat.

Für die erste Auslegungsstufe muss die in Frage stehende Norm also noch nicht innergemeinschaftlich gelten. Es soll ja gerade erst bestimmt werden, wessen Kompetenzbereich die Bestimmung angehört und ob sie innergemeinschaftliche Geltung erlangt. Erst wenn letzteres bejaht werden kann, darf der Gerichtshof in einem zweiten Schritt mit der inhaltlichen Auslegung der Norm

558 *Hermes*, TRIPs im Gemeinschaftsrecht, S. 86.
559 3.Teil, A III.

fortfahren. Dabei kann er dann auch die eigentliche innergemeinschaftliche Wirkung bestimmen, d.h. ob also die Norm unmittelbar anwendbar ist oder nicht. Mit einer so verstandenen Zweiteilung der Auslegungszuständigkeit sollte es dem EuGH dann möglich sein, der bei gemischten Abkommen vorhandenen geteilten innergemeinschaftlichen Geltung Rechnung zu tragen. Seine Interpretationsbefugnis darf sich nur auf die Teile eines Abkommens beziehen, die der Gemeinschaftszuständigkeit angehören und die damit innergemeinschaftlich gelten.

Das einzige Problem daran ist, dass es der EuGH bisher nie für nötig befunden hat festzustellen, in wessen Zuständigkeitsbereich die in Frage stehende Norm tatsächlich fällt.

In der *Dior-* und *Assco*-Entscheidung hat der EuGH Art. 50 TRIPs ausgelegt, eine Norm, die - wie festgestellt werden konnte[560] - den konkurrierenden Kompetenzen zu zuordnen war. Dem gemeinschaftsrechtlichen Kompetenzbereich können Normen konkurrierender Kompetenzen insoweit zugeordnet werden, als sie einen Bereich betreffen, in dem die darin enthaltenen „potentiellen'' Gemeinschaftskompetenzen bereits umfassend durch Harmonisierungsmaßnahmen ausgeübt worden sind. Insoweit sind diese Normen dann Bestandteil des Gemeinschaftsrechts geworden und haben innergemeinschaftliche Geltung. Bezogen auf Art. 50 TRIPs würde dies bedeuten, dass die Norm innergemeinschaftliche Geltung erlangt hat, soweit der harmonisierte Bereich einer Gemeinschaftsmarke betroffen ist. Als Bestandteil der Gemeinschaftsrechtsordnung wäre der EuGH sodann für die Auslegung zuständig gewesen.

Weder in der *Hermès-* noch in der *Dior-* und *Assco*-Entscheidung stand die Auslegung von Art. 50 TRIPs für einen gemeinschaftsmarkenrechtlichen Sachverhalt in Frage. Der *Hermès*-Fall betraf ein nationales Markenrecht und nicht eine Gemeinschaftsmarke. In *Dior* und *Assco* betraf das Ausgangsverfahren sogar lediglich den Schutz gewerblicher Modelle, einen Bereich, in dem keinerlei Harmonisierungsmaßnahmen vorhanden sind. Insofern bleibt das Verhalten des EuGH, eine Auslegung von Art. 50 TRIPs dennoch vorzunehmen, widersprüchlich, wenn nicht sogar kompetenzwidrig.

An der Zweiteilung der Auslegungszuständigkeit des EuGH für gemischte Abkommen ist festzuhalten.

In einem ersten Schritt ist zu bestimmen, in wessen Kompetenzbereich die in Frage stehende Norm fällt. Kommt der Norm dann innergemeinschaftliche Geltung zu, weil sie dem gemeinschaftsrechtlichen Kompetenzbereich zugeordnet werden konnte, kann dann in einem zweiten Schritt die eigentliche inhaltliche Auslegung der Norm erfolgen. Dies ist auch bei Normen möglich, die eigentlich den konkurrierenden Kompetenzen angehören, die aber in einem Bereich auftreten, in dem die Gemeinschaft bereits umfassende Harmonisierungsmaßnahmen erlassen hat. In diesem Umfang kommt der auszulegenden Bestimmung nämlich bereits innergemeinschaftliche Geltung zu.

---

560 3.Teil, A II 1 e.

Dies wiederum kann aber zu dem Ergebnis führen, dass sich die interne Geltung solcher Normen je nach Anwendungsbereich das eine Mal nach Gemeinschaftsrecht und das andere Mal nach den nationalen Rechtsordnungen bestimmt. In der *Dior*- und *Assco*-Entscheidung gelangt der EuGH für Art. 50 TRIPs zu eben diesem Schluss[561].

Mit dieser Rechtsprechung eröffnet der Gerichtshof aber die Möglichkeit, dass ein und dieselbe Bestimmung eines gemischten Abkommens, in diesem Fall ist es Art. 50 Abs. 6 TRIPs, in verschiedenen Rechtsordnungen eine unterschiedliche interne Wirkung und Stellung erlangen kann: So würde der EuGH wohl auch in Zukunft die unmittelbare Anwendbarkeit von Art. 50 TRIPs, wie bisher für alle WTO-Normen, in der Gemeinschaftsrechtsordnung ablehnen und lediglich eine TRIPs-konforme Auslegung vorschreiben[562]. Die skandinavischen Länder würden aller Wahrscheinlichkeit nach generell eine fehlende Geltung von Art. 50 TRIPs in den innerstaatlichen Rechtsordnungen feststellen. In Deutschland wird Art. 50 TRIPs derzeit keine unmittelbare Anwendung zugeschrieben[563]. Italienische Gericht hingegen haben die unmittelbare Anwendbarkeit insbesondere der GATT-Bestimmungen anfänglich bejaht[564]. Es ist anzunehmen, dass die italienischen Gerichte auch die unmittelbare Anwendbarkeit des TRIPs bejahen würden. In Italien könnten sich dann einzelne Antragsteller vor Gericht auf Art. 50 TRIPs berufen.

Am Ende können im schlimmsten Fall 26 unterschiedliche Anwendungen und Auslegungen von Art. 50 TRIPs vorliegen. Diese verschiedenen Auffassungen von ein und derselben Norm innerhalb der Gemeinschaft können zu einer erheblichen Rechtsverunsicherung führen. Darüber hinaus könnten voneinander abweichenden Auslegungen des Art. 50 TRIPs ein „forum-shopping" provozieren. Die Unionsbürger würden versuchen, ihre Rechtstreitigkeiten vor solchen nationalen Gerichten auszutragen, die eine unmittelbare Anwendbarkeit von Art. 50 TRIPs bejahen und ermöglichen, sich damit ummittelbar auf die TRIPs-Norm zu berufen.

In der Vermeidung all dieser Probleme scheint für den EuGH der Grund für eine einheitliche Auslegung von Art. 50 TRIPs zu liegen. Mit einer umfassenden Auslegungszuständigkeit des Gerichtshofs könnte dieser eine einheitliche Aus-

---

561 Siehe oben 2.Teil, B I 3.

562 Ebenda.

563 BGH, BGHZ 150, 377 ff.; s. Rspr. zu anderen internationalen Abkommen: BVerfG, BVerfGE 31, 145; BGH, BGHZ 71, 152; 141, 13; BFH, BFHE, 68, 431; 69, 604; 73, 399; 138, 527; 141, 73; 200; 468; FG München, EFG 1970, 144; FG Hamburg, EFG 1970, 145.

564 Corte Suprema di Cassazione, Foro Italiano 1968 I, 2462 ff.; Corte di Cassazione, Foro Italiano 1977 I, 1231 ff.; Corte Suprema di Cassazione, Foro Italiano 1972 I, 1963 ff.; Corte di Cassazione, Foro Italiano 1981 I, 1683 ff. Diese Rechtsprechungspraxis endete erst mit der Zuständigkeitsverlagerung des GATT auf die EG und damit auf den EuGH, vgl. Corte Constituzionale, Foro Italiano 1982, 2395 ff.; Corte di Cassazione, Foro Italiano 1982 I, 2592.

legung aller Normen gemischter Abkommen garantieren. Dadurch könnte Rechtssicherheit und Rechtseinheit wieder hergestellt werden.

Dieser einfachen Lösung ist aber entschieden zu widersprechen. Ein Anspruch auf die Gewährung von Rechtssicherheit besteht nämlich nur im Rahmen und unter Beachtung des Kompetenzgefüges und berechtigt nicht dazu, Auslegungszuständigkeiten an sich zu ziehen[565]. Würde dem EuGH eine umfassende Auslegungszuständigkeit für gemischte Abkommen zugestanden werden, so würde er seine Kompetenzen auf Kosten der Mitgliedstaaten ausdehnen. Insbesondere dadurch, dass er Normen auslegen würde, die den ausschließlichen Kompetenzen der Mitgliedstaaten unterfallen, würde er die Kompetenzen der nationalen Gerichte verletzen. Die Aufgabe des EuGH besteht darin, lediglich die Einheitlichkeit der Gemeinschaftsrechtsordnung zu sichern. Da aber nicht alle Normen gemischter Abkommen Bestandteil des Gemeinschaftsrechts sind, kann der Gerichtshof nicht für deren einheitliche Anwendung und Auslegung umfassend zuständig sein.

Somit bleibt der EuGH lediglich zur Auslegung der Normen gemischter Abkommen berechtigt, die den Kompetenzbereich der Gemeinschaft zugeordnet werden können und die damit innergemeinschaftliche Geltung besitzen.

III. Ergebnis

Insgesamt gesehen vermag die einheitliche innergemeinschaftliche Geltung gemischter Abkommen als Begründungsansatz für eine umfassende Auslegungszuständigkeit des Gerichtshofs nicht zu überzeugen. Sie entspricht nicht den rechtlichen Grundlagen, ja ignoriert diese sogar.

Die Erstreckung der Wirkung des Art. 300 Abs. 7 EG auf den Mitgliedstaatsanteil eines gemischten Abkommens muss abgelehnt werden. Eine solche würde die Gefahr einer dauerhaften innergemeinschaftlichen Kompetenzverschiebung nach sich ziehen. Der Rang dieses Anteils innerhalb der Rechtsordnung der Mitgliedstaaten bestimmt sich somit allein nach deren (Verfassungs-) Bestimmungen über den Rang der völkerrechtlichen Verträge. Gemischte Abkommen erlangen daher nur teilweise innergemeinschaftliche Geltung.

Der Teil des Abkommens, der dem gemeinschaftlichen Zuständigkeitsbereich unterfällt, wird als Gemeinschaftsabkommen mit bloßem Inkrafttreten als Völkervertragsrecht Bestandteil der Gemeinschaftsrechtsordnung und erlangt innergemeinschaftliche Geltung. Dieser Abkommensbestandteil steht im Rang zwischen dem Primär- und dem Sekundärrecht. Gemeinschaftsabkommen sind integrierender Bestandteil der Gemeinschaftsrechtsordnung und binden die Mitgliedstaaten. Folglich wirken die Vertragsteile eines gemischten Abkommen, die in den Kompetenzbereich der Gemeinschaft fallen, auch in die nationalen Rechtsordnungen hinein und zwar als ranghöheres Gemeinschaftsrecht. Sie genießen dadurch Vorrang vor dem nationalen Recht. Ein gemischtes Abkom-

565 *Kreibich*, Das TRIPs Abkommen in der Gemeinschaftsordnung, S. 121.

men ist insoweit ein Gemeinschaftsabkommen, wie es die Bestimmungen betrifft, die in den Kompetenzbereich der Gemeinschaft fallen.

Der Teil des Abkommens, der den mitgliedstaatlichen Zuständigkeitsbereichen unterfällt, kann nicht als Gemeinschaftsabkommen betrachtet werden, sondern wird als mitgliedstaatliches Abkommen betrachtet. Dessen innerstaatliche Geltung bestimmt sich allein nach den jeweiligen nationalen (Verfassungs-) Bestimmungen. Dies kann in den einzelnen Mitgliedstaaten zu sehr unterschiedlichen Ergebnissen hinsichtlich der Stellung und des Rangs des Abkommens führen.

Wenn sich nun die interne Wirkung und der Rang gemischter Abkommensbestimmungen danach richten, ob sie in den Kompetenzbereich der Mitgliedstaaten oder den der Gemeinschaft fallen, muss diese Unterscheidung auch im Hinblick auf die Kompetenz zur Auslegung der einzelnen Abkommensbestimmungen zutreffen.

Eine geteilte innergemeinschaftliche Geltung gemischter Abkommen führt zu einer geteilten Auslegungszuständigkeit des Gerichtshofs.

Eine Norm eines gemischten Abkommens, das der ausschließlichen Gemeinschaftskompetenz angehört, besitzt also innergemeinschaftliche Geltung und kann damit vom EuGH ausgelegt werden.

Eine Norm eines gemischten Abkommens, das der ausschließlichen Kompetenz der Mitgliedstaaten angehört, besitzt keine innergemeinschaftliche Geltung und kann folglich nicht vom Gerichtshof ausgelegt werden. Ob eine solche Norm innerstaatliche Geltung beansprucht, bestimmt sich nach den jeweiligen nationalen Rechtsordnungen.

Schwierig ist die Bestimmung der innergemeinschaftlichen Geltung von Normen gemischter Abkommen, die den konkurrierenden Kompetenzbereichen unterfallen. Hier ist eine Differenzierung dahingehend vorzunehmen, dass in den Bereichen, in denen bereits Harmonisierungsmaßnahmen erlassen worden sind, die Normen insoweit – d.h. in dem Umfang der erlassenen Maßnahmen – bereits innergemeinschaftliche Geltung erlangt haben und vom EuGH ausgelegt werden können. Im Übrigen bestimmt sich die interne Geltung und Auslegung nach den nationalen Rechtsordnungen.

C. Umfassende völkerrechtliche Haftung

Es ist zu überlegen, ob aufgrund einer eventuell bestehenden umfassenden völkerrechtlichen Haftung der Gemeinschaft oder der Mitgliedstaaten für jedwedes vertragswidrige Verhalten eines Gemeinschaftsorgans oder eines Mitgliedstaates das Erfordernis einer einheitlichen Auslegung aller Bestimmung gemischter Abkommen abgeleitet werden kann. Eine Fragmentarisierung der Auslegungszuständigkeit für gemischte Abkommen erhöht nämlich die Gefahr, dass es seitens der Gemeinschaft oder der Mitgliedstaaten zu Verletzungen des Abkommens kommt mit der Folge einer völkerrechtlichen Haftung. Durch eine beim EuGH zentralisierte Auslegungszuständigkeit würde sich hingegen das Risiko, für Vertragsverletzungen völkerrechtlich in Anspruch genommen zu werden, erheblich verringern.

I. Haftung für reine Gemeinschaftsabkommen

Damit die Gemeinschaft für eine Nichterfüllung oder anderweitige Vertragsverletzungen der von ihr allein, also ohne Beteiligung der Mitgliedstaaten, abgeschlossenen Verträge haftbar gemacht werden kann, muss sie zunächst völkerrechtlich gebunden sein. Die völkerrechtliche Bindung der Gemeinschaft an Verträge, die sie selbst abgeschlossen hat, ist angesichts des Grundsatzes *pacta sunt servanda* eine Selbstverständlichkeit[566]. Für die daraus entstehenden Verpflichtungen haftet die Gemeinschaft in vollem Umfang[567].

Bei der anfänglichen Diskussion um die völkerrechtliche Verantwortung der EG ist häufiger die Frage aufgeworfen worden, ob die Art der gemeinschaftsrechtlichen Vertragsschlusskompetenz Einfluss auf eventuelle Haftungsansprüche haben könnte[568]. Insbesondere ist zeitweilig bezweifelt worden, ob die Gemeinschaft eine selbstständige Verpflichtung zur völkerrechtlichen Haftung trifft, wenn ihr lediglich implizite Kompetenzen zustehen. Der potentiell geschädigte Dritte kann aber grundsätzlich davon ausgehen, dass die Mitgliedstaaten die Gemeinschaft für die Erfüllung der von ihr übernommenen Verpflichtungen hinreichend ausgestattet haben[569]. Folglich ist jede Vertragsschlussbefugnis der Gemeinschaft mit der Verpflichtung zur Haftung verbunden.

Zu beantworten ist die weitere Frage, ob daneben auch die Mitgliedstaaten für jegliche Vertragsverletzungen reiner Gemeinschaftsabkommen von Drittstaaten zur Verantwortung gezogen werden können. Dies ist abzulehnen[570]. Voraussetzung für eine völkerrechtliche Haftung der Mitgliedstaaten wäre nämlich, dass die Gemeinschaftsabkommen für sie eine völkerrechtliche Bindungswirkung entfalten. Da völkerrechtliche Verträge grundsätzlich keine Wirkung zugunsten bzw. zu Lasten Dritter entfalten, statuiert Art. 300 Abs. 7 EG im Außenverhältnis keine völkerrechtlichen Rechte bzw. Pflichten der Mitgliedstaaten aus dem Gemeinschaftsabkommen[571]. Ebenso wenig kann der Drittstaat bei einer Verletzung des Gemeinschaftsabkommens auf die Mitgliedstaaten „durchgreifen", da Art. 300 Abs. 7 EG Drittstaaten erkennbar keine eigene Rechtsposition gegenüber den Mitgliedstaaten einräumen will[572]. Somit

566 Vgl. 3.Teil, B I 2 a.
567 *Conze*, Die völkerrechtliche Haftung der EG, S. 70 f.
568 Ebenda, S. 63 ff.
569 Ebenda, S. 33 ff., 65 f.
570 Ebenda, S. 70.
571 Vgl. 3.Teil, B I 2 a.
572 *Schmalenbach*, in: Calliess/Ruffert, EUV/EGV, Art. 300 Rdn. 49 EG.

haftet die Gemeinschaft für Verletzungen von Verträgen, die sie im Rahmen ihrer Zuständigkeiten abgeschlossenen hat, allein.

II. Haftung für gemischte Abkommen

Schwieriger beurteilt sich die Lage für Vertragsverletzungen bei gemischten Abkommen. Voraussetzung für eine Haftung ist wiederum, dass eine völkerrechtliche Bindungswirkung vorliegt.

Wie weiter oben bereits festgestellt worden ist, sind grundsätzlich die Gemeinschaften wie auch alle Mitgliedstaaten gemeinsam an den gesamten Vertragsinhalt eines gemischten Abkommens völkerrechtlich gebunden[573]. Eine Ausnahme hierzu ist nur bei einer den Drittstaaten offenkundigen Differenzierung der Verbindlichkeiten gemäß der internen Kompetenzverteilung denkbar, so dass jeder in einem solchen Fall nur für seinen Bereich alternativ an das gemischte Abkommen gebunden wäre. Allein so könnte dann auch der Umfang der Haftung eingeschränkt werden[574]. Da letzteres in der Praxis bekanntermaßen höchst selten der Fall ist, kann davon ausgegangen werden, dass sich die EG und die Mitgliedstaaten durch das gemischte Abkommen in vollem Umfang völkerrechtlich verpflichten. Damit haften dann die Gemeinschaft und die Mitgliedstaaten den Drittstaaten für die Einhaltung des gesamten Vertragsinhalts als Gesamtschuldner[575]. Dies hat weiter zur Folge, dass sich der dritte Vertragspartner an die Gemeinschaft oder an die Mitgliedstaaten wenden kann[576]. Hierbei ist es nicht möglich, ihm den Einwand entgegenzuhalten, der jeweils andere sei zuständig.

Krück geht davon aus, dass die Vertragspartner durch den Abschluss eines gemischten Vertrags konkludent die grundsätzliche Kompetenzbeschränkung der Gemeinschaft anerkannt hätten und sich die Vertragspartner deshalb nur subsidiär auf die Verpflichtungen der Gemeinschaft berufen könnten[577]. Dem wird aber mit Recht entgegenhalten, dass dies den Vertragspartnern die genaue

---

573 3.Teil, B II 1.

574 *Stein*, Der gemischte Vertrag, S. 161 ff.; *Tomuschat*, Liabilitiy for Mixed Agreements, in: O'Keeffe/Schermers, Mixed Agreements, S. 125 (128); a.A. *Balekjian*, Mixed Agreements: Complementary and Concurrent Competences?, in: O'Keeffe/Schermers, Mixed Agreements, S. 141 (143 f.); *Pitschas*, Die völkerrechtliche Verantwortlichkeit der Europäischen Gemeinschaft und ihrer Mitgliedstaaten, S. 244.

575 *Flemisch*, Umfang der Berechtigungen und Verpflichtungen aus völkerrechtlichen Verträgen, S. 37; *Stein*, Der gemischte Vertrag, S. 160 f.; a.A. *Pitschas*, Die völkerrechtliche Verantwortlichkeit der Europäischen Gemeinschaft und ihrer Mitgliedstaaten, S. 240 ff., 257 f.

576 Im Ergebnis so auch *Pitschas*, Die völkerrechtliche Verantwortlichkeit der Europäischen Gemeinschaft und ihrer Mitgliedstaaten, S. 242 f., 257 f., wobei damit lediglich eine Pflicht zur gemeinschaftsinternen Zuständigkeitsabstimmung verbunden ist, sog. „verfahrensrechtlichen Lösung''.

577 *Krück*, Völkerrechtliche Verträge im Recht der Europäischen Gemeinschaften, S. 142.

Kenntnis der Kompetenzverteilung zwischen der Gemeinschaft und den Mitgliedstaaten zumuten würde[578].

Darüber hinaus wird einer gesamtschuldnerischen Haftungsverpflichtung von Gemeinschaft und Mitgliedstaaten entgegengehalten, dass sie nicht mit dem Prinzip der Kompetenztrennung und dem Grundsatz der Kongruenz von Handlungskompetenzen und Handlungsverpflichtung vereinbar wäre[579]. In der Tat übersteigt bei gemischten Abkommen jeweils der Umfang der zu übernehmenden Verpflichtungen die Kompetenzen der Gemeinschaft und ihrer Mitgliedstaaten. Allerdings muss unter gegebenen Umständen die Schutzbedürftigkeit der dritten Vertragspartner überwiegen. Zum einen ist für die Drittstaaten die gemeinschaftsinterne Zuständigkeitsverteilung nämlich nicht ohne weiteres erkennbar[580]. Es ist ihnen auch nicht zuzumuten, sich Informationen diesbezüglich zu beschaffen. Zum anderen werden gemischte Übereinkommen häufig gerade deshalb geschlossen, damit den dritten Vertragspartnern für jeden denkbaren Fall einer Vertragsstörung ein jeweils kompetenter Anspruchsgegner gegenübersteht[581]. Aus diesen Gründen muss von einer gemeinsamen Haftung der Gemeinschaft und der Mitgliedstaaten für den gesamten gemischten Vertrag ausgegangen werden. Zudem gilt völkerrechtlich der Grundsatz der gleichen Bindung aller Vertragsparteien an die von ihnen geschlossenen Übereinkommen, solange nicht durch eine völkerrechtliche Spezialregelung davon abgewichen wird[582]. Dass eine derartige Ausnahmeregelung besteht, ist nicht ersichtlich.

Ganz im Sinne einer umfassenden völkerrechtlichen Haftung der EG und ihrer Mitgliedstaaten äußerte sich auch Generalanwalt *Tesauro* in der *Hermès*-Entscheidung hinsichtlich der WTO Abkommen: „ [...] die Mitgliedstaaten und die Gemeinschaft [sind] im Verhältnis zu anderen Vertragsstaaten eine einzige Vertragspartei oder zumindest Vertragsparteien, die für etwaige Verletzungen in gleicher Weise verantwortlich sind. Die offensichtliche Konsequenz ist, dass in solchen Fällen die Aufteilung der Zuständigkeiten lediglich interne Bedeutung hat''[583].

578 *Oehmichen*, Die unmittelbare Anwendbarkeit der völkerrechtlichen Verträge der EG, S. 101; auch *Pitschas* erkennt diese Problem an und kommt deshalb zu der „verfahrensrechtlichen Lösung'', *Pitschas*, Die völkerrechtliche Verantwortlichkeit der Europäischen Gemeinschaft und ihrer Mitgliedstaaten, S. 242 f., 257 f.

579 *Conze*, Die völkerrechtliche Haftung der EG, S. 74 ff. (82).

580 *Flemisch*, Umfang der Berechtigungen und Verpflichtungen aus völkerrechtlichen Verträgen, S. 38.

581 *Vedder*, in: Grabitz/Hilf, EWGV, Art. 228 Rdn. 23 EG, der sogar von einer „Garantiehaftung'' spricht.

582 *Bleckmann*, Der Gemischte Vertrag im Europarecht, EuR 1976, 301 (303); *Dauses*, Die Beteiligung der EG an multilateralen Völkerrechtsübereinkommen, EuR 1979, 152 (148).

583 Schlussanträge des GA *Tesauro*, EuGH, Rs. C-53/96 (Hermès), Slg. 1998, I-3603, Rdn. 14; s. auch Rdn. 18 mit Verweis auf die Äußerung der Gerichtshofs und des GA in der Angelegenheit Demirel, EuGH, Rs. 12/86 (Demirel), Slg. 1987, 3719, Rdn. 9 ff.

Abschließend kann festgehalten werden, dass die Gemeinschaft trotz ihrer partiell fehlenden völkerrechtlichen Rechts- und Handlungsfähigkeit eine umfassende internationale Verantwortlichkeit für die Nichterfüllung oder sonstige Vertragsverletzungen trifft[584]. Aber auch die Mitgliedstaaten haften neben der Gemeinschaft den Drittstaaten gegenüber dem gesamten Vertragsinhalte nach als Gesamtschuldner.

Die bei gemischten Abkommen konkurrierenden Haftungsverpflichtungen von Gemeinschaft und Mitgliedstaaten führen zu folgendem Ergebnis: Die Gemeinschaft muss für Vertragsverletzungen einzelner Mitgliedstaaten einstehen, auch wenn sie sich selbst vertragsgemäß verhält. Gleichzeitig kann jeder Mitgliedstaat, der seinerseits die Abkommen einhält, in Anspruch genommen werden, wenn die Gemeinschaft oder ein anderer Mitgliedstaat einen Verstoß begeht. Der Grund dieser Lösung liegt darin, dass sowohl die Mitgliedstaaten als auch die EG für Verpflichtungen verantwortlich sind, die in dem nicht in ihre jeweilige Zuständigkeit fallenden Teil des Übereinkommens wurzeln.

Angesichts dieser Situation ist die Idee entstanden, das beiderseitig bei gemischten Abkommen vorhandene Haftungsrisiko durch eine einheitliche Auslegung aller Normen gemischter Abkommen zu beseitigen oder zumindest soweit wie möglich zu verringern.

III. Verringerung des beiderseitigen Haftungsrisikos durch einheitliche Auslegung

Aus der umfassenden völkerrechtlichen Haftung der Gemeinschaft wird sehr häufig das Erfordernis einer einheitlichen Anwendung und Auslegung gemischter Abkommen abgeleitet[585]. Die Gemeinschaft habe nämlich ein schutzwürdiges Interesse daran, nicht für die Zuwiderhandlungen der Mitgliedstaaten zur Verantwortung gezogen zu werden. Eine Vorabentscheidung des Gerichtshofs durch eine für die Mitgliedstaaten verbindliche Auslegung beuge einer Haftung der Gemeinschaft für mitgliedstaatliche Verstöße gegen das gemischte Abkommen wirksam vor[586].

584 *Schmalenbach*, in: Calliess/Ruffert, EUV/EGV, Art. 300 Rdn. 26 EG.

585 *Flemisch*, Umfang der Berechtigungen und Verpflichtungen aus völkerrechtlichen Verträgen, S. 241 f.; *Groh/Wündisch*, Die EG und TRIPs, 497 (500 f.); *Hermes*, TRIPS im Gemeinschaftsrecht, S. 98; *Hilf*, Die Anwendung des GATT im deutschen Recht, in: Hilf/Petersmann, GATT und EG, S. 13 (32); *Hilpold*, Die EU im GATT/WTO-System, S. 64; *Oehmichen*, Die unmittelbare Anwendbarkeit der völkerrechtlichen Verträge der EG, S. 77; *Ott*, GATT und WTO im Gemeinschaftsrecht, S. 217; *Neuwahl*, Mixed Agreements, CMLRev. 1991, 717 (733 ff.); *Nolte*, Anmerkung zur Rechtssache 12/86, CMLRev. 1988, 403 (408 f.).

586 In diesem Sinne auch Schlussanträge des GA *Tesauro*, EuGH, Rs. C-53/96 (Hermès), Slg. 1998, I-3603, Rdn. 20.

Diese Argumentation ist insofern nachvollziehbar, als es aller Wahrscheinlichkeit nach zu mehreren, im Höchstfall 26 verschiedenen Auslegungsversionen kommen wird, wenn die den Mitgliedstaaten verbliebenen Teilbereiche eines gemischten Abkommens von den jeweiligen nationalen Gerichten selbstständig ausgelegt werden. Die divergierenden nationalen Auslegungsentscheidungen entfalten dann wieder Auswirkungen auf die Rechtsstellung der Gemeinschaft gegenüber den dritten Vertragspartnern des gemischten Abkommens. Um eine völkerrechtliche Haftung der Gemeinschaft zu vermeiden, scheint es nahe liegend, die Lösung des Problems in einer einheitlichen Auslegung durch den EuGH zu sehen.

Zu Recht merkt allerdings *Kreibich* an, dass Auslegungsdifferenzen des Übereinkommens nicht notwendigerweise eine Nichterfüllung der vertraglichen Verpflichtungen bedeuten[587]. In den seltensten Fällen werden Auslegungsunterschiede eine gesamtschuldnerische Haftung der Gemeinschaft begründen. Dies darf aber gleichzeitig nicht darüber hinwegtäuschen, dass durch unterschiedliche Auslegungen des Abkommens das Risiko einer Vertragsverletzung und damit die Wahrscheinlichkeit einer völkerrechtlichen Inanspruchnahme zunehmen.

Durch die umfassende Inanspruchnahme der EG oder der Mitgliedstaaten durch dritte Vertragspartner bei einer Vertragsverletzung durch ein Gemeinschaftsorgan oder durch einen anderen Mitgliedstaat wächst das Bedürfnis nach einer einheitlichen Auslegung aller Bestimmungen gemischter Abkommen. Mittels einer einheitlichen Auslegung dürfte dieses Haftungsrisiko der EG am ehesten abgemildert werden. Aber nicht nur das Risiko einer gemeinschaftsrechtlichen Inanspruchnahme kann dadurch reduziert werden, sondern auch das Haftungsrisiko der Mitgliedstaaten[588].

Allein um die Gefahr einer unterschiedlichen Auslegung durch die verschiedenen Mitgliedstaaten zu bannen und so das erhöhte Risiko einer Vertragsverletzung durch unterschiedliche voneinander abweichende Auslegungsvarianten zu verringern, sollte demnach der Gemeinschaft und den Mitgliedstaaten sehr viel an einer einheitlichen Auslegung der Normen gemischter Abkommen gelegen sein. Eine einheitliche Auslegung kann in der Tat einzig der EuGH gewährleisten. Dieser müsste in letzter Konsequenz dann auch die Normen auslegen dürfen, die den ausschließlichen mitgliedstaatlichen Kompetenzbereichen angehören.

In diesem Zusammenhang muss aber die Frage aufgeworfen werden, ob das verständliche Interesse der EG und der Mitgliedstaaten an einer einheitlichen Auslegung dazu führen darf, die vorhandenen Kompetenzgrenzen zu missachten. Es bleibt eine unbestreitbare Tatsache, dass die Annahme einer umfassenden Auslegungszuständigkeit des EuGH für sämtliche Normen

587 *Kreibich*, Das TRIPs-Abkommen in der Gemeinschaftsordnung, S. 122.

588 Ein mitgliedstaatliches Interesse ist lediglich von *Groh/Wündisch*, Die EG und TRIPs, 497 (500 f.) und *Kreibich*, Das TRIPs-Abkommen in der Gemeinschaftsordnung, S. 122 erkannt worden.

gemischter Verträge zu einer Verschiebung der Kompetenzbereiche führt. Eine umfassende Haftung sowohl der Gemeinschaft als auch der Mitgliedstaaten kann allein keinen rechtlichen Grund für die Annahme einer umfassenden Auslegungskompetenz des EuGH darstellen zumal Auslegungsunterschiede in den seltensten Fällen zu Vertragsverletzungen und damit zur völkerrechtlichen Inanspruchnahme führen werden. Auch ein bloßes Interesse an einer einheitlichen Auslegung, um so das beiderseitige Haftungsrisiko zu verringern, vermag nicht dazu zu führen, die rechtlichen Gegebenheiten - nämlich dass der EuGH nur beschränkt auslegungsberechtigt ist - außer Kraft zu setzen. Bloße Praktikabilitätserwägungen geben keinen Rechtfertigungsgrund für eine Missachtung der Rechtslage ab. Sollte das Interesse der EG und der Mitgliedstaaten an einer einheitlichen Auslegung gemischter Abkommen tatsächlich so groß sein, sind sie nicht daran gehindert, für ihre Anliegen eine rechtliche Grundlage zu schaffen. Allein ein durchaus berechtigtes Interesse genügt nicht, um daraus eine Auslegungskompetenz des EuGH abzuleiten.

IV. Ergebnis

Eine Fragmentarisierung der Auslegungszuständigkeit für gemischte Abkommen zwischen der Gemeinschaft und den Mitgliedstaaten hätte sicherlich ein erhöhtes Risiko von Abkommensverletzungen zur Folge, die zu einer völkerrechtlich Haftung führen könnten. Dies allein reicht aber nicht dazu aus, dass die Mitgliedstaaten eine umfassende Auslegungszuständigkeit des Gerichtshofs akzeptieren müssen, zumal die Wahrscheinlichkeit, dass Auslegungsdifferenzen tatsächlich zur einer völkerrechtlichen Inanspruchnahme führen, sehr gering ist.

D. Kooperationspflichten

Zur Begründung einer mitgliedstaatlichen Pflicht, die Gemeinschaft vor einer völkerrechtlichen Inanspruchnahme zu schützen und so eine einheitliche Auslegung aller Normen gemischter Übereinkommen hinzunehmen, könnten aber möglicherweise die insbesondere bei gemischten Verträgen bestehenden Pflichten zur Zusammenarbeit herangezogen werden. So hat der Gerichtshof in mehreren Entscheidungen zu völkerrechtlichen Verträgen und insbesondere zu gemischten Übereinkommen immer wieder die Pflichten zur Zusammenarbeit betont[589].

Gerade im Umgang mit gemischten Abkommen kann eine Kooperationspflicht der Mitgliedstaaten gegenüber der Gemeinschaft besteht, die so weit

589 EuGH, Rs. 12/86 (Demirel), Slg. 1987, 3719 ; EuGH, Beschluß 1/78 (Objektschutz), Slg. 1978, 2151; EuGH, Gutachten 2/91 (ILO), Slg. 1993, I-1061; EuGH, Gutachten 1/94 (WTO), Slg. 1994, I-5267; EuGH, verb. Rs. C-300 und 392/98 (Dior und Assco), Slg. 2000, I-11307.

reicht, dass die Mitgliedstaaten eine umfassende Auslegungszuständigkeit des EuGH akzeptieren müssen.

I. Allgemein

Zwischen der EG und den Mitgliedstaaten bestehen bereits allgemeine, vertraglich normierte Kooperationspflichten.

1. Art. 10 EG

Eine vertragliche Grundlage für eine Pflicht zu kooperierendem Zusammenwirken zwischen der Gemeinschaft und den Mitgliedstaaten ist in Art. 10 EG zu finden. Art. 10 EG normiert die allgemeine Pflicht der Mitgliedstaaten, die Bestimmungen des Gemeinschaftsvertrags zu erfüllen.

a. Grundsätzliches

Art. 10 EG ist Ausdruck eines allgemeinen Rechtsgrundsatzes, der in Anlehnung an bundesstaatliche Vorbilder vielfach als „Gemeinschaftstreue'' bezeichnet wird[590]. Der Gerichtshof selbst spricht meist neutraler von „Pflichten zur loyalen Zusammenarbeit''[591]. Zunächst wurde Art. 10 EG als lediglich unverbindliche Wiederholung des auch für die Gründungsverträge geltenden völkerrechtlichen Grundsatzes *pacta sunt servanda* verstanden. Mittlerweile ist jedoch anerkannt, dass seine Reichweite stark darüber hinausgeht[592].

Das Loyalitäts- oder Gemeinschaftstreuegebot verpflichtet die Mitgliedstaaten dazu, alles zur Erfüllung ihrer primär- und sekundärrechtlichen Verpflichtungen zu tun, um die Wirksamkeit des Gemeinschaftsrechts zu gewährleisten, sowie

---

590 *Von Bogdandy*, in: Grabitz/Hilf, EU/EGV, Art. 10 Rdn. 3, 6 EG; *Hatje*, in: Schwarze, EU-Kommentar, Art, 10 Rdn. 1, 4 EG; *Zuleeg*, in: von der Groeben/Schwarze, EU/EGV, Art. 10 Rdn. 1 ff. EG; *Bleckmann*, Europarecht, Rdn. 697 ff.; *ders.*, Art. 5 EGV-Vertrag und die Gemeinschaftstreue, DVBl. 1976, 483 (486 ff.); *Lück*; Die Gemeinschaftstreue als allgemeines Rechtsprinzip im Recht der EG, S. 22 ff., 103 ff., 139 ff.; *Streinz*, Europarecht, Rdn. 143; *Unruh*, Die Unionstreue, EuR 2002, 41 ff.; vgl. auch BVerfGE 75, 223 (237); 89, 155 (202); Schlussanträge des GA *Darmon*, EuGH, Rs. 190/87 (Moormann), Slg. 1988, 4689, Rdn. 22; a.A. *Constantinesco*, Das Recht der Europäischen Gemeinschaften, S. 295; *Oppermann*, Europarecht, Rdn. 1046.

591 EuGH, Rs. C-230/81 (Luxemburg/EP), Slg. 1983, 255, Rdn. 37; EuGH, Rs. C-240/86 (Kommission/Griechenland), Slg. 1988, 1835, Rdn. 27; EuGH, verb. Rs. C-358/85 und 51/86 (Frankreich/Parlament), Slg. 1988, 4821, Rdn. 34; EuGH, Rs. C-217/88 (Kommission/Dt.), Slg. 1990, I-2879, Rdn. 33; EuGH, Rs. C-264/96 (ICI), Slg. 1998, I-4695, Rdn. 31.

592 EuGH, Rs. 78/70 (Dt. Grammophon), Slg. 1971, 487, Rdn. 5; *Hatje*, in: Schwarze, EU-Kommentar, Art, 10 Rdn. 1 EG; *Lenz*, in: Lenz/Borchardt, EU/EGV, Art. 10 Rdn. 1 EG; *Wuermeling*, Kooperatives Gemeinschaftsrecht, S. 187 f.; *Bleckmann*, Art. 5 EGV-Vertrag und die Gemeinschaftstreue, DVBl. 1976, 483 (483 f.).

alles zu unterlassen, was die Verwirklichung der Vertragsziele gefährden könnte[593]. Der konkrete Inhalt dieser Verpflichtung bestimmt sich im Einzelfall nach den jeweiligen Vorschriften des Vertrags oder den aus dessen Gesamtdynamik ableitbaren Regeln[594].

Ziel der Norm ist die Gewährleistung einer funktionsfähigen Gemeinschaft. Diese besitzt zwar eine Eigenständigkeit und setzt autonomes Recht, ihre Aufgaben kann sie aber ohne die Unterstützung der Mitgliedstaaten nicht erfüllen[595]. Die Verflechtung von europäischem und innerstaatlichem Recht sowie die Aufgabenteilung zwischen gemeinschaftlichen und nationalen Organen können Konflikte verursachen. Dieses Konfliktpotential kann unter Zuhilfenahme insbesondere der Prinzipien gelöst werden, die der EuGH aus Art. 10 EG abgeleitet und entwickelt hat[596]. So sind ergänzende Grundsätze des Gemeinschaftsrechts wie der Vorrang des Gemeinschaftsrechts[597], die unmittelbare Wirksamkeit von Richtlinien[598] oder das Erfordernis gemeinschaftsfreundlicher Auslegung des nationalen Rechts[599] auf Art. 10 EG gestützt worden. Insofern geht der Inhalt der Gemeinschaftstreue über den Wortlaut des Art. 10 EG deutlich hinaus. Art. 10 EG erlaubt die richterliche Rechtsfortbildung im Verhältnis zwischen der Gemeinschaft und den Mitgliedstaaten, wodurch die Norm eine konstitutive Bedeutung erlangt[600]. Allerdings begründet die Norm keine Pflichten außerhalb des Anwendungsbereichs des EG-Vertrags[601].

Art. 10 EG nennt ausdrücklich nur die Mitgliedstaaten als Adressaten. Der Norm liegt jedoch das Prinzip der loyalen Zusammenarbeit zugrunde, so dass auch die Gemeinschaftsorgane gegenüber den Mitgliedstaaten zur Loyalität verpflichtet sind[602]. Die Gemeinschaft muss auf legitime Interessen der Mitglied-

593 *Schweitzer/Hummer*, Europarecht, Rdn. 1045.

594 EuGH, Rs. 2/73 (Geddo), Slg. 1973, 865, 878.

595 *Von Bogdandy*, in: Grabitz/Hilf, EU/EGV, Art. 10 Rdn. 1, 6 ff. EG; *Hatje*, in: Schwarze, EU-Kommentar, Art, 10 Rdn. 2 EG.

596 *Hatje*, in: Schwarze, EU-Kommentar, Art, 10 Rdn. 3 EG.

597 EuGH, Rs. 6/64 (Costa/E.N.E.L.), Slg. 1964, 1251, 1269 f.

598 EuGH, Rs. 148/78 (Ratti), Slg. 1979, 1629, Rdn. 20 ff.; EuGH, Rs. 41/74 (Van Duyn), Slg. 1974, 1337, Rdn. 12; EuGH, Rs. 8/81 (Becker), Slg. 1982, 53, Rdn. 23.

599 EuGH, Rs. 14/83 (von Colson und Kamann), Slg. 1984, 1891, Rdn. 26; EuGH, Rs. C-106/89 (Marleasing), Slg. 1990, I-4135, Rdn. 8; EuGH, Rs. C-91/92 (Faccini Dori), Slg. 1994, I-3325, Rdn. 22 ff.; EuGH, Rs. C-54/96 (Dorsch), Slg. 1997, I-4961, Rdn. 43.

600 *Von Bogdandy*, in: Grabitz/Hilf, EU/EGV, Art. 10 Rdn. 2 EG.

601 Ebenda, Rdn. 14 EG.

602 EuGH, Rs. C-230/81 (Luxemburg/EP), Slg. 1983, 255, Rdn. 37; EuGH, Rs. C-2/88 (Zwartveld), Slg. 1990, I-3365, Rdn. 17; EuGH, Rs. C-350/93 (Kommission/Italien), Slg. 1995, I-699, Rdn. 16; *von Bogdandy*, in: Grabitz/Hilf, EU/EGV, Art. 10 Rdn. 24, 79 ff. EG.

staaten Rücksicht nehmen[603]. Darüber hinaus bestehen auch Pflichten für die Mitgliedstaaten zur loyalen Zusammenarbeit untereinander, soweit sie im Geltungsbereich der Gemeinschaftstreue tätig werden[604]. Aber auch die Organe der Gemeinschaft selbst sind von Art. 10 EG betroffen[605].

Die allgemeine Loyalitätspflicht ist in zahlreichen Vertragsnormen - wie z.B. in den Art. 86 Abs. 1, 97, 228, 234, 249 Abs. 3, 280 Abs. 2, 307 EG - näher konkretisiert. In diesen Fällen findet Art. 10 EG als *lex generalis* nur subsidiär Anwendung[606]. Da die Norm den Mitgliedstaaten einen weiten Ermessensspielraum bezüglich der Art und Weise der Pflichterfüllung belässt, entfaltet sie grundsätzlich keine unmittelbare Wirkung[607]. Ingesamt sind die Mitgliedstaaten und die Gemeinschaft dazu verpflichtet, redlich zusammenzuwirken, um sämtliche Schwierigkeiten zu überwinden[608].

b. Prinzip der einheitlichen Geltung und Anwendung des Gemeinschaftsrechts

Das Gebot zur Gemeinschaftstreue gewährleistet also die Wirksamkeit und Funktionsfähigkeit der Gemeinschaft. Die Sicherung der Funktionsfähigkeit der EG als Rechtsgemeinschaft verlangt wiederum eine effektive und einheitliche Geltung und Anwendung des Gemeinschaftsrechts in allen Mitgliedstaaten[609]. Dieses fundamentale Prinzip liegt Art. 10 EG zugrunde[610] und ist Ausdruck der Rechtsgleichheit des Gemeinschaftsrechts[611]. Das Gemeinschaftsrecht kann nur Anerkennung verlangen, wenn alle Unionsbürger hinreichend Gewissheit haben, dass es in allen Mitgliedstaaten einheitlich mit einem hohen Grad an Wahrscheinlichkeit durchgesetzt wird[612]. Somit dient das Prinzip der einheitlichen

---

603 *Kahl*, in: Calliess/Ruffert, EUV/EGV, Art. 10 Rdn. 50 ff. EG; *Schweitzer/Hummer*, Europarecht, Rdn. 1047; *Stein*, Der gemischte Vertrag, S. 147; *Streinz*, Europarecht, Rdn. 142.

604 EuGH, Rs. 42/82 (Kommission/Frankreich), Slg. 1983, 1013, Rdn. 36; EuGH, Rs. C-186/91 (Kommission/Belgien), Slg. 1993, I-851, Rdn. 3; *Kahl*, in: Calliess/Ruffert, EUV/EGV, Art. 10 Rdn. 14, 53 ff.; *Schweitzer/Hummer*, Europarecht, Rdn. 1049.

605 *Kahl*, in: Calliess/Ruffert, EUV/EGV, Art. 10 Rdn. 56 EG.

606 *Geiger*, EU/EGV, Art. 10 Rdn. 6 EG; *Kahl*, in: Calliess/Ruffert, EUV/EGV, Art. 10 Rdn. 18 EG; *Schweitzer/Hummer*, Europarecht, Rdn. 1052.

607 EuGH, Rs. 50/76 (Amsterdam Bulb), Slg. 1977, 137, Rdn. 32; *von Bogdandy*, in: Grabitz/Hilf, EU/EGV, Art. 10 Rdn. 27 EG; *Hatje*, in: Schwarze, EU-Kommentar, Art, 10 Rdn. 6 EG; Ausnahmesituationen s. dazu *Kahl*, in: Calliess/Ruffert, EUV/EGV, Art. 10 Rdn. 15 EG.

608 EuGH, Rs. 94/87 (Kommission/Dt.), Slg. 1989, 175, 192; *Geiger*, EU/EGV, Art. 10 Rdn. 7 EG; *Zuleeg*, in: von der Groeben/Schwarze, EU/EGV, Art. 10 Rdn. 11 EG.

609 *Hatje*, in: Schwarze, EU-Kommentar, Art, 10 Rdn. 8 EG.

610 EuGH, Rs. 6/64 (Costa/E.N.E.L.), Slg. 1964, 1251, 1270.

611 EuGH, Rs. 94/71 (Schlüter), Slg. 1972, 307, Rdn. 11; EuGH, Rs. 265/78 (Ferwerda), Slg. 1980, 617, Rdn. 8; *Hatje*, in: Schwarze, EU-Kommentar, Art, 10 Rdn. 9 EG.

612 *Von Bogdandy*, in: Grabitz/Hilf, EU/EGV, Art. 10 Rdn. 7 EG.

Geltung und Anwendung des Gemeinschaftsrechts der Schaffung eines einheitlichen europäischen Rechtsraumes. Es endet mit dem Geltungsanspruch des Gemeinschaftsrechts[613].

c. Pflichten zur loyalen Zusammenarbeit

Die einheitliche Anwendung des Gemeinschaftsrechts wiederum setzt eine loyale Zusammenarbeit der einzelnen Beziehungsebenen innerhalb der Gemeinschaft voraus. Daraus ergeben sich im Einzelnen konkrete und gegenseitige Pflichten zwischen den Mitgliedstaaten und der Gemeinschaft.

aa. Allgemein

Zum einen haben die Mitgliedstaaten gegenüber der EG Pflichten zur loyalen Zusammenarbeit. Zum anderen sind aber auch die Gemeinschaftsorgane gegenüber den Mitgliedstaaten zur Beachtung gewisser Verhaltensweisen verpflichtet.

i. Pflichten der Mitgliedstaaten gegenüber der Gemeinschaft

Nach Art. 10 Abs. 1 EG müssen die Mitgliedstaaten alle geeigneten Maßnahmen allgemeiner oder besonderer Art treffen, um die Verpflichtungen zu erfüllen, die sich aus dem Vertrag oder aus Handlungen der Organe der Gemeinschaft ergeben. Darüber hinaus sind sie gemäß Abs. 1 S. 2 verpflichtet, der Gemeinschaft generell die Erfüllung ihrer Aufgaben zu erleichtern. Damit beinhaltet Art. 10 Abs. 1 EG zwei Handlungspflichten der Mitgliedstaaten, und zwar eine Vertragserfüllungspflicht in S. 1 und eine darauf aufbauende Unterstützungspflicht in S. 2. Art. 10 Abs. 2 EG normiert hingegen eine Unterlassungspflicht, nach der die Mitgliedstaaten in allen ihren Handlungen jede Gefährdung der Verwirklichung der Vertragsziele unterlassen müssen. Insgesamt sind diese Handlungs-, Förderungs- und Unterlassungspflichten in ihren jeweiligen Ausprägungen von der Exekutive, Legislative und Judikative zu beachten[614].

Im Rahmen der Handlungspflichten sind eine Reihe von allgemeinen Grundsätzen entwickelt worden, welche die einheitliche Anwendung des Gemeinschaftsrechts sichern sollen. So ist es den Mitgliedstaaten z.B. untersagt, die Verwirklichung des Gemeinschaftsrechts praktisch unmöglich zu machen[615]. Neben diesem Vereitelungsverbot müssen die Mitgliedstaaten dem Gemeinschaftsrecht im innerstaatlichen Rechtsraum unmittelbare Wirkung verschaffen[616]. Zudem ist dem Gemeinschaftsrecht Vorrang vor kollidierendem

613 Ebenda, Rdn. 11 EG.

614 *Hatje*, in: Schwarze, EU-Kommentar, Art, 10 Rdn. 32 ff. EG.

615 *Hatje*, in: Schwarze, EU-Kommentar, Art, 10 Rdn. 16 EG.

616 *Geiger*, EU/EGV, Art. 10 Rdn. 18 ff.; *Hatje*, in: Schwarze, EU-Kommentar, Art, 10 Rdn. 17 ff. EG.

nationalen Recht zu gewähren[617]. Ebenso ist das nationale Recht so weit wie möglich in Übereinstimmung mit dem Gemeinschaftsrecht auszulegen[618]. Der wichtigste Anwendungsfall hiervon ist der der richtlinienkonformen Auslegung, aber auch andere Fälle der gemeinschaftsrechtskonformen Interpretation des nationalen Rechts fallen hierunter[619].

Daneben sind die Mitgliedstaaten nach Art. 10 Abs. 1 S. 2 EG zur Förderung der Gemeinschaftstätigkeit angehalten. Ein solcher Fall ist dann gegeben, wenn die Anstrengungen der Gemeinschaftsorgane dank der Unterstützung der Mitgliedstaaten geringer ausfallen als ohne deren Mithilfe[620].

Der Inhalt der Unterlassungspflichten ist vom EuGH dahingehend beschrieben worden, dass die Mitgliedstaaten durch ihre nationalen Rechtsvorschriften nicht die uneingeschränkte und einheitliche Anwendung des Gemeinschaftsrechts und die Wirksamkeit der zu dessen Vollzug ergangenen oder zu treffenden Maßnahmen beeinträchtigen oder ausschalten dürfen[621]. Dazu gehören insbesondere die Wahrung der materiellen Tragweite gemeinschaftlicher Regelungen und der Schutz der gemeinschaftlichen Organ- und Finanzautonomie[622].

ii. Pflichten der Gemeinschaft gegenüber den Mitgliedstaaten

Natürlich muss auch die Gemeinschaft den Grundsatz der loyalen Zusammenarbeit gegenüber den Mitgliedstaaten beachten[623]. Generell hat die Gemeinschaft die nationale Identität der Mitgliedstaaten zu achten[624]. Die Gemeinschaftsorgane müssen bei Ausübung ihrer Kompetenzen die Wirkungen auf mitgliedstaatliche Zuständigkeiten bedenken, woraus sich Unterlassenspflichten ergeben können[625]. Diese Ausprägung der Gemeinschaftstreue dient wiederum dem Zweck, die Funktionsfähigkeit der Gemeinschaft zu erhalten und zu fördern.

---

617 *Geiger*, EU/EGV, Art. 10 Rdn. 27 ff.; *Hatje*, in: Schwarze, EU-Kommentar, Art, 10 Rdn. 20 ff. EG.

618 *Geiger*, EU/EGV, Art. 10 Rdn. 4; *Hatje*, in: Schwarze, EU-Kommentar, Art, 10 Rdn. 27 ff. EG.

619 Z.B. eine TRIPs-konforme Auslegung in EuGH, verb. Rs. C-300 und 392/98 (Dior und Assco), Slg. 2000, I-11307, Rdn. 47, 49.; *von Bogdandy*, in: Grabitz/Hilf, EU/EGV, Art. 10 Rdn. 55 EG.

620 EuGH, Rs. C-240/86 (Kommission/Griechenland), Slg. 1988, 1835, Rdn. 26 f.; *Hatje*, in: Schwarze, EU-Kommentar, Art, 10 Rdn. 43 EG.

621 EuGH, Rs. 229/83 (Leclerc), Slg. 1985, 1, Rdn. 14; EuGH, Rs. 13/77 (INNO/ATAB), Slg. 1977, 2115, Rdn. 30/35; *Hatje*, in: Schwarze, EU-Kommentar, Art, 10 Rdn. 47 EG.

622 *Hatje*, in: Schwarze, EU-Kommentar, Art, 10 Rdn. 48 f. EG.

623 EuGH, Rs. C-230/81 (Luxemburg/EP), Slg. 1983, 255, Rdn. 37; EuGH, Rs. C-2/88 (Zwartveld), Slg. 1990, I-3365, Rdn. 17.

624 Siehe auch Art. 6 Abs. 3 EU; dazu *Puttler*, in: Calliess/Ruffert, EUV/EGV, Art. 6 Rdn. 191/192 EU.

625 EuGH, verb. Rs. 358/85 und 51/86 (Frk./Parlament), Slg. 1988, 4821, Rdn. 34 f.; EuGH, verb. Rs. 213/88 und 39/89 (Luxemburg/Parlament), Slg. 1991, I-5643, Rdn. 29; *Hatje*, in: Schwarze, EU-Kommentar, Art, 10 Rdn. 52 EG.

bb. Pflichten bei der Kompetenzwahrnehmung

Die eben erwähnten Rechtspflichten des Art. 10 EG sind besonders im Zusammenhang mit der Kompetenzwahrnehmung zu beachten[626].

Das Aufeinandertreffen verschiedener Kompetenzträger erfordert die Einhaltung bestimmter Regeln, die eventuelle Konflikte im Sinne der Funktionsfähigkeit des Gesamtsystems lösen[627]. So kann auf Basis des Art. 10 EG das Gebrauchmachen von mitgliedstaatlichen Kompetenzen zugunsten einer effektiven Ausübung von Gemeinschaftskompetenzen beschränkt werden.

Im Fall ausschließlicher Gemeinschaftskompetenzen ist es den Mitgliedstaaten nicht erlaubt, nationale Maßnahmen zu ergreifen[628]. In den Bereichen konkurrierender Kompetenzen können die Mitgliedstaaten Maßnahmen erlassen, solange die Gemeinschaft von ihren Rechtsetzungskompetenzen noch keinen erschöpfenden Gebrauch gemacht hat. Aus Art. 10 EG ergibt sich lediglich, dass die Mitgliedstaaten zur Mitwirkung bei der Verwirklichung der Ziele des EG-Vertrags durch die Gemeinschaftsorgane verpflichtet sind. Somit können aus dieser allgemeinen Verpflichtung bei konkurrierenden Kompetenzen angesichts deren vagen normativen Rahmens kaum mitgliedstaatliche Pflichten hergeleitet werden[629]. Aus Art. 10 EG können aber dann umfangreiche Pflichten abgeleitet werden, sobald die konkurrierende Kompetenz ab einem gewissen Zeitpunkt in eine ausschließliche Kompetenz übergegangen ist, und die Mitgliedstaaten nur noch übergangsweise zuständig sind[630]. In dieser Situation entsteht ein konkreter normativer Maßstab für die zu bestimmenden Pflichten aus Art. 10 EG dadurch, dass die spätere Regelungspflicht der Gemeinschaft feststeht.

Soweit konkurrierende Kompetenzen zu ausschließlichen anwachsen, liegen gerade im Bereich des völkerrechtlichen Handelns folgende Verpflichtungen vor[631]: Zunächst besteht eine Koordinierungspflicht[632], wonach die Mitgliedstaaten aus Art. 10 Abs. 1 EG zu einem mit der Gemeinschaft gemeinsamen und abgestimmten völkerrechtlichen Vorgehen verpflichtet sind. Aus Art. 10 Abs. 2 EG folgt desweiteren ein Beeinträchtigungsverbot, d.h. von den

626 *Von Bogdandy*, in: Grabitz/Hilf, EU/EGV, Art. 10 Rdn. 2 EG; *Hatje*, in: Schwarze, EU-Kommentar, Art, 10 Rdn. 3 EG.

627 *Von Bogdandy*, in: Grabitz/Hilf, EU/EGV, Art. 10 Rdn. 67 EG.

628 EuGH, Rs. 22/70 (AETR), Slg. 1971, 263, Rdn. 15/19, 30/31; *von Bogdandy*, in: Grabitz/Hilf, EU/EGV, Art. 10 Rdn. 67 EG; *Kahl*, in: Calliess/Ruffert, EUV/EGV, Art. 10 Rdn. 38 EG.

629 *Von Bogdandy*, in: Grabitz/Hilf, EU/EGV, Art. 10 Rdn. 69 EG.

630 *Kahl*, in: Calliess/Ruffert, EUV/EGV, Art. 10 Rdn. 36 EG.

631 *Von Bogdandy*, in: Grabitz/Hilf, EU/EGV, Art. 10 Rdn. 70 EG; *Kahl*, in: Calliess/Ruffert, EUV/EGV, Art. 10 Rdn. 36 EG; *Lück*; Die Gemeinschaftstreue als allgemeines Rechtsprinzip im Recht der EG, S. 47 ff.; *Zuleeg*, in: von der Groeben/Schwarze, EU/EGV, Art. 10 Rdn. 7 EG.

632 EuGH, verb. Rs. 3, 4 und 6/76 (Kramer), Slg. 1976, 1279, Rdn. 42 f.; EuGH, Gutachten 1/94 (WTO), Slg. 1994, I-5267, Rdn. 108.

Mitgliedstaaten dürfen keine Verpflichtungen übernommen werden, die die Gemeinschaft bei der Ausführung ihrer Aufgaben behindern könnten. Sofern eine übernommene Verpflichtung diesem Verbot nicht nachkommt, ist die nationale Durchführungsmaßnahme nicht anwendbar. Darüber hinaus besteht eine Förderungs- bzw. Unterstützungspflicht. Die Mitgliedstaaten müssen sich nach Kräften bemühen, die spätere Teilnahme der Gemeinschaft an völkerrechtlichen Übereinkommen sicherzustellen, sobald die EG sich anschickt, die Kompetenzen auszuüben[633]. In bestimmten Fällen begründet Art. 10 Abs. 2 EG noch eine Stillhalteverpflichtung für die Mitgliedstaaten, derzufolge eine Ausübung der nationalen Kompetenzen verboten werden kann.

Derartige Pflichten können bei Kompetenzen, die noch nicht zu ausschließlichen Kompetenzen erwachsen sind, nur angenommen werden, wenn sich das einschlägige innergemeinschaftliche Rechtsetzungsverfahren schon in weit fortgeschrittenem Zustand befindet[634].

Insgesamt kann festgehalten werden, dass mit Art. 10 EG eine weit reichende, aber zugleich unpräzise Regelung geschaffen worden ist. Es fehlt an einer genauen Festlegung der Voraussetzungen und des Inhalts kooperationsgestaltender und konfliktlösender Pflichten. Deshalb beruht die Lösung im Einzelnen auf einer Abwägung der im Konflikt stehenden Rechtspositionen und Interessen[635]. Der Abwägungsvorgang wird auf der einen Seite von der Funktionsfähigkeit der Gemeinschaft bzw. der Effektivität und Einheitlichkeit des Gemeinschaftsrechts und auf der anderen Seite von der nationalen Geltungsautonomie beherrscht. Die Begründung zusätzlicher Pflichten aus Art. 10 EG findet ihre Grenze vor allem in dem in Art. 5 EG positivierten Subsidiaritätsprinzip.

2. Art. 3 EU

Eine weitere Pflicht der Gemeinschaft und der Mitgliedstaaten zur Koordination ihrer Handlungen kann Art. 3 Abs. 1 EU entnommen werden. Demnach verfügt die EU „über einen einheitlichen institutionellen Rahmen, der die Kohärenz und Kontinuität der Maßnahmen zur Erreichung ihrer Ziele unter gleichzeitiger Wahrung und Weiterentwicklung des gemeinschaftlichen Besitzstandes sicherstellt''. Nach Art. 3 Abs. 2 EU achtet die Union insbesondere auf die Kohärenz aller von ihr ergriffenen außenpolitischen Maßnahmen im Rahmen ihrer Außen- und Sicherheits- sowie Wirtschafts- und Entwicklungspolitik.

Art. 3 EU trägt damit dem Umstand Rechnung, dass unter dem Dach der EU Materien von unterschiedlicher Integrationsdichte zusammengefasst werden. Neben die beiden Gemeinschaften EG und EAG treten die nach wie vor völkerrechtlich geprägten Titel V, VI und VII des EU-Vertrags. Diese unterschied-

---

633 EuGH, verb. Rs. 3, 4 und 6/76 (Kramer), Slg. 1976, 1279, Rdn. 42 f.

634 *Von Bogdandy*, in: Grabitz/Hilf, EU/EGV, Art. 10 Rdn. 71 EG.

635 *Von Bogdandy*, in: Grabitz/Hilf, EU/EGV, Art. 10 Rdn. 8, 34, 43 EG; *Schmidt-Aßmann*, Deutsches und Europäisches Verwaltungsrecht, DVBl. 1993, 924 (931).

lichen, supranational und völkerrechtlich strukturierten Politikbereiche sollen durch Art. 3 EU inhaltlich und institutionell verklammert werden[636]. Dabei fordert das Kohärenzgebot die gegenseitige bereichsübergreifende Abstimmung der Entscheidungsträger im Hinblick auf die in Art. 2 EU niedergelegten gemeinsamen Unionsziele und die ebenfalls bereichsübergreifend widerspruchsfreie Gestaltung ihrer Politik[637].

Umstritten ist die Frage nach den Adressaten des Kohärenzgebots. Art. 3 EU nennt die Union als die verpflichtete Einheit. Da die EU aber selbst nicht Rechtssubjektsqualität besitzt, werden damit die Unionsstaaten in ihrer Gesamtheit bezeichnet[638]. Auch sind die Europäischen Gemeinschaften an das Kohärenzgebot gebunden[639]. Als Adressaten des Kohärenzgebots stehen sich daher die Gemeinschaften und die Mitgliedstaaten gegenüber. Manche sehen zudem den Europäischen Rat (Art. 4 EU) als Adressat des Kohärenzgebots an[640].

Zu unterscheiden sind hierbei die innere und die äußere Kohärenz. Das Gebot der inneren Kohärenz zielt auf den Zusammenhalt von Unionsverbund und Gemeinschaften im Innenverhältnis[641]. Dieses Gebot verpflichtet die Handlungsträger bei jeglichem Unionshandeln, die einzelnen Maßnahmen zielorientiert aufeinander abzustimmen[642]. Eine besondere Ausprägung des Kohärenzgebots sind in dem Art. 158 ff. EG und der Errichtung des Kohäsionsfonds nach Art. 161 Uabs. 2 EG zu finden. Das Gebot der äußeren Kohärenz kommt in Art. 3 Abs. 2 S. 1 EU zum Ausdruck. Es verlangt von den Unionsstaaten, dass sie auf internationaler Ebene ihre gesamten außenpolitischen Maßnahmen, insbesondere die im Rahmen der Außen-, Sicherheits-, Wirtschafts- und Entwicklungspolitik, wobei dies keine abschließende Aufzählung darstellt, mit denen der EU abzustimmen[643]. Dadurch soll ein

---

636 *Blanke*, in: Calliess/Ruffert, EUV/EGV, Art. 3 Rdn. 1 f. EU; *Geiger*, EU/EGV, Art. 3 Rdn. 1 EU; *Stumpf*, in: Schwarze, EU-Kommentar, Art, 3 Rdn. 1 EU; *Pechstein/König*, Die EU, Rdn. 131; z.T. a.A. *Krenzler/Schneider*, Die GASP der EU, EuR 1994, 144 (147 ff.).

637 *Blanke*, in: Calliess/Ruffert, EUV/EGV, Art. 3 Rdn. 5 EU; *Geiger*, EU/EGV, Art. 3 Rdn. 2 EU; *Koenig/Haratsch*, Europarecht, Rdn. 918; *Siems*, Das Kohärenzgebot in der EU und seine Justitiabilität, S. 29.

638 *Geiger*, EU/EGV, Art. 3 Rdn. 6 EU; *Koenig/Haratsch*, Europarecht, Rdn. 918; *Pechstein/König*, Die EU, Rdn. 135; *Siems*, Das Kohärenzgebot in der EU und seine Justitiabilität, S. 24 f.

639 *Blanke*, in: Calliess/Ruffert, EUV/EGV, Art. 3 Rdn. 6, 16 EU; *Siems*, Das Kohärenzgebot in der EU und seine Justitiabilität, S. 25.

640 *Geiger*, EU/EGV, Art. 3 Rdn. 7 EU; *Stumpf*, in: Schwarze, EU-Kommentar, Art, 3 Rdn. 3 EU; a.A. *Blanke*, in: Calliess/Ruffert, EUV/EGV, Art. 3 Rdn. 16 ff. EU; *Pechstein/König*, Die EU, Rdn. 136.

641 *Koenig/Haratsch*, Europarecht, Rdn. 919.

642 *Stumpf*, in: Schwarze, EU-Kommentar, Art, 3 Rdn. 7 f. EU; in diesem Zusammenhang spricht *Blanke* sogar von einer „inhaltlichen Kohärenz'', *Blanke*, in: Calliess/Ruffert, EUV/EGV, Art. 3 Rdn. 6 EU.

643 *Stumpf*, in: Schwarze, EU-Kommentar, Art, 3 Rdn. 13 f. EU.

gemeinsames Auftreten der Mitgliedstaaten gegenüber Drittstaaten und internationalen Organisationen gewährleistet werden[644]. Eine genauere Ausformung erfährt das Gebot außenpolitischer Kohärenz für den Bereich der GASP in Art. 11 Abs. 2 Uabs. 2 S. 2 EU, wonach sich die Unionsstaaten „jeder Handlung, die den Interessen der Union zuwiderläuft oder ihrer Wirksamkeit als kohärente Kraft in den internationalen Beziehungen schaden könnte" enthalten sollen.

Für die Herstellung dieser außenpolitischen Kohärenz sind nach Art. 3 Abs. 2 S. 2 EU der Rat und die Kommission die verantwortlichen Vertragsorgane. Sie sind dabei allerdings strikt auf ihre vom EU-Vertrag begrenzten Zuständigkeitsbereiche beschränkt (Art. 3 Abs. 2 S. 3 EU)[645].

II. Kooperationspflichten bei gemischten Abkommen

Inwieweit bei gemischten Abkommen derartige Kooperationspflichten zwischen der Gemeinschaft und ihren Mitgliedstaaten bestehen, scheint noch nicht abschließend geklärt zu sein. Gerade die besonderen Umstände gemischter Abkommen scheinen eine Kooperationspflicht zwischen der Gemeinschaft und den Mitgliedstaaten zu erfordern.

1. Rechtsprechung

Der EuGH geht seit längerer Zeit von einer Art Kooperationspflicht zwischen der Gemeinschaft und ihren Mitgliedstaaten im Umgang mit völkerrechtlichen Verträgen aus. Erstmalig sprach der Gerichtshof in der *Kupferberg*-Entscheidung von einer gemeinschaftsrechtlichen Pflicht der Mitgliedstaaten, die vertraglichen Verpflichtungen der EG einzuhalten. Dabei wies der EuGH zunächst auf Art. 228 Abs. 2 EWGV (Art. 300 Abs. 7 EG n.F.) hin, wonach die Gemeinschaftsorgane und die Mitgliedstaaten ausdrücklich an die von der Gemeinschaft abgeschlossenen Verträge gebunden seien. Sowohl die Gemeinschaftsorgane als auch die Mitgliedstaaten hätten zu gewährleisten, dass die Verpflichtungen aus dem Gemeinschaftsabkommen eingehalten würden. Diese Pflicht bestünde für die Mitgliedstaaten nicht nur gegenüber den Drittstaaten, sondern auch und vor allem gegenüber der Gemeinschaft, die die Verantwortung für die ordnungsgemäße Durchführung dieser Abkommen übernommen habe[646].

Diesen Ansatz übertrug der Gerichtshof sodann im *Demirel*-Urteil auf gemischte Abkommen. Er hob die gemeinschaftsrechtliche Bedeutung der Pflicht der Mitgliedstaaten hervor, das Assoziierungsabkommen in seiner

---

644 *Blanke*, in: Calliess/Ruffert, EUV/EGV, Art. 3 Rdn. 14 EU; *Pechstein/König*, Die EU, Rdn. 133.

645 *Blanke*, in: Calliess/Ruffert, EUV/EGV, Art. 3 Rdn. 16 EU; *Geiger*, EU/EGV, Art. 3 Rdn. 3 EU; *Siems*, Das Kohärenzgebot in der EU und seine Justitiabilität, S. 26.

646 Siehe oben 2.Teil, A I 3 b.

Gesamtheit zu beachten[647]. Gerade unter Verweis auf seine *Kupferberg*-Entscheidung bekräftigte er: „Indem die Mitgliedstaaten dafür sorgen, dass die Verpflichtungen aus einem von den Gemeinschaftsorganen geschlossenen Abkommen eingehalten werden, erfüllen sie im Rahmen der Gemeinschaftsordnung eine Pflicht, die nicht nur dem betroffenen Drittland gegenüber, sondern auch und vor allem der Gemeinschaft gegenüber besteht, die die Verantwortung für die ordnungsgemäße Durchführung des Abkommens übernommen hat''[648].

In weiteren Entscheidungen hat der Gerichtshof die Kooperationspflicht der Gemeinschaft und der Mitgliedstaaten im Umgang mit gemischten Zuständigkeiten betont[649].

So verwies er z.B. in seinem *Beschluß 1/78* darauf, dass das geplante Atomabkommen eine enge Zusammenarbeit zwischen den Gemeinschaftsorganen und den Mitgliedstaaten sowohl bei der Aushandlung und dem Abschluss als auch bei der Erfüllung und der Anwendung der übernommenen Verpflichtungen erfordere[650]. Da sich diese Pflicht zur Zusammenarbeit aus der Notwendigkeit einer geschlossenen völkerrechtlichen Vertretung der Gemeinschaft ergebe, gelte sie nicht nur im Rahmen des EAG-Vertrags, sondern auch im Rahmen des EWG-Vertrags[651]. Aus diesem Grund führte der EuGH in seinem *Gutachten 2/91* hinsichtlich des Internationalen Arbeitsorganisations-Übereinkommens, das auf der Grundlage der Art. 100, 118 a EWGV (Art. 94, 138 EG n.F.) abgeschlossen werden sollte, an, dass bei geteilt vorliegenden Kompetenzen die Gemeinschaftsorgane und die Mitgliedstaaten alle Maßnahmen treffen müssten, um eine solche Zusammenarbeit auch bei der Durchführung sicherzustellen[652].

Unter Hinweis auf die eben erwähnten Entscheidungen fasste der Gerichtshof die Kooperationspflicht in seinem *Gutachten 1/94* folgendermaßen zusammen: „Sodann ist darauf hinzuweisen, dass eine enge Zusammenarbeit zwischen den Mitgliedstaaten und den Gemeinschaftsorganen sowohl bei der Aushandlung und dem Abschluss eines Übereinkommens wie bei dessen Durchführung sicherzustellen ist, wenn sein Gegenstand teils in die Zuständigkeit der Gemeinschaft, teils in diejenige der Mitgliedstaaten fällt. Diese Pflicht zur Zusammenarbeit ergibt sich aus der Notwendigkeit einer geschlossenen völkerrechtlichen Vertretung der Gemeinschaft''[653].

647 Auch Schlussanträge des GA *Tesauro*, EuGH, Rs. C-53/96 (Hermès), Slg. 1998, I-3603, Rdn. 18.

648 EuGH, Rs. 12/86 (Demirel), Slg. 1987, 3719, Rdn. 11.

649 Siehe oben 2.Teil, A I 5 b; EuGH, Gutachten 1/78 (Naturkautschuk), Slg. 1978, 2871; EuGH, Gutachten 2/91 (ILO), Slg. 1993, I-1061; EuGH, Gutachten 1/94 (WTO), Slg. 1994, I-5267; EuGH, Gutachten 2/00 (UNCED), Slg. 2001, I-9713.

650 Siehe oben 2.Teil, A I 5 b.

651 EuGH, Gutachten 2/91 (ILO), Slg. 1993, I-1061, Rdn. 36.

652 Ebenda, Rdn. 38.

653 EuGH, Gutachten 1/94 (WTO), Slg. 1994, I-5267, Rdn. 108.

In der jüngsten *Dior-* und *Assco*-Entscheidung sprach sich der EuGH erneut dafür aus, dass die Mitgliedstaaten und die Gemeinschaftsorgane bei der Erfüllung der Verpflichtungen, die sie aufgrund einer geteilten Zuständigkeit übernommen haben, zur engen Zusammenarbeit verpflichtet seien[654].

2. Schrifttum

Diese EuGH-Rechtsprechung erfährt im Schrifttum eine unterschiedliche Bewertung. Zwar begrüßen alle die Pflicht zur Zusammenarbeit, doch werden dafür verschiedene Begründungsansätze gefunden und daraus unterschiedliche Schlussfolgerungen gezogen.

Mauderer meint, dass sich die vom EuGH begründete Pflicht zur engen Zusammenarbeit im Umgang mit gemischten Abkommen, insbesondere hinsichtlich des WTO-Abkommens, auch auf die einheitliche Anwendung der jeweiligen Verträge erstrecke[655]. Diese einheitliche Anwendung könne nur gewährleistet werden, wenn ausschließlich der Gerichtshof befugt sei, sämtliche Bestimmungen der gemischten Übereinkommen auszulegen; bei einer Auslegung durch die nationalen Gerichte bestehe stets die Gefahr unterschiedlicher Entscheidungen[656]. Damit sei der EuGH auch zur Bestimmung der unmittelbaren Anwendbarkeit der jeweiligen Normen befugt[657]. Aus Art. 10 EG resultiere lediglich die Vorlagepflicht bzw. eine Pflicht der Mitgliedstaaten zur Berücksichtigung der Rechtsprechung des EuGH[658].

Andere lassen bereits aufgrund des Gebots der Gemeinschaftstreue (Art. 10 EG) das Interesse der Mitgliedstaaten ihre eigenen Auslegungszuständigkeiten weiter nutzen zu können, zugunsten einer einheitlichen Auslegung und Funktionsfähigkeit des Gemeinschaftsrechts hinten anstehen[659]. Es sei die Pflicht der Mitgliedstaaten, zu einer koordinierten und einheitlichen Erfüllung der Verpflichtungen aus gemischten Abkommen beizutragen mit der Folge, dass sie eine umfassende Auslegungszuständigkeit des Gerichtshofs für sämtliche Normen gemischter Verträge akzeptieren müssten. Mittels einer einheitlichen Auslegung könne die Gemeinschaft, die für die Erfüllung gemischter

---

654 EuGH, verb. Rs. C-300 und 392/98 (Dior und Assco), Slg. 2000, I-11307, Rdn. 36.

655 *Mauderer*, Der Wandel vom GATT zur WTO und die Auswirkungen auf die EG, S. 113.

656 Ebenda.

657 Hinsichtlich der WTO-Bestimmungen vgl. auch Schlussanträge des GA *Tesauro*, EuGH, Rs. C-53/96 (Hermès), Slg. 1998, I-3603, Rdn. 21.

658 *Mauderer*, Der Wandel vom GATT zur WTO und die Auswirkungen auf die EG, S. 113.

659 *Hilf*, Die Anwendung des GATT im deutschen Recht, in: Hilf/Petersmann, GATT und EG, S. 13 (32); *Oehmichen*, Die unmittelbare Anwendbarkeit der völkerrechtlichen Verträge der EG, S. 77; *Gilsdorf*, Die Außenkompetenzen der EG im Wandel, EuR 1996, 145 (158 ff.); *Neuwahl*, Mixed Agreements, CMLRev. 1991, 717 (733 ff.); ablehnend allerdings *Hailbronner*, Die Freizügigkeit türkischer Staatsangehöriger nach dem Assoziations-Abkommen EWG/Türkei, EuR 1984, 54 (67 f.).

Abkommen umfassend völkerrechtlich hafte, vor einer Inanspruchnahme geschützt werden.

Ähnlich argumentiert *Hermes*, der auch betont, dass die Gemeinschaft umfassend für die Erfüllung gemischter Abkommen völkerrechtlich hafte. Die Mitgliedstaaten hätten unter dem Gesichtspunkt der Gemeinschaftstreue nach Art. 10 EG und Art. 300 Abs. 7 EG die gemeinschaftsrechtliche Pflicht, das Risiko einer völkerrechtlichen Inanspruchnahme zu reduzieren, indem sie durch den Verzicht auf die Auslegungszuständigkeit einer Fragmentarisierung der Auslegungen entgegenwirken[660]. Auch würde man bei gemischten Abkommen dem „Prinzip der Funktionssicherung der Gemeinschaft'' nur gerecht, wenn neben der umfassenden gemeinschaftsrechtlichen Geltung die umfassende Auslegungszuständigkeit des EuGH anerkannt würde[661].

Stein vertritt die Ansicht, dass aufgrund des Prinzips der Gemeinschaftstreue die Mitgliedstaaten gehalten seien, zu allen Bestimmungen eines gemischten Abkommens eine gemeinsame Haltung einzunehmen, selbst zu denjenigen, die in ihren eigenen Kompetenzbereich fallen[662]. Dies hätte zur Folge, dass die mitgliedstaatlichen Teile eines gemischten Abkommens in allen Mitgliedstaaten in gleicher Weise zur Anwendung kommen müssten, was wiederum nur durch eine einheitliche Auslegung dieser gewährleistet werden könne.

Wiederum andere sehen die vom Gerichtshof entwickelte Pflicht der Mitgliedstaaten zur Zusammenarbeit bei Vorliegen gemischter Kompetenzen als viel spezifischer an als das allgemeine Gebot der Gemeinschaftstreue nach Art. 10 EG[663]. Der EuGH habe es direkt mit „der Notwendigkeit einer geschlossenen völkerrechtlichen Vertretung der Gemeinschaft''[664] verbunden. Der dahinter stehende Gedanke sei, dass die Mitgliedstaaten, wenn sie mit der Gemeinschaft zusammenarbeiten, eine gemeinsame und einheitliche Haltung einnehmen sollen. Handlungen der Gemeinschaft sollen nicht durch gleichwertige Maßnahmen der Mitgliedstaaten behindert oder untergraben werden.

Hyett bezeichnet die vom Gerichtshof entwickelte Verpflichtung zur Zusammenarbeit als ein flexibles Konzept, welches in verschiedener Art und Weise verwendet werden könne, um den Bedürfnissen der Gemeinschaft und der Mitgliedstaaten in der jeweiligen Situation gerecht zu werden[665]. Allerdings äußert er sich nicht dazu, ob dieses flexible Konzept einer Kooperationspflicht dazu

660 *Hermes*, TRIPS im Gemeinschaftsrecht, S. 98 f.; *Geiger*, EU/EGV, Art. 300 Rdn. 35 EG.

661 *Hermes*, TRIPS im Gemeinschaftsrecht, S. 100.

662 *Stein*, Der gemischte Vertrag, S. 174, 188.

663 *Timmermans*, Organising Joint Participation of EC and Member States, in: Dashwood/Hillion, The General Law of the E.C. External Relations, S. 239 (241).

664 EuGH, Gutachten 1/94 (WTO), Slg. 1994, I-5267, Rdn. 108.

665 *Hyett*, The Duty of Co-operation, in: Dashwood/Hillion, The General Law of E.C. External Relations, S. 248.

genutzt werden kann, eine umfassende Auslegungszuständigkeit des EuGH für gemischte Abkommen zu begründen.

Etwas ausführlicher und insbesondere kritischer geht *Kreibich* mit der gesamten Problematik um. Zwar könne dem Gemeinschaftstreuegrundsatz nach Art. 10 EG eine gegenseitige Pflicht zur loyalen Zusammenarbeit zwischen Mitgliedstaaten und Gemeinschaft entnommen werden. Doch könne diese Pflicht nicht für die Begründung der Kooperationspflicht bei der Anwendung gemischter Verträge herangezogen werden[666]. Art. 10 EG diene der Wirksamkeit und Einheitlichkeit des Gemeinschaftsrechts. Die Pflicht zur Zusammenarbeit bei gemischten Abkommen folge mangels Souveränitätsübertragung aber lediglich der Notwendigkeit einer geschlossenen völkerrechtlichen Vertretung der Gemeinschaft[667]. Damit stehe nicht die Funktionsfähigkeit des Gemeinschaftsrechts im Mittelpunkt. Zudem könne Art. 10 EG weder außerhalb des Anwendungsbereichs des EG-Vertrags angewendet, noch zur Begründung neuer Kompetenzen genutzt werden, die das ausdifferenzierte Pflichten- und Kompetenzgefüge des EG-Vertrags verändern würden.

3. Stellungnahme

Eine Einordnung der vom Gerichtshof betonten gemeinschaftsrechtlichen Pflicht der Mitgliedstaaten, gemischte Abkommen in ihrer Gesamtheit zu beachten und deren Verpflichtungen einzuhalten, fällt nicht leicht. Vom EuGH wird dazu lediglich als Grund die umfassende völkerrechtliche Verantwortlichkeit der Gemeinschaft für die Durchführung des Abkommens angeführt. An weiteren Ausführungen fehlt es. Der Gerichtshof äußert sich somit nicht dazu, wie diese Pflicht im Einzelnen ausgestaltet ist bzw. was alles von ihr erfasst sein soll. So bleibt der genaue Umfang der Kooperationspflicht unklar. Im Gegensatz zur Rechtsprechung führen manche Autoren bei einer ähnlichen Argumentation immerhin Art. 10 EG als Rechtsnorm an, auf die sie die Kooperationspflicht stützen.

Sicher ist, dass der Umgang mit gemischten Abkommen eine gewisse Kooperation zwischen der Gemeinschaft und den Mitgliedstaaten erfordert. Weder der Abschluss noch die Anwendung gemischter Verträge wären ansonsten möglich. Auf welche Grundlage diese gegenseitige Pflicht zur Zusammenarbeit zu stützen ist und wie weit sie reicht, ist fraglich. Entscheidend ist, ob diese Verpflichtung so zu verstehen ist, dass sie eine einheitliche Auslegung aller Bestimmungen gemischter Übereinkommen durch den EuGH erfasst. Da der Gerichtshof unproblematisch Normen gemischter Abkommen auslegen kann, die den ausschließlichen Gemeinschaftskompetenzen unterfallen, gilt es lediglich zu klären, ob er auch für die Auslegung von Normen zuständig ist, die den konkurrierenden Kompetenzen oder den ausschließlichen Kompetenzen der Mitgliedstaaten angehören. Dies wäre mit einem Verzicht der

666 *Kreibich*, Das TRIPs-Abkommen in der Gemeinschaftsordnung, S. 127 ff.

667 Ebenda.

Mitgliedstaaten auf ihr Recht, ihre Teile gemischter Verträge selbst auszulegen, verbunden. Ihre Einbuße an Souveränität müsste sich mit der Pflicht zur Kooperation rechtfertigen lassen.

a. Pflichten des Art. 10 EG bei konkurrierenden Kompetenzen

Fraglich ist, ob die Pflichten, die dem Gemeinschaftstreugebot des Art. 10 EG anhaften, eine einheitliche Auslegung einer Bestimmung eines gemischten Abkommens, die den konkurrierenden Kompetenzen unterliegt, durch den EuGH rechtfertigen.

Wie oben bereits aufgezeigt worden ist, ergeben sich aus Art. 10 EG für die Mitgliedstaaten insbesondere hinsichtlich der Kompetenzwahrnehmung einzelne Pflichten[668].

aa. Koordinierungspflichten

Im Bereich des völkerrechtlichen Handelns der Mitgliedstaaten besteht, soweit konkurrierende zu ausschließlichen Kompetenzen anwachsen, eine Koordinierungspflicht[669]. Damit verpflichtet Art. 10 EG die Mitgliedstaaten bei den Verhandlungen zu gemischten Abkommen, Informationen mit der EG auszutauschen und sich auf Gemeinschaftsebene abzusprechen. In diesem Sinne kann der EuGH verstanden werden, wenn er in seinen Urteilen zu gemischten Abkommen davon spricht, dass die Mitgliedstaaten und die Gemeinschaftsorgane sowohl bei der Aushandlung und dem Abschluss des Übereinkommens als auch bei dessen Durchführung zu einer engen Zusammenarbeit verpflichtet sind[670].

Es muss aber bezweifelt werden, ob sich aus der Pflicht zu einem gemeinsamen Vorgehen bei der Aushandlung eines gemischten Vertrags zugleich ein Gebot der einheitlichen Auslegung des gesamten gemischten Abkommens durch den EuGH ergibt. Schließlich kann die Auslegung eines Vertrags keinerlei Einfluss mehr auf die dann bereits abgeschlossenen Vertragsverhandlungen haben. Zudem betrifft die Auslegung eines gemischten Vertrags die interne Anwendung und Durchführung des Vertrags. Im Gegensatz dazu soll die Koordinierungspflicht einem einheitlichen Auftreten nach außen gegenüber den Drittstaaten dienen. So scheint es auch der EuGH zu verstehen, indem er, ohne allerdings Art. 10 EG zu erwähnen, die Pflicht zur gegenseitigen Zusammenarbeit mit der Notwendigkeit einer geschlossenen völkerrechtlichen Vertretung der Gemeinschaft begründet[671]. Damit umfasst die bei gemischten

---

668 3.Teil, D I 1 c bb.

669 Ebenda.

670 EuGH, Beschluß 1/78 (Objektschutz), Slg. 1978, 2151, Rdn. 34 ff.; EuGH, Gutachten 2/91 (ILO), Slg. 1993, I-1061, Rdn. 38; EuGH, Gutachten 1/94 (WTO), Slg. 1994, I-5267, Rdn. 108; *Kahl*, in: Calliess/Ruffert, EUV/EGV, Art. 10 Rdn. 39 EG.

671 EuGH, Gutachten 1/94 (WTO), Slg. 1994, I-5267, Rdn. 108.

Abkommen bestehende Koordinierungspflicht keine mitgliedstaatliche Pflicht, eine umfassende Auslegung gemischter Verträge durch den EuGH zu dulden.

bb. Beeinträchtigungsverbot

Möglicherweise lässt sich aber das Beeinträchtigungsverbot dazu heranziehen, eine uneinheitliche Auslegung der Bestimmungen gemischter Verträge zu verhindern bzw. die Mitgliedstaaten zu einem Verzicht der Auslegung derjenigen Normen gemischter Übereinkommen zu veranlassen, die dem Bereich der konkurrierenden Kompetenzen angehören.

Dem Beeinträchtigungsverbot folgend dürfen die Mitgliedstaaten keine Verpflichtungen übernehmen, die die EG bei der Ausführung ihrer Aufgaben behindern[672].

Grundsätzlich ist hierzu anzumerken, dass gemischte Verträge von der EG und den Mitgliedstaaten meist gerade deshalb abgeschlossen werden, um die gegenseitigen Kompetenzbereiche zu achten und zu wahren. Mit deren Abschluss übernehmen weder die Gemeinschaft noch die Mitgliedstaaten innergemeinschaftliche Verpflichtungen, die außerhalb ihrer Kompetenzbereiche liegen. Folglich kann auch eine nationale Auslegung der in die jeweils ausschließlich mitgliedstaatlichen Kompetenzrahmen fallenden Normen gemischter Übereinkommen nicht als Behinderung der gemeinschaftlichen Aufgaben gewertet werden. Eine andere Situation könnte aber eintreten, wenn die Auslegung von Normen ansteht, die den konkurrierenden Kompetenzbereichen zuzuordnen sind. Hier gilt es zu fragen, inwieweit eine Auslegung dieser Bestimmungen gemischter Abkommen durch die nationalen Gerichte die EG bei der Ausführung ihrer Aufgaben behindern würde.

Bei konkurrierenden Kompetenzen ist der Grad der Vergemeinschaftung in dem jeweils betroffenen Bereich entscheidend. Die Mitgliedstaaten können in einem Bereich konkurrierender Kompetenzen selbst noch Reglungen treffen, solange und soweit die Gemeinschaft nicht erschöpfend von ihren Kompetenzen Gebrauch macht und damit die Umwandlung von konkurrierenden zu ausschließlichen Kompetenzen bewirkt[673].

So ist entscheidend dafür, ob ein Beeinträchtigungsverbot nach Art. 10 EG besteht, wie umfassend die EG den jeweils betroffenen Bereich konkretisiert hat. Der Grad an Konkretisierung muss soweit fortgeschritten sein, dass sich aus den konkurrierenden Kompetenzen bereits ausschließliche Gemeinschaftskompetenzen entwickelt haben[674]. Aus diesem Grund ist die folgende Differenzierung vor-

---

672 *Von Bogdandy*, in: Grabitz/Hilf, EU/EGV, Art. 10 Rdn. 70 EG; *Kahl*, in: Calliess/Ruffert, EUV/EGV, Art. 10 Rdn. 36 EG.

673 *Geiger*, EUV/EGV, Art. 300 Rdn. 27 EG; *Hermes*, TRIPs im Gemeinschaftsrecht, S. 64; *Geiger*, Vertragsschlusskompetenzen der EG und auswärtige Gewalt der Mitgliedstaaten, JZ 1995, 973 (976 f.).

674 *Von Bogdandy*, in: Grabitz/Hilf, EU/EGV, Art. 10 Rdn. 69 f. EG; *Kahl*, in: Calliess/Ruffert, EUV/EGV, Art. 10 Rdn. 36 EG.

zunehmen, wonach die Pflichten der Mitgliedstaaten gegenüber der Gemeinschaft in Abhängigkeit vom jeweiligen Konkretisierungsgrad gesondert betrachtet werden.

i. Gebiet mit Harmonisierungsmaßnahmen

In einem Bereich, in dem die Gemeinschaft ihre potentiellen Kompetenzen schon umfassend ausgeübt hat, könnte eigenständiges Handeln der Mitgliedstaaten in Gestalt einer selbständigen Auslegung dieser Normen gemischter Abkommen durch ihre nationalen Gerichte die Wirksamkeit der bereits getroffenen gemeinschaftsrechtlichen Maßnahmen gefährden. Ein solcher Fall läge z.B. vor, wenn die Auslegung von Art. 50 TRIPs für den Schutz einer Gemeinschaftsmarke in Frage stünde, da in diesem Bereich von der EG bereits die Gemeinschaftsmarkenverordnung erlassen worden ist. Eine unterschiedliche Auslegung dieser Norm durch die einzelnen nationalen Gerichte würde die einheitliche Auslegung und Anwendung der Gemeinschaftsmarkenverordnung als Gemeinschaftsrecht gefährden. Zudem könnte die Gemeinschaft dadurch bei der Durchführung ihrer im Gemeinschaftsmarkenbereich übernommenen Aufgaben behindert werden. Die Gemeinschaftstreue des Art. 10 EG soll aber gerade die Funktionsfähigkeit der Gemeinschaft gewährleisten. Daher ließe sich das aus Art. 10 EG abgeleitete Beeinträchtigungsverbot dazu heranziehen, der Gefahr der uneinheitlichen Anwendung des Gemeinschaftsrecht zu begegnen, indem die Mitgliedstaaten dazu verpflichtet werden, eine einheitliche Auslegung der betroffenen Normen dem EuGH zu überlassen. Ob eine Kooperationspflicht tatsächlich so weit reicht, hängt insbesondere von einer Interessenabwägung der in Konflikt stehenden Rechtspositionen ab[675].

So steht auf der einen Seite die Funktionsfähigkeit der Gemeinschaft sowie die Effektivität und Einheitlichkeit des Gemeinschaftsrechts in Frage. Wie eben dargestellt, würde eine einheitliche Auslegung der Normen gemischter Abkommen, die einem umfassend konkretisierten, konkurrierenden Kompetenzbereich angehören, durch den EuGH diesen Grundsätzen dienen. Dem steht auf der anderen Seite die Gestaltungs- und Auslegungsautonomie der Mitgliedstaaten gegenüber. Durch eine Auslegungszuständigkeit des EuGH für die besagten Bereiche könnten die Mitgliedstaaten ihre Auslegungsautonomie einbüßen. Allerdings ist in einem Gebiet, in dem die Gemeinschaft bereits umfassend die konkurrierenden Kompetenzen durch Normsetzung an sich gezogen hat, ein Tätigwerden der Mitgliedstaaten eigentlich nicht mehr möglich. Damit hat sich deren Gestaltungsautonomie in diesen Bereichen auf ein Minimum, wenn nicht sogar gänzlich auf Null reduziert. Die Auslegung derartiger Normen durch den EuGH, die eigentlich den ausschließlichen Gemeinschaftskompetenzen angehören, würde somit die Souveränität der Mitgliedstaaten nicht (bzw. kaum) beeinträchtigen. Eine Auslegung dieser Normen durch die nationalen Gerichte könnte aber

675 *Schmidt-Aßmann*, Deutsches und Europäisches Verwaltungsrecht, DVBl. 1993, 924 (931).

den bereits getroffenen gemeinschaftsrechtlichen Regelungserfolg erheblich gefährden. Gerade das Gemeinschaftstreuegebot gebietet es in solchen Fällen, dass die - wenn überhaupt - in sehr geringem Maße vorhandene Gestaltungsautonomie der Mitgliedstaaten zugunsten der Wirksamkeit des Gemeinschaftsrechts zurück tritt.

Im Ergebnis kann daher festgestellt werden, dass das dem Art. 10 EG entnommene Gestaltungsverbot die Mitgliedstaaten dazu verpflichtet, eine Auslegung der Normen gemischter Übereinkommen durch den EuGH hinzunehmen, die den konkurrierenden Kompetenzen angehören, und bei denen die Gemeinschaft intern davon schon umfassend Gebrauch gemacht hat.

ii. Gebiet ohne Harmonisierungsmaßnahmen

In einem Bereich konkurrierender Kompetenzen, in dem die EG noch keine Harmonisierungsmaßnahmen erlassen hat, dürfen die Mitgliedstaaten noch tätig werden. Die dem Art. 10 EG entnommenen Pflichten entstehen nur, wenn das innergemeinschaftliche Rechtssetzungsverfahren weit fortgeschritten ist und dadurch die konkurrierenden Kompetenzen in dem jeweiligen Bereich bereits zu ausschließlichen angewachsen sind. Demnach sind die Mitgliedstaaten bei Bestimmungen gemischter Verträge, die den allgemeinen konkurrierenden Kompetenzbereichen angehören, von keinen dem Art. 10 EG ableitbaren Verpflichtungen betroffen, die ihre Auslegungsautonomie einschränken könnten.

Um aber dennoch eine einheitliche Auslegung für die Bestimmungen gemischter Abkommen, die den allgemein konkurrierenden Kompetenzbereichen angehören, zu erreichen, könnte das Beeinträchtigungsverbot die Pflicht der Mitgliedstaaten begründen, die EG vor einer umfassenden völkerrechtlichen Inanspruchnahme zu bewahren. Wie bereits oben dargestellt, erhöht sich durch eine uneinheitliche Auslegung gemischter Verträge das Risiko einer Vertragsverletzung und damit einhergehend die Gefahr einer völkerrechtlichen Inanspruchnahme der Gemeinschaft[676]. Darin könnte auch eine Behinderung der gemeinschaftlichen Aufgaben zu erblicken sein. Als Folge daraus müssten sich die Mitgliedstaaten auf Grund des Beeinträchtigungsverbots dazu veranlasst sehen, von einer eigenen Auslegung gemischter Übereinkommen Abstand zu nehmen.

Neben den bereits oben angeführten Argumenten[677], kann gegen die Notwendigkeit einer einheitlichen Auslegung zudem angeführt werden, dass eine uneinheitliche Auslegung nicht die einheitliche völkerrechtliche Vertretung der EG vereitelt, sondern lediglich die Einheitlichkeit des völkerrechtlichen Abkommens gefährden würde.

Darüber hinaus hätte eine einheitliche Auslegung aller Bestimmungen gemischter Übereinkommen durch den EuGH, auch derjenigen, die den konkurrierenden Kompetenzen unterfallen, erhebliche Folgen für die Gestaltungs-

---

676 Vgl. 3.Teil, C III.

677 Vgl. 3.Teil, C III.

und Auslegungsautonomie der Mitgliedstaaten. Eine eigenverantwortliche Umsetzung der völkerrechtlichen Verpflichtungen durch die Mitgliedstaaten wäre nicht mehr möglich[678]. Auch würde den nationalen Gerichten der Verlust ihrer Auslegungsautonomie drohen. Nach Art. 10 EG wären diese gravierenden Einschnitte in die Autonomie der Mitgliedstaaten nur gerechtfertigt, wenn das Gemeinschaftsinteresse erheblich überwiegen würde. Dies wäre der Fall, wenn ansonsten der gemeinschaftliche Regelungserfolg behindert oder „in qualifizierter Weise'' beeinträchtigt oder sogar vereitelt werden würde[679]. In einem Bereich, in dem die Gemeinschaft aber von ihren konkurrierenden Kompetenzen noch keinerlei Gebrauch gemacht hat, kann kein gemeinschaftlicher Regelungserfolg gefährdet werden. Die uneinheitliche Auslegung der Normen gemischter Abkommen gefährdet in diesem Fall gerade nicht die Einheitlichkeit des Gemeinschaftsrechts. Damit kann die Souveränität der Mitgliedstaaten nicht eingeschränkt werden. Vielmehr ist das gemeinschaftsinterne Kompetenzgefüge zu wahren.

cc. Unterstützungspflicht

Es wäre noch denkbar, aus der Unterstützungspflicht eine Pflicht zur Duldung einer umfassenden Auslegungszuständigkeit des EuGH für gemischte Abkommen abzuleiten. Diese Art. 10 EG entnommene Pflicht verlangt von den Mitgliedstaaten, alle ihnen zur Verfügung stehenden rechtlichen und politischen Mittel einzusetzen, um die spätere Teilnahme der Gemeinschaft an einschlägigen völkerrechtlichen Abkommen sicherzustellen, sobald die EG sich zur Ausübung der Kompetenzen anschickt[680]. Damit betrifft die Unterstützungspflicht Maßnahmen die sich im Vorfeld des Vertragsabschlusses ereignen. Das Problem der Auslegung gemischter Verträge stellt sich aber erst nach Abschluss des Vertrags. Folglich findet die Unterstützungspflicht hierauf keine Anwendung.

dd. Ergebnis

Im Ergebnis steht damit fest, dass weder die Koordinierungspflicht, noch das Beeinträchtigungsverbot, noch die Unterstützungspflicht eine mitgliedstaatliche Pflicht begründen, eine umfassende Auslegungszuständigkeit des EuGHs für gemischte Abkommen zu dulden. Vielmehr dürfen die nationalen Gerichte weiterhin die Normen gemischter Verträge auslegen, die den konkurrierenden Kompetenzen angehören und bei denen die Gemeinschaft noch keine hinreichende Konkretisierung vorgenommen hat.

678 *Kreibich*, Das TRIPs-Abkommen in der Gemeinschaftsordnung, S. 125.
679 *Siems*, Das Kohärenzgebot in der EU und seine Justitiabilität, S. 121 f.
680 EuGH, verb. Rs. 3, 4 und 6/76 (Kramer), Slg. 1976, 1279, Rdn. 42 f.

b. Pflichten des Art. 10 EG bei ausschließlichen Kompetenzen der Mitgliedstaaten

Der Vollständigkeit halber bleibt noch zu klären, ob Art. 10 EG Pflichten für die einheitliche Auslegung von Normen gemischter Übereinkommen begründet, die den ausschließlichen Kompetenzen der Mitgliedstaaten angehören. Die meisten Argumente für eine Ablehnung derartiger Pflichten wurden bereits genannt.

Nach dem bisher Vorgebrachten[681] scheint allenfalls das Beeinträchtigungsverbot geeignet, eine mitgliedstaatliche Pflicht zu Duldung der Auslegung der Bestimmungen gemischter Verträge, die den ausschließlichen Kompetenzen der Mitgliedstaaten unterfallen, zu begründen. Entscheidend ist demnach, inwieweit eine Auslegung der den mitgliedstaatlichen Kompetenzen unterfallenden Normen gemischter Abkommen durch die nationalen Gerichte die gemeinschaftlichen Aufgabenausführungen behindern würde.

Wie bereits festgestellt wurde, gefährdet eine uneinheitliche Auslegung eines gemischten Abkommens nicht die Einheitlichkeit des Gemeinschaftsrechts. Damit ist die Funktionsfähigkeit der Gemeinschaft nicht betroffen und Art. 10 EG kommt nicht zur Anwendung. Auch werden die gemeinschaftsrechtlichen Aufgaben nicht durch die Inanspruchnahme der Ausübung der eigenen mitgliedstaatlichen Zuständigkeiten beeinträchtigt. Die Aufgaben der Gemeinschaft bestimmen sich nach deren Kompetenzen, und die Auslegung der den mitgliedstaatlichen Kompetenzen unterfallenden Normen gemischter Abkommen gehört nicht zum Aufgabenbereich der EG. Zuletzt kann noch auf die bereits diskutierte Problematik hingewiesen werden, dass die dem Gemeinschaftstreuegebot zu entnehmenden Verpflichtungen ohnehin nur in Bereichen entstehen, die bereits hinreichend durch die Gemeinschaft konkretisiert worden sind. Dies ist bei Normen, die dem ausschließlichen mitgliedstaatlichen Kompetenzbereich angehören, ganz offensichtlich nicht der Fall. Damit sind die Mitgliedstaaten, soweit es um die Wahrnehmung ihrer eigenen Kompetenzen geht, nicht von den Verpflichtungen betroffen, die aus dem Prinzip der Gemeinschaftstreue abgeleitet werden.

Vielmehr scheint die bei gemischten Abkommen bestehende Pflicht zur gegenseitigen Zusammenarbeit ein ganz anderes Ziel zu verfolgen, als dem von Art. 10 EG angestrebten[682]. Die gegenseitige Pflicht zur Zusammenarbeit bei gemischten Abkommen soll eine einheitliche Repräsentation der Gemeinschaft nach außen gewährleisten[683]. Der Gemeinschaftstreuegrundsatz hingegen soll die einheitliche Geltung und Anwendung von Gemeinschaftsrecht sichern. Bei letzterem steht die Funktionsfähigkeit der Gemeinschaft im Vordergrund, bei ersterem soll lediglich ein einheitliches völkerrechtliches Auftreten der Gemeinschaft sichergestellt werden. Es ist zu erkennen, dass die Interessen und Ziele,

681 3.Teil, D II 3 a bb.

682 *Kreibich*, Das TRIPs-Abkommen in der Gemeinschaftsordnung, S. 127 f.

683 Vgl. EuGH, Gutachten 1/94 (WTO), Slg. 1994, I-5267, Rdn. 108.

die hinter den Pflichten zur Zusammenarbeit stehen, nicht deckungsgleich sind. Die Berufung auf Art. 10 EG scheint nicht geeignet, um die Zusammenarbeitsverpflichtungen in völkerrechtlichen Verflechtungen zu begründen.

Allerdings ist daran zu denken, dem Gemeinschaftstreuegebot zusätzliche Pflichten zu entnehmen, die über den Anwendungsbereich von Art. 10 EG hinaus reichen. So ist das Gemeinschaftstreuegebot bereits außerhalb der gemeinschaftsrechtlichen Kompetenzen angewendet worden, wo kein Gemeinschaftsrecht mehr betroffen war[684]. Dem kann aber entgegengehalten werden, dass eine allgemeine Kooperationspflicht außerhalb des Anwendungsbereichs des EG-Vertrags mit dem in Art. 5 Abs. 1 EG niedergelegten Subsidiaritätsprinzip nicht vereinbar ist[685]. Art. 10 EG kann nur bei der Ausübung anderweitig eingeräumter Kompetenzen von Bedeutung sein, in keinem Fall jedoch kompetenzbegründend wirken[686]. Dies wäre aber hier gerade der Fall. Eine umfassende einheitliche Auslegung aller Normen gemischter Übereinkommen durch den Gerichtshof würde unversehens aus der Beteiligung der Mitgliedstaaten an einem gemischten Abkommen eine unwiderrufliche Kompetenzübertragung an die Gemeinschaft bedeuten[687]. Dies aber wäre nicht im Sinne der Mitgliedstaaten und würde zugleich das Subsidiaritätsprinzip missachten. Daher kann das Gemeinschaftstreuegebot nur im Rahmen seines Anwendungsbereichs zum Einsatz kommen. Eine Ausdehnung darüber hinaus ist nicht möglich.

Es bleibt noch zu erwähnen, dass auch die Gemeinschaft den Grundsatz der loyalen Zusammenarbeit gegenüber den Mitgliedstaaten beachten muss[688]. Dazu zählt unter anderem das Verbot der illoyalen Ausweitung von Gemeinschaftskompetenzen zu Lasten von Rechtssetzungs- und Handlungskompetenzen der Mitgliedstaaten[689].

Im Ergebnis bleiben die Gemeinschaft und die Mitgliedstaaten bei der internen Anwendung gemischter Abkommen trotz des Gemeinschaftstreuegebotes an die konstitutionellen Vorgaben gebunden. Eine Vorlagepflicht für gemischte Abkommen ergibt sich nicht aus der dem Art. 10 EG entnommenen Pflicht zur Zusammenarbeit. Die einzige Ausnahme hierzu ist in den Bereichen der konkurrierenden Kompetenzen zu finden, in denen die EG bereits umfassende Harmonisierungsmaßnahmen erlassen hat.

---

684 Vgl. EuGH, Rs. 44/84 (Hurd), Slg. 1986, 29.

685 *Kreibich*, Das TRIPs-Abkommen in der Gemeinschaftsordnung, S. 128.

686 *Von Bogdandy*, in: Grabitz/Hilf, EU/EGV, Art. 10 Rdn. 14 EG; *Kahl*, in: Calliess/Ruffert, EUV/EGV, Art. 10 Rdn. 35 EG.

687 *Hailbronner*, Die Freizügigkeit türkischer Staatsangehöriger nach dem Assoziations-Abkommen EWG/Türkei, EuR 1984, 54 (64).

688 EuGH, Rs. C-230/81 (Luxemburg/EP), Slg. 1983, 255, Rdn. 37; EuGH, Rs. C-2/88 (Zwartveld), Slg. 1990, I-3365, Rdn. 17; *Kahl*, in: Calliess/Ruffert, EUV/EGV, Art. 10 Rdn. 50 ff. EG; *Schweitzer/Hummer*, Europarecht, Rdn. 1047; *Streinz*, Europarecht, Rdn. 142.

689 *Geiger*, EU/EGV, Art. 10 Rdn. 5; *Hailbronner*, Die deutschen Bundesländer in der EG, JZ 1990, 149 (152).

c. Pflichten des Art. 3 EU

Das Kohärenzgebot als Gebot der Abstimmung von kompetenziell unterschiedlich zuzuordnenden Politikbereichen bedingt ein beiderseitiges Entgegenkommen, um gegensätzliche politische Standpunkte einander anzunähern[690]. Eine solche Kompromissbereitschaft bedeutet stets den Verzicht auf bestimmte Handlungsoptionen, die ohne das Kohärenzgebot dem betreffenden Politikträger offen stehen würden. Fraglich ist, ob hinsichtlich gemischter Abkommen das Kohärenzgebot zu beachten ist, und ob der dann daraus folgende Handlungsverzicht so weit reichen kann, dass die Mitgliedstaaten nicht mehr die Normen gemischter Abkommen auslegen dürfen, die ihren eigenen Kompetenzbereichen angehören.

Das Gebot der inneren Kohärenz strebt die Wahrung des Zusammenhalts der Union im Inneren an[691]. Dabei wird ein einheitliches, den Zusammenhang wahrendes, widerspruchsfreies Verhalten bei allem Unionshandeln verlangt[692]. Es sind aber keinerlei Gründe ersichtlich, warum eine „unterschiedliche'' Auslegung gemischter Abkommen unter Beachtung der Kompetenzverteilung zu einer Gefährdung der inneren Einheit der Union führen könnte.

Allenfalls könnte das äußere Kohärenzgebot auf den Umgang mit gemischten Abkommen Anwendung finden. Das Gebot der äußeren Kohärenz soll ein gemeinsames außen-, sicherheits- und entwicklungspolitisches Auftreten der Mitgliedstaaten gegenüber Drittstaaten gewährleisten[693]. Um dies zu verwirklichen, müssen die Maßnahmen zwischen der Gemeinschaft und den Mitgliedstaaten abgestimmt werden[694].

Ähnlich stellt sich die von dem Gerichtshof entwickelte gegenseitige Pflicht zur engen Zusammenarbeit zwischen den Mitgliedstaaten und der Gemeinschaft im Umgang mit gemischten Abkommen dar. Auch dadurch soll eine geschlossene völkerrechtliche Vertretung der Gemeinschaft gewährleistet werden[695].

Dass das Kohärenzgebot tatsächlich auf gemischte Abkommen Anwendung findet, wird von *Granvik* bestätigt[696]. Sie sieht allerdings insbesondere Art. 11 Abs. 2 Uabs. 1 EU als einschlägig an. Demnach hätten die Mitgliedstaaten die Außen- und Sicherheitspolitik der Union aktiv und vorbehaltlos im Geiste der Loyalität und der gegenseitigen Solidarität zu unterstützen. Darüber hinaus sollen die Mitgliedstaaten im Bereich der GASP alle Handlungen, die den Interessen der Union zuwiderlaufen oder ihre Wirksamkeit als kohärente Kraft

690 *Pechstein/König*, Die EU, Rdn. 137; *Siems*, Das Kohärenzgebot in der EU und seine Justitiabilität, S. 27.

691 *Pechstein/König*, Die EU, Rdn. 133.

692 *Stumpf*, in: Schwarze, EU-Kommentar, Art, 3 Rdn. 8 EU.

693 *Blanke*, in: Calliess/Ruffert, EUV/EGV, Art. 3 Rdn. 14 EU.

694 *Siems*, Das Kohärenzgebot in der EU und seine Justitiabilität, S. 23.

695 Vgl. EuGH, Gutachten 1/94 (WTO), Slg. 1994, I-5267, Rdn. 108.

696 *Granvik*, Incomplete Mixed Environmental Agreements, in: Koskenniemi, International Law Aspects of the EU, 255 (264).

in den internationalen Beziehungen schaden könnten, unterlassen (Art. 11 Abs. 2 Uabs. 2 S. 2 EU)[697].

Wie bereits oben erwähnt, stellt Art. 11 Abs. 2 EU eine besondere Ausprägung des Gebotes der äußeren Kohärenz im Bereich der GASP dar[698]. Gemischte Abkommen werden häufig im Bereich der Außenwirtschaftspolitik geschlossen, so dass dann Art. 11 Abs. 2 EU zu beachten ist. Fraglich ist, wie weit die darin enthaltene Kohärenzpflicht reicht.

Im Bereich der Außenbeziehungen der Union konkurrieren die Kompetenzen der Gemeinschaft mit einer nicht näher definierten intergouvernementalen Zusammenarbeit der Mitgliedstaaten im Bereich der Außen- und Sicherheitspolitik[699]. Dabei werden die Mitgliedstaaten zu einem GASP-konformen Verhalten verpflichtet. Ihnen obliegt zum einen, ihre einzelstaatliche Politik in Abstimmung mit der GASP zu bringen und zum anderen, im Rahmen der GASP im Verbund mit den anderen Mitgliedstaaten die Kohärenz gegenüber der Gemeinschaft zu wahren[700]. Damit kommt dem Kohärenzgebot des Art. 11 Abs. 2 EU die Aufgabe zu, innerhalb der Gemengelage der verschiedenen Außenverhältnisse auf intergouvernementaler Ebene die einzelnen Kompetenzen zu wahren und diese in Einklang zu bringen[701]. Die Pflege der Außenbeziehungen ist gerade unter Berücksichtigung der jeweiligen Zuständigkeiten durchzuführen. Unter Beachtung dieses Kohärenzgebotes sind die Mitgliedstaaten damit gehalten, in ihrer intergouvernementalen Zusammenarbeit nicht in die Kompetenzen der EG von außenpolitischer Bedeutung einzugreifen. Somit verursacht das Kohärenzgebot des Art. 11 Abs. 2 EG keine Änderung der jeweiligen Kompetenzen. Auch das äußere Kohärenzgebot nach Art. 3 EU bewirkt keine Änderung der den Organen zugewiesenen Zuständigkeiten (Art. 3 Abs. 2 S. 3 EU)[702].

Indem das Kohärenzgebot gerade der Wahrung der jeweiligen Kompetenzbereiche dient, kann daraus keine umfassende Auslegungszuständigkeit des EuGH für sämtliche Normen außenpolitischer, gemischter Übereinkommen abgeleitet werden, da ansonsten die Kompetenzen der Mitgliedstaaten verletzt würden. Lediglich die Abgrenzungen der einzelnen Kompetenzbereiche sind für alle Beteiligten verbindlich durch den Gerichtshof festzulegen[703].

Insgesamt ergibt sich im Hinblick auf die Kohärenz außenpolitischer Maßnahmen für gemischte Abkommen, die aufgrund geteilter Kompetenzen häufiger im Bereich der Außenwirtschaftspolitik geschlossen werden, eine Verpflichtung zu gegenseitiger Zusammenarbeit zwischen den Mitgliedstaaten und der Union

697 Ebenda.
698 3.Teil, D I 2.
699 *Siems*, Das Kohärenzgebot in der EU und seine Justitiabilität, S. 161.
700 Ebenda, S. 25.
701 *Stumpf*, in: Schwarze, EU-Kommentar, Art, 3 Rdn. 12 EU.
702 *Kreibich*, Das TRIPs-Abkommen in der Gemeinschaftsordnung, S. 126 f.; *Siems*, Das Kohärenzgebot in der EU und seine Justitiabilität, S. 26.
703 *Siems*, Das Kohärenzgebot in der EU und seine Justitiabilität, S. 166.

aus Art. 11 Abs. 2 EU und Art. 3 Abs. 2 EU[704]. Diese Verpflichtung zur Zusammenarbeit beschränkt sich allerdings auf die intergouvernementale Ebene und findet ihre Grenzen in den jeweiligen Kompetenzbereichen[705]. Die Folge ist, dass das Kohärenzgebot keine umfassende Auslegungszuständigkeit des EuGH für gemischte Abkommen begründet.

d. Pflicht zur loyalen Zusammenarbeit

Abschließend bleibt zu klären, wie die vom EuGH immer wieder betonte Pflicht der Mitgliedstaaten und der Gemeinschaftsorgane zur einer engen Zusammenarbeit sowohl bei der Aushandlung und dem Abschluss der gemischten Übereinkommen als auch bei dessen Durchführung zu verstehen ist. Begründet wird diese Verpflichtung mit der Notwendigkeit einer geschlossenen völkerrechtlichen Vertretung der Gemeinschaft. Die maßgebliche Frage lautet, ob daraus eine Verpflichtung verbunden ist, eine einheitliche Auslegung aller Normen gemischter Abkommen durch den EuGH zu dulden.

Voraussetzung dafür wäre, dass die Pflicht der Mitgliedstaaten zur Duldung einer einheitlichen Auslegung Bestandteil der Pflicht zur Zusammenarbeit bei gemischten Verträgen ist. Dafür müssten beide Verpflichtungen einen ähnlichen Zweck verfolgen. Wenn die Pflicht zur Zusammenarbeit Ausfluss der Notwendigkeit einer geschlossenen völkerrechtlichen Vertretung ist, so ist fraglich, ob auch die Unterwerfung der Mitgliedstaaten unter die Auslegungskompetenz des Gerichtshofs diesem Ziel dient. Eine einheitliche Auslegung aller Normen gemischter Abkommen dient allerdings nicht der einheitlichen Vertretung nach außen. Vielmehr betrifft die Auslegung völkerrechtlicher Bestimmungen die innergemeinschaftliche Seite dieser Verträge, wohingegen ein geschlossenes Auftreten nach außen die völkerrechtlichen Aspekte betrifft. Die bei gemischten Abkommen bestehende Pflicht zur Zusammenarbeit regelt die externen Verhaltensweisen der EG und ihrer Mitgliedstaaten. Ihr völkerrechtliches Verhalten soll aufeinander abgestimmt und koordiniert werden, damit die Drittstaaten nicht durch ein uneinheitliches Auftreten beider verunsichert werden. Im Gegensatz dazu ist die Notwendigkeit einer einheitlichen Auslegung völkerrechtlicher Abkommen von dieser außergemeinschaftlichen Problematik losgelöst. Sie betrifft lediglich die interne Ebene völkerrechtlicher Abkommen und soll die einheitliche Anwendung von Gemeinschaftsrecht sichern. Zum einen werden gemischte Abkommen nicht in ihrer Gesamtheit Bestandteil des Gemeinschaftsrechts. Infolgedessen muss nur der gemeinschaftsrechtliche Teil einheitlich ausgelegt werden, um eine einheitliche Anwendung des Gemeinschaftsrechts zu sichern. Zudem würde durch eine umfassende Auslegungszuständigkeit des EuGH die Souveränität der Mitgliedstaaten erheblich eingeschränkt. Zum anderen sind im innergemeinschaftlichen

---

704 *Blanke*, in: Calliess/Ruffert, EUV/EGV, Art. 3 Rdn. 15 EU; *Gilsdorf*, Die Außenkompetenzen der EG im Wandel, EuR 1996, 145 (158 ff.).

705 *Kreibich*, Das TRIPs-Abkommen in der Gemeinschaftsordnung, S. 126 f.

Rechtsraum keine schutzwürdigen Interessen Dritter zu wahren, die eine derartige Begrenzung mitgliedstaatlicher Rechte rechtfertigen könnten. Stattdessen ist lediglich das allgemeine Kompetenzgefüge zu beachten.

Es ist daher nicht möglich, einen Zusammenhang zwischen einem einheitlichen völkerrechtlichen Auftreten der EG und der Mitgliedstaaten sowie einer einheitlichen Auslegung aller Normen gemischter Abkommen deutlich zu machen. Wie oben dargestellt wurde, führt eine uneinheitliche Auslegung nicht automatisch zu einer uneinheitlichen völkerrechtlichen Repräsentation[706].

Zu Recht weist Generalanwalt *Cosmas* darauf hin, dass der Zusammenarbeitspflicht nicht dadurch geholfen ist, dass alle Bestimmungen gemischter Abkommen einheitlich durch den EuGH ausgelegt werden[707]. Dies greift nämlich einem politischen Verfahren, dem Einigungsprozess zwischen der EG und den Mitgliedstaaten, der noch nicht statt gefunden hat, vor. Damit würden sogar Gefahren für das Zusammenwirken erst entstehen.

Demnach stellt sich die bei gemischten Abkommen bestehende gegenseitige Pflicht zur Zusammenarbeit als bloße Koordinationspflicht für das externe Verhalten von EG und Mitgliedstaaten im Umgang mit völkerrechtlichen Abkommen dar[708]. Eine mitgliedstaatliche Duldungspflicht gegenüber einer umfassenden Auslegungszuständigkeit des EuGH für gemischte Abkommen ist darin nicht enthalten.

Es ist wohl nicht zu leugnen, dass ein berechtigtes Interesse an einer einheitlichen Auslegung besteht. Eine gemeinschaftsweite einheitliche Auslegung würde den Mitgliedstaaten Klarheit über die Reichweite ihrer der Gemeinschaft gegenüber bestehenden Verpflichtungen zur ordnungsgemäßen Durchführung des jeweiligen Übereinkommens verschaffen[709]. Ferner würde eine gemeinsame Position der EG und der Mitgliedstaaten die Verhandlungsposition der Gemeinschaft gegenüber Drittstaaten stärken und zu einer wirkungsvolleren internationalen Durchsetzung des jeweiligen Abkommens beitragen[710]. Gerade hinsichtlich des WTO-Rechts wäre die Wahrnehmung möglicher „cross retaliation" leichter[711]. Auch besteht die Gefahr, dass durch eine uneinheitliche Auslegung Ergebnisse, die im Außenverhältnis durch die Pflicht zur Zusammen-

---

706 3.Teil, C III, D II 3 a bb ii.

707 Schlussanträge des GA *Cosmas*, EuGH, verb. Rs. C-300 und 392/98 (Dior und Assco), Slg. 2000, I-11307, Rdn. 67.

708 *Kreibich* spricht von einer bloßen Verhaltenspflicht im Gegensatz zu einer Erfolgspflicht, *Kreibich*, Das TRIPs-Abkommen in der Gemeinschaftsordnung, S. 127 ff.

709 Hinsichtlich des TRIPs *Groh/Windisch*, Die Europäische Gemeinschaft und TRIPS: Hermès, Dior und die Folgen, GRUR Int. 2001, 497 (501).

710 Hinsichtlich des TRIPs *Kreibich*, Das TRIPs-Abkommen in der Gemeinschaftsordnung, S. 132; *Groh/Windisch*, Die Europäische Gemeinschaft und TRIPS: Hermès, Dior und die Folgen, GRUR Int. 2001, 497 (500).

711 EuGH, Gutachten 1/94 (WTO), Slg. 1994, I-5267, Rdn. 108 f.

arbeit erzielt worden sind, im innergemeinschaftlichen Rechtsraum wieder beeinträchtigt oder sogar zunichte gemacht werden[712].

Trotz all dieser Vorteile einer einheitlichen Auslegung aller Bestimmungen gemischter Verträge durch den EuGH können bloße, wenn auch legitime Interessen, keine Rechtsgrundlage für eine derartig einschneidende Maßnahme darstellen. Durch eine umfassende Auslegungszuständigkeit des EuGH wird die Auslegungs- und Gestaltungsautonomie der Mitgliedstaaten erheblich eingeschränkt. Bloße Praktikabilitätsgründe können aber eine Verletzung des Kompetenzgefüges nicht rechtsfertigen. Das Subsidiaritätsprinzip würde ansonsten gröblich missachtet. Vielmehr müssen die konstitutionellen Vorgaben bei der internen Anwendung völkerrechtlicher Abkommen beachtet werden.

In diesem Sinn äußert sich auch Generalanwalt *Cosmas* in der *Dior*-Entscheidung: Die einheitliche Anwendung eines völkerrechtlichen Abkommens innerhalb der Gemeinschaft stelle durchaus ein legitimes Gemeinschaftsinteresse dar, aber kein absolutes Erfordernis; so monistisch der Ansatz der Gemeinschaft auch sei, so ergebe sich daraus nicht von selbst, dass die innergemeinschaftliche Anwendung eines völkerrechtlichen Abkommens ein größeres Maß an Einheitlichkeit verlange als die Anwendung des innerhalb der Gemeinschaft geltenden Rechts, das aufgrund der Kompetenzverteilung ausschließliches Gemeinschaftsrecht, nationales Recht oder beides sein könne[713].

III. Ergebnis

Am Ende kann festgehalten werden, dass die Pflicht zur Zusammenarbeit zwischen der Gemeinschaft und den Mitgliedstaaten bei gemischten Abkommen nicht die Duldung der einheitlichen Auslegung aller Normen gemischter Abkommen durch den EuGH umfasst.

Die Mitgliedstaaten und die Gemeinschaft sind im Umgang mit gemischten Abkommen zwar sehr wohl zur gegenseitigen Zusammenarbeit verpflichtet. Diese Pflicht ist vom Gerichtshof in seiner Rechtsprechung auch oftmals betont worden[714].

Da diese vom Gerichtshof begründete Kooperationspflicht aber dem einheitlichen völkerrechtlichen Auftreten der Gemeinschaft dienen soll, fällt sie nicht unter die aus dem Gemeinschaftstreuegebot abgeleiteten Pflichten. Mit Art. 10 EG wird die Funktionsfähigkeit des Gemeinschaftsrechts geschützt. Zudem würde durch eine umfassende Auslegungszuständigkeit des EuGH für sämtliche

---

712 Hinsichtlich des TRIPs *Kreibich*, Das TRIPs-Abkommen in der Gemeinschaftsordnung, S. 133.

713 Schlussanträge des GA *Cosmas*, EuGH, verb. Rs. C-300 und 392/98 (Dior und Assco), Slg. 2000, I-11307, Rdn. 61.

714 EuGH, Rs. 12/86 (Demirel), Slg. 1987, 3719 ; EuGH, Beschluß 1/78 (Objektschutz), Slg. 1978, 2151; EuGH, Gutachten 1/78 (Naturkautschuk), Slg. 1978, 2871; EuGH, Gutachten 2/91 (ILO), Slg. 1993, I-1061; EuGH, Gutachten 1/94 (WTO), Slg. 1994, I-5267; EuGH, Gutachten 2/00 (UNCED), Slg. 2001, I-9713.

Normen gemischter Abkommen die Gestaltungs- und Auslegungsautonomie der Mitgliedstaaten erheblich beeinträchtigt. Dies könnte zwar damit gerechtfertigt werden, dass eine einheitliche Auslegung aller Bestimmungen gemischter Abkommen der einheitlichen Geltung und Anwendung des Gemeinschaftsrechts dienen würde. Dem ist aber gerade nicht so. Gemischte Abkommen werden nicht in ihrer Gesamtheit Bestandteil des Gemeinschaftsrechts. Die Funktionsfähigkeit der Gemeinschaft ist zudem nicht durch eine „uneinheitliche" Auslegung gemischter Abkommen gefährdet. Eine voneinander abweichende Auslegung einzelner Normen gemischter Abkommen durch die nationalen Gerichte oder durch den EuGH bewirkt lediglich die Uneinheitlichkeit des jeweiligen völkerrechtlichen Abkommens.

Im Ergebnis bleiben die Gemeinschaft und die Mitgliedstaaten bei der internen Anwendung gemischter Abkommen trotz des Gemeinschaftstreuegebotes an die konstitutionellen Vorgaben gebunden. Eine Vorlagepflicht für gemischte Abkommen ergibt sich nicht aus der dem Art. 10 EG entnommenen Pflicht zur Zusammenarbeit; einzige Ausnahme hierzu ist in den Bereichen konkurrierender Kompetenzen zu finden, von denen die Gemeinschaft intern schon umfassend Gebrauch gemacht hat.

Ebenso konnte dem Kohärenzgebot nach Art. 3 EU bzw. Art. 11 Abs. 2 EU keine mitgliedstaatliche Pflicht zum Verzicht auf die Ausübung der eigenen Auslegungszuständigkeiten hinsichtlich gemischter Abkommen entnommen werden. So begründen diese Normen im intergouvernementalen Bereich für die Mitgliedstaaten zwar Abstimmungsverpflichtungen gegenüber der EG im Umgang mit gemischten Abkommen, doch gehen diese Verpflichtungen nicht über die jeweiligen Kompetenzgrenzen hinaus.

Letztlich konnte auch die vom Gerichtshof aufgestellte Pflicht zur bloßen gegenseitigen Zusammenarbeit im Umgang mit gemischten Abkommen nicht als Begründung für eine alleinige Auslegungszuständigkeit des EuGH für gemischte Verträge verstanden werden. Die Zusammenarbeitsverpflichtung soll nur einer einheitlichen völkerrechtlichen Repräsentation der Gemeinschaft dienen. Wie gezeigt, beeinträchtigt eine „uneinheitliche" Auslegung gemischter Übereinkommen aber gerade nicht die Vertretung der Gemeinschaft nach außen. Da demnach mit einer einheitlichen Auslegung eine einheitliche völkerrechtliche Vertretung der Gemeinschaft nicht gefördert wird, kann das Gebot der einheitlichen Auslegung nicht als notwendiger Bestandteil der gerichtlichen Kooperationspflicht angesehen werden.

E. Gesamtbewertung und Ergebnisse

Anhand der Untersuchung der einzelnen Gesichtspunkte zu gemischten Abkommen konnte keine Begründung für die Annahme einer umfassenden Auslegungszuständigkeit des EuGH in bezug auf sämtliche Normen gemischter Abkommen gefunden werden.

Nicht alle Normen gemischter Abkommen unterfallen der ausschließlichen Abschlusskompetenz der Gemeinschaft. Vielmehr entspringen die Bestimmungen in gemischten Verträgen verschiedenen Kompetenzzuweisungen.

Nicht alle Normen gemischter Abkommen erlangen innergemeinschaftliche Geltung. Nur solche Normen gemischter Übereinkommen werden Bestandteil des Gemeinschaftsrechts, die dem Kompetenzbereich der EG zugeordnet werden können. Zum einen gehören hierzu die Normen, die der ausschließlichen Gemeinschaftskompetenz angehören, und zum anderen solche Normen, die den konkurrierenden Kompetenzen in einem Bereich unterfallen, in dem die Gemeinschaft bereits umfassende Harmonisierungsmaßnahmen erlassen hat. Indem solche Normen Bestandteil des Gemeinschaftsrechts werden, ist der EuGH zu deren Auslegung berechtigt.

Bei gemischten Abkommen haften die Gemeinschaft und die Mitgliedstaaten völkerrechtlich umfassend für jegliche Vertragsverletzungen. Indem eine einheitliche Auslegung zu einer koordinierten und einheitlichen Erfüllung der Vertragsverpflichtungen aus gemischten Abkommen beitragen kann, könnte dadurch zugleich das Risiko einer völkerrechtlichen Inanspruchnahme begrenzt werden. Die Verminderung des Haftungsrisikos mittels einer einheitlichen Auslegung durch den EuGH stellt allerdings ein bloßes Interesse dar und rechtfertigt nicht die Erweiterung der Auslegungszuständigkeit des Gerichtshofs zu Lasten der nationalen Gerichte.

Eine mitgliedstaatliche Pflicht, die EG vor einer völkerrechtlichen Inanspruchnahme zu schützen und so eine einheitliche Auslegung aller Normen gemischter Übereinkommen hinzunehmen, ist der insbesondere bei gemischten Abkommen bestehenden Pflicht zur Zusammenarbeit nicht zu entnehmen. Auch kann weder die aus Art. 10 EG abgeleitete Kooperationspflicht, noch das in Art. 3 EU enthaltenen Kohärenzgebot die Mitgliedstaaten dazu verpflichten, eine umfassende Auslegungszuständigkeit des Gerichtshofs für gemischte Verträge zu dulden.

Es ergibt sich eine zweistufige Auslegungszuständigkeit des EuGH für gemischte Abkommen. In einem ersten Schritt kann der Gerichtshof bestimmen, in wessen Kompetenzbereich die auszulegende Norm des gemischten Abkommens einzuordnen ist. Dabei legt er die gemeinschaftlichen Kompetenzgrenzen eines gemischten Abkommens fest. In einem zweiten Schritt darf der EuGH die inhaltliche Auslegung der in Frage stehenden Bestimmung des gemischten Vertrags vornehmen. Voraussetzung dafür ist allerdings, dass die auszulegende Norm des gemischten Vertrags zuvor dem Kompetenzbereich der Gemeinschaft zugeordnet wurde. Ansonsten würde der Gerichtshof Gefahr laufen, nationales Recht auszulegen. Damit muss sich die Befugnis zur inhaltlichen Auslegung an dem im ersten Prüfungsschritt gewonnenen Ergebnis orientieren. Letztendlich kann so auch die Parallelität von Auslegungszuständigkeit des Gerichtshofs und Abschlusszuständigkeit der EG erhalten bleiben.

Zusammenfassend lässt sich sagen, dass der EuGH in einem ersten Prüfungsschritt sämtliche Bestimmung gemischter Abkommen einem Kompetenzbereich zuweisen muss. Erst in einem zweiten Prüfungsschritt darf die inhaltliche Auslegung der jeweiligen Norm erfolgen. Voraussetzung dafür ist, dass die auszulegende Norm des gemischten Abkommens entweder den ausschließlichen Gemeinschaftskompetenzen angehört oder den konkurrierenden Kompetenzen in einem Bereich unterfällt, in dem die Gemeinschaft bereits umfassende Harmonisierungsmaßnahmen erlassen hat. Lediglich diese Bestimmungen haben nämlich innergemeinschaftliche Geltung erlangt, und sind so Bestandteil des Gemeinschaftsrechts geworden.

Normen gemischter Übereinkommen, die den ausschließlichen Kompetenzen der Mitgliedstaaten unterfallen oder die den konkurrierenden Kompetenzen in Bereichen angehören, in denen die Gemeinschaft noch keine bzw. keine umfassenden Harmonisierungsmaßnahmen erlassen hat, entfalten keine innergemeinschaftliche Geltung. Da solche Normen nicht Bestandteil des Gemeinschaftsrechts werden, können sie nicht vom EuGH ausleget werden. Ihre innerstaatliche Wirkung richtet sich nach den nationalen Rechtsordnungen. Für ihre Auslegung sind einzig und allein die nationalen Gerichte zuständig.

Mit einer zweistufigen Auslegungszuständigkeit des Gerichtshofs für gemischte Abkommen können gewisse Problem einhergehen.

Im ersten Prüfungsschritt könnte sich für den Gerichtshof die Schwierigkeit ergeben, die verschiedenen Bestimmungen des Abkommens einem jeweiligen Kompetenzbereich zuzuweisen. Meist stellt sich nämlich die Kompetenzverteilung zwischen der Gemeinschaft und den Mitgliedstaaten bei gemischten Abkommen als äußerst kompliziert dar. Auch ist es wahrscheinlich, dass sich die gemeinschaftsrechtliche Kompetenzverteilung im Zuge der fortschreitenden Entwicklung des Gemeinschaftsrechts nach Abschluss des Abkommens ändert[715]. Daher ist es generell schwierig, eindeutig zu bestimmen, wo die genaue Grenzlinie zwischen den einzelnen Kompetenzbereichen verläuft[716].

Zudem mag es aufgrund der möglichen Verknüpfung zwischen mehreren Bestimmungen desselben Abkommens schwierig sein genau festzustellen, ob eine bestimmte Vorschrift dem Gemeinschaftsbereich oder nur dem nationalen Bereich angehört[717].

Darüber hinaus wird es für den EuGH nicht leicht sein festzulegen, wann in einem Bereich konkurrierender Kompetenzen die Gemeinschaft hinreichende Harmonisierungsmaßnahmen erlassen hat, um die Norm bereits als dem Gemeinschaftsrecht zugehörig anzusehen.

---

715 *Arnold*, Der Abschluß gemischter Verträge durch die Europäischen Gemeinschaften, ArchVR 1980/81, 419 (425); auch wird von einer „dynamische Kompetenzentwicklung'' gesprochen, *Drexl*, The TRIPs Agreement and the EC, S. 18 (35 f.); *Ott*, GATT und WTO im Gemeinschaftsrecht, S. 217.

716 *Groux/Manin*, Die Europäischen Gemeinschaften in der Völkerrechtsordnung, S.61; *Groh/Windisch*, Die EG und TRIPs, GRUR Int. 2001, 497 (500).

717 Schlussanträge des GA *Tesauro*, EuGH, Rs. C-53/96 (Hermès), Slg. 1998, I-3603, Rdn. 20; Schlussanträge des GA *Cosmas*, EuGH, verb. Rs. C-300 und 392/98 (Dior und Assco), Slg. 2000, I-11307, Rdn. 53.

Die Ablehnung einer umfassenden Auslegungszuständigkeit des Gerichtshofs für sämtliche Normen gemischter Übereinkommen hat desweitern zur Folge, dass es hinsichtlich ein und derselben völkerrechtlichen Norm zu unterschiedlichen Auslegungen kommen kann. Ein gutes Beispiel hierfür ist Art. 50 TRIPs. Diese Norm unterfällt dem konkurrierenden Kompetenzbereich. Allerdings hat die EG in diesem Bereich bereits teilweise Harmonisierungsmaßnahmen erlassen. Ist nun ein Sachverhalt nach nationalem Recht zu beurteilen, wird er von den nationalen Gerichten ausgelegt; sollte Art. 50 TRIPs aber für einen dem Gemeinschaftsrecht unterliegenden Sachverhalt von Bedeutung sein, so muss der EuGH die Norm auslegen. Dadurch besteht die Gefahr, dass der Gerichtshof und die nationalen Gerichte unterschiedliche Auffassungen hinsichtlich des Verständnisses der Norm vertreten. In unterschiedlichen Auslegungsergebnissen sieht Generalanwalt *Tesauro* die Funktionsfähigkeit des Gemeinschaftsrechts gefährdet[718].

Auch wird vorgebracht, die Homogenität der Durchführung gemischter Abkommen könne darunter leiden, dass der EuGH nur für die Auslegung des gemeinschaftsrechtlichen, nicht aber des mitgliedstaatlichen Teils gemischter Verträge zuständig sei[719].

Zur Vermeidung der Zuweisungsschwierigkeiten des Gerichtshofs und zur Vermeidung abweichender Auslegungen durch den Gerichtshof und durch die nationalen Gerichte könnte letztlich doch eine einheitliche Auslegung durch den EuGH für gemischte Übereinkommen zu befürworten sein.

Sollte der Gerichtshof aber für die Auslegung sämtlicher Normen gemischter Abkommen tatsächlich zuständig sein, so läuft er dabei immer Gefahr, nationales Recht auszulegen. Um dies zu vermeiden, bedarf es bei gemischten Abkommen einer genauen Festlegung der Kompetenzverteilung zwischen der EG und den Mitgliedstaaten. Wenn die genaue Kompetenzaufteilung gemischter Abkommen gerade nicht fest steht oder vielmehr zwischen der Gemeinschaft und den Mitgliedstaaten umstritten ist, ist es einzig der EuGH, der die Verteilung der einzelnen Kompetenzen bestimmen kann. Folglich muss dem Gerichtshof in einer ersten Prüfungsstufe ein derartiges Maß an Auslegungszuständigkeit zugewiesen werden, wie es die Vornahme einer genauen Kompetenzbestimmung für sämtliche Normen gemischter Abkommen erfordert. Dabei steht außer Zweifel, dass sich die Abgrenzung der einzelnen Kompetenzbereiche für den EuGH als schwierig darstellen mag. Dies kann aber nicht dazu führen, von einer umfassenden Auslegungszuständigkeit des Gerichtshofs für alle Normen gemischter Verträge auszugehen.

Zudem sind nicht alle Bestimmungen gemischter Verträge in ihrer Gesamtheit Bestandteil des Gemeinschaftsrechts geworden. Damit ist durch eine unterschiedliche Auslegung der Normen gemischter Übereinkommen, die keine

---

718 Schlussanträge des GA *Tesauro*, EuGH, Rs. C-53/96 (Hermès), Slg. 1998, I-3603, Rdn. 20.

719 *Schweitzer/Hummer*, Europarecht, Rdn. 671.

innergemeinschaftliche Geltung erlangt haben, nicht die Rechtseinheit des Gemeinschaftsrechts gefährdet.

Darüber hinaus legen auch die nationalen Gerichte der Drittländer die Bestimmungen des gemischten Abkommens unabhängig voneinander aus und können folglich zu unterschiedlichen Ergebnissen gelangen. Eine einheitliche Auslegung bzw. Anwendung der gemischten Abkommen müsste in den Verträgen vereinbart werden. Davon wird aber meist kein Gebrauch gemacht. Die einzelnen Mitgliedstaaten sind unabhängige Parteien der gemischten Übereinkommen. Ihnen sollten die gleichen Rechte zustehen, wie anderen Drittstaaten. Somit steht auch ihnen die Auslegung der in ihre Zuständigkeit fallenden Normen des Abkommens durch ihre nationalen Gerichte zu.

Als Ergebnis lässt sich sagen, dass aus Praktikabilitätsgründen ein Gebot der einheitlichen Auslegung für gemischte Abkommen wohl wünschenswert wäre. Bislang fehlt es hierfür aber noch an einer rechtlichen Grundlage.

F. Auswirkung auf die gerichtlichen Kontrollverfahren

Abschließend bleibt zu klären, ob bzw. in welchem Umfang gemischte Abkommen Gegenstand der einzelnen Rechtsschutzverfahren sein können. Indem gemischte Abkommen in ihrer Gesamtheit nicht Bestandteil des Gemeinschaftsrechts werden, sind sie in ihrer Gesamtheit auch nicht „Recht" im Sinne des Art. 220 EG, da ansonsten der Rechtsbegriff über das Gemeinschaftsrecht hinaus erstreckt werden würde. Insoweit kann ein gemischtes Abkommen dann auch nur beschränkt auf den gemeinschaftsrechtlichen Teil den Streitgegenstand der jeweiligen Verfahrensarten bilden.

I. Vorbeugende Kontrolle nach Art. 300 Abs. 6 EG

Gegenstand eines Gutachtens gemäß Art. 300 Abs. 6 EG muss ein „geplantes Abkommen" sein. Gemischte Abkommen können wenigstens hinsichtlich des gemeinschaftsrechtlichen Teils als vertragliche Abmachungen verstanden werden, die von der Gemeinschaft nach Maßgabe des Art. 300 EG abgeschlossen werden. Aus diesem Grund kann auch ein gemischtes Abkommen Gegenstand eines Rechtsgutachtens nach Art. 300 Abs. 6 EG sein, bei dem die Vereinbarkeit des gemischten Abkommens mit dem EG-Vertrag überprüft wird[720]. Auf diese Weise kann die Frage, wer zum Abschluss des Abkommens zuständig ist, geklärt werden[721]. In diesem Zusammenhang überprüft der EuGH

720 *Geiger*, EUV/EGV, Art. 300 Rdn. 30 EG; *Schmalenbach*, in Callies/Ruffert, EUV/EGV, Art. 300 Rdn. 84 EG.

721 EuGH, Gutachten 1/78 (Naturkautschuk), Slg. 1979, 2871; EuGH, Gutachten 2/91 (ILO), Slg. 1993, I-1061; EuGH, Gutachten 1/94 (WTO), Slg. 1994, I-5267.

nicht nur die Abschlusskompetenzen der Gemeinschaft[722], sondern auch die der Mitgliedstaaten im Rahmen ihrer Zuständigkeiten, multilaterale Abkommen mit[723] oder ohne Beteiligung der Gemeinschaft[724] abzuschließen.

II. Nachträgliche Kontrolle

1. Vertragsverletzungsverfahren nach Art. 226, 227 EG

Im Rahmen des Vertragverletzungsverfahren nach Art. 226, 227 EG müssen die von den Mitgliedstaaten verletzten Pflichten „Verpflichtungen aus diesem Vertrag'' darstellen. Insoweit ist zwischen den gemeinschaftlichen Teilen des gemischten Abkommens und den in der Kompetenz der Mitgliedstaaten verbleibenden Bereichen zu trennen. Demnach können nur Verletzungen der Vertragsverpflichtungen geltend gemacht werden, wenn der Abkommensteil durch Handlungen oder Unterlassungen eines Mitgliedstaates berührt wird, der in den gemeinschaftlichen Abkommensteil eingreift und dortige Verpflichtungen verletzt[725]. Darüber hinaus besteht die Möglichkeit, dass die Mitgliedstaaten ihre bei gemischten Abkommen der Gemeinschaft gegenüber bestehenden Durchführungs- und Kooperationsverpflichtungen nicht erfüllen; auch dieses Verhalten kann Gegenstand eines Vertragsverletzungsverfahrens nach Art. 226, 227 EG sein[726]. Aber auch Zuständigkeitskonflikte könnten Streitgegenstand eines Vertragsverletzungsverfahrens sein. So könnten zum Beispiel aufgrund impliziter Kompetenzen der Gemeinschaft die Rechte der Gemeinschaft durch die Mitgliedstaaten beeinträchtigt werden, so dass der EuGH Vertragsverletzungen nach erfolgter Zuständigkeitsverlagerung feststellen könnte[727].

2. Nichtigkeitsklage nach Art. 230 EG

Gemischte Abkommen sind nicht insgesamt als „Handlung eines Gemeinschaftsorgans'' im Sinne des Art. 230 EG zu sehen. Nur der Teil gemischter Verträge, der dem Gemeinschaftsrecht unterfällt, kann somit Gegenstand und Prüfungsmaßstab einer Nichtigkeitsklage sein.

Eine Nichtigkeitsklage ist unter anderem dann begründet, wenn es dem handelnden Gemeinschaftsorgan bei dem Abschluss eines völkerrechtlichen Vertrags an einer diesbezüglichen Befugnis fehlt. Damit wäre der Klagegrund

722 EuGH, Gutachten 2/94 (EMRK), Slg. 1996, I-1763, Rdn. 23 ff.

723 EuGH, Gutachten 1/94 (WTO), Slg. 1994, I-5267, Rdn. 9; s. auch EuGH, Gutachten 1/76 (Stilllegungsfonds), Slg. 1977, 741; EuGH, Gutachten 1/78 (Naturkautschuk), Slg. 1979, 2871; EuGH, Gutachten 2/92 (OECD), Slg. 1995, I-521.

724 EuGH, Gutachten 2/91 (ILO), Slg. 1993, I-1061.

725 *Ott*, GATT und WTO im Gemeinschaftsrecht, S. 262; *Wuermeling*, Kooperatives Gemeinschaftsrecht, S. 249.

726 *Tomuschat*, in: von der Groeben/Schwarze, EU/EGV, Art. 300 Rdn. 97 EG.

727 *Ott*, GATT und WTO im Gemeinschaftsrecht, S. 261 f.

„Unzuständigkeit'' erfüllt. Die fehlende Befugnis kann sich auch auf die vertikale Kompetenzverteilung zwischen den Gemeinschaften und den Mitgliedstaaten beziehen[728]. Hinsichtlich gemischter Abkommen könnte damit die Abschlusszuständigkeit der Gemeinschaft für den gemeinschaftlichen Teil des Abkommens überprüft werden.

3. Vorabentscheidungsverfahren nach Art. 234 EG

Im Rahmen eines Vorabentscheidungsverfahrens gemäß Art. 234 Abs. 1 lit. b EG wird von den nationalen Gerichten eine entscheidungserhebliche Auslegungsfrage des Gemeinschaftsrechts gestellt. Da gemischte Abkommen nur hinsichtlich des gemeinschaftsrechtlichen Teils auch Bestandteil des Gemeinschaftsrechts werden, darf der EuGH eine Auslegung nur insoweit vornehmen, als die Auslegung eine Norm betrifft, die in den gemeinschaftsrechtlichen Teil des Abkommens fällt.

Insgesamt lässt sich daher sagen, dass jeweils nur der gemeinschaftsrechtliche Teil eines gemischten Abkommens Gegenstand und Prüfungsmaßstab der vorbeugenden und nachträchlichen Kontrollverfahren sein kann.

---

728 EuGH, verb. Rs. 6 und 11/69 (Kommission/Frk.), Slg. 1969, 523, Rdn. 13 ff.; EuGH, verb. Rs. 281, 283 bis 285 und 287/85 (Dt./Kommission), Slg. 1987, 3203, Rdn. 18 ff.; *Rengeling/Middeke/Gellermann*, Rechtsschutz in der EU, Rdn. 184 f.

Zusammenfassung und Ausblick

Der erste Teil der vorliegenden Arbeit hatte die Zuständigkeit des Gerichtshofs allgemein für völkerrechtliche Abkommen und insbesondere für gemischte Verträge zum Gegenstand. Im zweiten Teil wurde betrachtet, wie der EuGH in seinen Urteilen mit völkerrechtlichen Verträgen und hierbei insbesondere mit gemischten Übereinkommen umgeht. Im dritten Teil wurden einzelne Gesichtspunkte gemischter Abkommen daraufhin untersucht, ob sich aus ihnen Begründungsansätze für das Gebot der einheitlichen Auslegung gemischter Abkommen ableiten lassen.

Ausgestattet mit weit reichenden Kontrollbefugnissen ist der Gerichtshof für reine Gemeinschaftsabkommen zuständig. Diese völkerrechtlichen Verträge können sowohl Prüfungsgegenstand als auch Prüfungsmaßstab für das Handeln der Organe der Gemeinschaft und der Mitgliedstaaten in den einschlägigen gerichtlichen Kontrollverfahren sein. Zu nennen sind hier die Erstellung eines Rechtsgutachtens nach Art. 300 Abs. 6 EG, die Vertragsverletzungsverfahren nach Art. 226, 227 EG, die Nichtigkeitsklage nach Art. 230 EG und das Vorabentscheidungsverfahren nach Art. 234 Abs. I lit. b EG.

Mit der *Hermès*-Entscheidung eröffnete der EuGH die Möglichkeit, sich für die Auslegung aller Bestimmungen gemischter Abkommen für zuständig zu erklären. Der vom Gerichtshof für relevant erachtete Grund für die Annahme seiner weiten Auslegungskompetenz war die Sicherstellung einer einheitlichen Auslegung gemischter Verträge. Auf diese Weise konnte er dem Auftreten künftiger Auslegungsdivergenzen entgegentreten.

Bereits vor dem *Hermès*-Fall war es seit langem Praxis des EuGH, über gemischte Abkommen zu entscheiden. Dabei vermied es der Gerichtshof festzustellen, ob seine Zuständigkeit darauf beruht, dass die betreffenden Bestimmungen mit Sicherheit in den Bereich der Gemeinschaftszuständigkeit gehören, oder darauf, dass sich seine Zuständigkeit auf alle Normen gemischter Abkommen erstreckt.

Seine Auslegungszuständigkeit für Bestimmungen gemischter Abkommen begründete er meist mit der Formel, dass auch diese „integrierende Bestandteile der Gemeinschaftsrechtsordnung" seien. Seit dem *Haegeman*-Urteil waren nämlich vom Rat geschlossene Abkommen „Handlungen der Gemeinschaftsorgane" und „integrierende Bestandteile des Gemeinschaftsrechts". Darüber hinaus betont er die gemeinschaftsrechtliche Pflicht der Mitgliedstaaten, die Verpflichtungen aus dem von den Gemeinschaftsorganen geschlossenen Abkommen einzuhalten. Besonders wichtig erschien dem EuGH aber, die einheitliche Anwendung aller zur Gemeinschaftsordnung gehörenden Bestimmungen innerhalb der Gemeinschaft durch seine einheitliche Auslegung zu sichern.

Insgesamt hat der Gerichtshof immer Bestimmungen gemischter Verträge ausgelegt. Er hat sich dabei weder jemals zur Reichweite seiner Auslegungszuständigkeit geäußert noch dazu, worauf er seine Auslegungszuständigkeit stützt. Sein Vorgehen erweckte stets den Eindruck, als würde der EuGH von einem „Gebot der einheitlichen Auslegung'' bei gemischten Abkommen ausgehen.

Mit dieser Annahme hat der EuGH allerdings in der *Dior-* und *Assco-*Entscheidung gebrochen. Darin legt er ein widersprüchliches Verhalten an den Tag. Zunächst hat er seine im *Hermès-*Urteil getroffene Auslegungszuständigkeit sogar noch erweitert – von Entscheidungen, die auf markenrechtliche Fallgestaltungen beschränkt waren, auf sämtliche vom TRIPs geschützten Immaterialgüterrechte. Wie in der *Hermès-*Entscheidung stand die Gewährleistung der einheitlichen Auslegung im Mittelpunkt.

Zugleich hat der EuGH aber eine einheitliche interne Geltung aller Normen gemischter Abkommen abgelehnt. Das widersprüchliche daran ist, dass er nicht umfassend für die Auslegung aller Normen gemischter Abkommen zuständig sein kann, wenn diese Normen nicht zugleich umfassend Bestandteil des Gemeinschaftsrechts geworden sind.

Indem den gemischten Abkommen ein einheitlicher interner Status verwehrt wird, obliegt es nun den Mitgliedstaaten bzw. ihren nationalen Gerichten, die Auslegung der Normen vorzunehmen, die in ihrem Zuständigkeitsbereich verbleiben. Dabei können die nationalen Gerichte zu ganz unterschiedlichen und von der Situation im Gemeinschaftsrecht abweichenden Auslegungen kommen. Ein Gebot der einheitlichen Auslegung besteht in diesen Fällen demnach gerade nicht.

Abgesehen von der Widersprüchlichkeit in der *Dior-* und *Assco-*Entscheidung hat der Gerichtshof in diesem Urteil der bei gemischten Abkommen vorhandenen Kompetenzaufteilung zwischen der Gemeinschaft und den Mitgliedstaaten wieder Bedeutung beigemessen. Es kann von einer „Wiederentdeckung der kompetenzrechtlichen Betrachtung'' durch den Gerichtshof gesprochen werden.

Diese Entwicklung und die im *Dior-* und *Assco-*Urteil enthaltene Abkehr von dem Gebot der einheitlichen Auslegung sind zu begrüßen. Es sind nämlich keine Gründe vorhanden, die eine umfassende Auslegungszuständigkeit des Gerichtshofs für gemischte Abkommen rechtfertigen können.

Es besteht das Prinzip der Parallelität von Abschlusskompetenz der Gemeinschaft und Auslegungszuständigkeit des EuGH. An diesem Grundsatz ist festzuhalten. Für den Vertragsinhalt eines gemischten Abkommens hat die Gemeinschaft nicht die alleinigen Abschlusskompetenzen inne. Vielmehr sind meist konkurrierende Kompetenzbereiche oder sogar auch ausschließliche Kompetenzen der Mitgliedstaaten betroffen.

Der EuGH ist ohne Bedenken befugt, die Bestimmungen gemischter Verträge auszulegen, die der ausschließlichen Gemeinschaftskompetenz angehören. Unterfällt die in Frage stehende Bestimmung eines gemischten Vertrags den ausschließlichen Kompetenzen der Mitgliedstaaten, so obliegt den nationalen Gerichten deren Auslegung. Bei Vorschriften gemischter Übereinkommen, die den konkurrierenden Kompetenzen angehören, ist zu differenzieren. Der EuGH darf diese nur in einem Bereich auslegen, in dem die Gemeinschaft bereits umfassend Harmonisierungsmaßnahmen erlassen hat. Ansonsten obliegt die Auslegung den nationalen Gerichten.

Der Grund für die Ablehnung einer umfassenden Auslegungszuständigkeit des EuGH für gemischte Abkommen ist darin zu finden, dass gemischte Abkommen nicht umfassend innergemeinschaftliche Geltung erlangen. Sie werden nicht umfassend Bestandteil des Gemeinschaftsrechts. Folglich kann der Gerichtshof nur diejenigen Bestimmungen gemischter Übereinkommen auslegen, die tatsächlich der Gemeinschaftsordnung zugeordnet werden können. Für eine Norm wie Art. 50 TRIPs bedeutet dies, dass sie nur dann vom EuGH ausgelegt werden kann, wenn deren Auslegung bei der Beurteilung eines gemeinschaftsrechtlichen Sachverhalts von Bedeutung ist, wenn es im Ausgangsverfahren also zum Beispiel um die Gemeinschaftsmarke geht. Nur dann nämlich ist Art. 50 TRIPs Bestandteil der Gemeinschaftsrechtsordnung geworden.

Am Ende steht ein zweistufiges Prüfungsverfahren des EuGH für gemischte Abkommen. In einem ersten Prüfungsschritt ist die in Frage stehende Norm des gemischten Vertrags einem Kompetenzbereich zuzuordnen. Unterfällt die Bestimmung den Kompetenzen der EG, darf der EuGH in einem zweiten Schritt deren Auslegung vornehmen.

Die Auslegungszuständigkeit des EuGH geht dabei soweit, wie die Abschlusskompetenzen der Gemeinschaft für völkerrechtliche Verträge reichen. Wie gezeigt, lassen sich die Abschlusskompetenzen auch aus impliziten Kompetenzen ableiten. Erst mit einer umfassenden internen Ausübung erstarken diese zu ausschließlichen Kompetenzen. Damit darf der EuGH auch Normen gemischter Abkommen auslegen, die den konkurrierenden Kompetenzbereichen angehören, solange umfassende Harmonisierungsmaßnahmen bereits erlassen worden sind.

Unter Zugrundelegung dieser Sichtweise erscheint das *Dior-* und *Assco-*Urteil weniger widersprüchlich. Dennoch ist der Gerichtshof weder in der *Hermès-* noch in der *Dior-* und *Assco-*Entscheidung auslegungsberechtigt gewesen. Zwar hat der EuGH in der *Hermès* sowie in der *Dior-* und *Assco-*Rechtssache eine Norm eines gemischten Abkommens ausgelegt, die dem impliziten konkurrierenden Kompetenzbereich angehörte. Allerdings stand die Auslegung der Norm nicht bei der Beurteilung eines von der Gemeinschaft bereits harmonisierten Bereichs in Frage. Damit war der EuGH nicht zur Auslegung befugt. Er hat unzulässigerweise seine Auslegungszuständigkeit überschritten und das Prinzip der Parallelität von Auslegungszuständigkeit und Abschlusskompetenz verletzt.

Eine umfassende Auslegungszuständigkeit konnte auch nicht damit gerechtfertigt werden, dass bei gemischten Abkommen die Gemeinschaft und die Mitgliedstaaten völkerrechtlich umfassend für jegliche Vertragsverletzung haften. Indem eine einheitliche Auslegung zu einer koordinierten und einheitlichen Erfüllung der Vertragsverpflichtungen aus gemischten Abkommen beiträgt, kann dadurch zwar zugleich das Risiko einer völkerrechtlichen Inanspruchnahme begrenzt werden; die Verminderung des Haftungsrisikos mittels einer einheitlichen Auslegung durch den EuGH stellt allerdings ein bloßes Interesse der Gemeinschaft und der Mitgliedstaaten dar und rechtfertigt nicht die Erweiterung der Auslegungszuständigkeit des Gerichtshofs zu Lasten der nationalen Gerichte.

Eine mitgliedstaatliche Pflicht, die EG vor einer völkerrechtlichen Inanspruchnahme zu schützen und so eine einheitliche Auslegung aller Normen gemischter Übereinkommen hinzunehmen, ist auch nicht der insbesondere bei gemischten Abkommen bestehenden Pflicht zur Zusammenarbeit zu entnehmen. Darüber hinaus begründet die aus Art. 10 EG abgeleitete Kooperationspflicht und das in Art. 3 EU enthaltene Kohärenzgebot keine Verpflichtungen, eine umfassende Auslegungszuständigkeit des EuGH für gemischte Abkommen zu dulden.

Durch eine umfassende Auslegungszuständigkeit des EuGH für sämtliche Bestimmungen gemischter Verträge würde die Gestaltungs- und Auslegungsautonomie der Mitgliedstaaten in einem erheblichen Maße beeinträchtigt werden, ohne dass es dafür einen Rechtfertigungsgrund gibt. Eine einheitliche Auslegung aller Normen gemischter Abkommen dient nicht der einheitlichen Geltung und Anwendung des Gemeinschaftsrechts, da gemischte Abkommen in ihrer Gesamtheit nicht Bestandteil des Gemeinschaftsrechts werden.

Gemischte Abkommen sind in ihrer Gesamtheit nicht „Recht'' im Sinne des Art. 220 EG, da ansonsten der Rechtsbegriff über das Gemeinschaftsrecht hinaus erstreckt würde. Auch sind sie nicht insgesamt als „Handlung eines Gemeinschaftsorgans'' im Sinne des Art. 230 EG und Art. 234 Abs. 1 lit. b EG zu sehen. Nur der Teil gemischter Verträge, der dem Gemeinschaftsrecht unterfällt, kann Gegenstand und Prüfungsmaßstab eines Rechtsgutachten nach Art. 300 Abs. 6 EG, eines Vertragsverletzungsverfahren nach Art. 226, 227 EG, einer Nichtigkeitsklage nach Art. 230 EG und eines Vorabentscheidungsverfahrens nach Art. 234 EG sein.

Der Gerichtshof ist nicht für die Auslegung aller Normen gemischter Abkommen zuständig. Ein Gebot der einheitlichen Auslegung bei gemischten Verträgen mag vielleicht wünschenswert sein, besteht aber derzeit noch nicht.

Es hat lange Zeit so ausgesehen, als würde der EuGH von einem Gebot der einheitlichen Auslegung ausgehen. Die damit verbundene Ausdehnung seiner Zuständigkeit geht zu Lasten der Mitgliedstaaten und der nationalen Gerichte. Insoweit ist richterliche Zurückhaltung geboten. Indem der Gerichtshof aber in der *Dior*- und *Assco*-Entscheidung der Zuständigkeit der Mitgliedstaaten wieder mehr Beachtung schenkt, bewegt er sich in die richtige Richtung. Nur so können die Kompetenzgrenzen und damit einhergehend das Subsidiaritätsprinzip gewahrt bleiben.

Insgesamt scheint sich der neuerdings etwas zurückhaltende Umgang des EuGH mit gemischten Abkommen in die Gesamtentwicklung einzufügen, nach der sich der EuGH allgemein in Zurückhaltung übt.

Mit der sich beständig ausdehnenden Überformung ehemals rein national geprägter Rechtsgebiete durch das Gemeinschaftsrecht wird eine stärkere Verpflichtung des Gerichtshofs zu Wahrung der Kompetenzgrenzen verlangt. Angesichts des inzwischen – zuletzt mit Inkrafttreten des Vertrags von Nizza – erreichten Integrationsstandes wird darüber nachgedacht, ob sich der Gerichtshof nicht verstärkt zum Hüter der Kompetenzen der Mitgliedstaaten entwickeln sollte. Dabei soll er seine Rolle als „Verfassungsgericht", die er im Bereich der horizontalen Kompetenzverteilung zwischen den Gemeinschaftsorganen zur Wahrung des institutionellen Gleichgewichts beständig ausgebaut hat, auch auf die vertikale Kompetenzverteilung zwischen den Gemeinschaften und ihren Mitgliedstaaten übertragen.

Es bleibt abschließend zu hoffen, dass die Aufgaben des Gerichtshofs als Verfassungsgericht zur Wahrung der jeweiligen Zuständigkeiten noch weiter gestärkt werden.

Literaturverzeichnis

Appella, Andrea, Constitutional Aspects of Opinion 1/94 of the ECJ concerning the WTO Agreement, 45 ICLQ (1996), 440-462

Arnold, Rainer, Der Abschluß gemischter Verträge durch die Europäischen Gemeinschaften, 19 ArchVR (1980/81), 419-456

Arnull, Anthony, The European Union and its Court of Justice, Oxford, New York 1999

Balekjian, W. H., Mixed Agreements: Complementary and Concurrent Competences?, in: O'Keeffe, David/ Schermers, Henry G. (Hrsg.), Mixed Agreements, Deventer 1983, 141-151

Beutler, Bengt/ Bieber, Roland/ Pipkorn, Jörn/ Streil, Jochen, Die Europäische Union: Rechtsordnung und Politik, 4. Auflage, Baden-Baden 1993

Bleckmann, Albert, Europarecht, 6. Auflage, Köln, Berlin, Bonn, München 1997

– Die Position des Völkerrechts im inneren Rechtsraum der europäischen Gemeinschaften, 18 JIR (1975), 300-319

– Der Gemischte Vertrag im Europarecht, EuR 1976, 301-312

– Art. 5 EG-Vertrag und die Gemeinschaftstreue, DVBl. 1976, 483-487

– The Mixed Agreements of the EEC in the Public International Law, in: O'Keeffe, David/ Schermers, Henry G. (Hrsg.), Mixed Agreements, Deventer 1983, 155-165

Von Bogdandy, Armin, Case Law: C- 53/96 Hermès with annotation by A. von Bogdandy, 36 CMLRev. (1999), 663-672

– Kollision, Koexistenz oder Kooperation, EuZW 2000, 261-268

Von Bogdandy, Armin/ Nettesheim, Martin, Die Verschmelzung der Europäischen Gemeinschaften in der Europäischen Union, NJW 1995, 2324-2328

– Die EU: Ein einheitlicher Verband mit eigener Rechtsordnung, EuR 1996,3-26

Borchardt, Klaus-Dieter, Die rechtlichen Grundlagen der Europäischen Union, 2. Auflage, Heidelberg 2002

Bourgeois, Jacques H. J., The EC in the WTO and advisory Opinion 1/94: An Echternach Procession, 32 CMLRev. (1995), 763-787

Brandt, Kerstin, Der Europäische Gerichtshof (EuGH) und das Europäische Gericht erster Instanz (EuG) – Aufbau, Funktionen und Befugnisse, JuS 1994, 300-305

Burnside, Alec, The Scope of the Common Commercial Policy Post Opinion 1/94: clouds and silver linings, in: Dashwood, Alan/ Hillion, Christophe (Hrsg.), The General Law of the E.C. External Relations, London 2000, 152-159

Busse, Christian, Die völkerrechtliche Einordnung der Europäischen Union, Köln, München 1999

Calliess, Christian/ Ruffert, Matthias (Hrsg.), Kommentar des Vertrages über die Europäische Union und des Vertrages zur Gründung der Europäischen Gemeinschaft, 2. Auflage, Neuwied, Kriftel 2002 (zitiert: Bearbeiter, in: Calliess/Ruffert, EUV/EGV)

Constantinesco, Léontin-Jean, Das Recht der Europäischen Gemeinschaften, Band 1: Das institutionelle Recht, Baden-Baden 1977

Conze, Albrecht, Die völkerrechtliche Haftung der Europäischen Gemeinschaft, Baden-Baden 1987

Cremona, Marise, The Doctrin of Exklusivity and the Position of mixed Agreements in the external Relations of the European Community, Oxford J. of Lg. Stud. 1982, 393-428

Dänzer-Vanotti, Wolfgang, Unzulässige Rechtsfortbildung des Europäischen Gerichtshofs, RIW 1992, 733-742

Von Danwitz, Thomas, Der EuGH und das Wirtschaftsvölkerrecht – ein Lehrstück zwischen Europarecht und Politik, JZ 2001, 721-772

Dashwood, Alan, External Relations Provisions of the Amsterdam Treaty, in: O'Keeffe, David/ Twomey, Patrick, Legal Issues of the Amsterdam Treaty, Oxford, Portland, Oregon 1999, 201-224

Dauses, Manfred A., Das Vorabentscheidungsverfahren nach Art. 177 EG-Vertrag, 2. Auflage, München 1995

– (Hrsg.), Handbuch des EU-Wirtschaftsrechts, 8. Ergänzungslieferung, München November 1999

– Die Beteiligung der Europäischen Gemeinschaften an multilateralen Völkerrechtsübereinkommen, EuR 1979, 138-170

Dörr, Oliver, Zur Rechtsnatur der Europäischen Union, EuR 1995, 334-348

– Die Entwicklung der ungeschriebenen Außenkompetenzen der EG, EuZW 1996, 39-43

Douglas-Scott, Sionaidh, Constitutional Law of the European Union, Harlow 2002

Dreier, Thomas, TRIPs and Enforcement of Intellectual Property Rights, in: Beier, Friedrich-Karl/ Schricker, Gerhard (Hrsg.), From GATT to TRIPs - The Agreement on Trade-Related Aspects of Intellectual Property Rights, Weinheim 1996, 248-277

Drexl, Josef, The TRIPs Agreement and the EC: What Comes Next After Joint Competence?, in: Beier, Friedrich-Karl/ Schricker, Gerhard (Hrsg.), From GATT to TRIPs - The Agreement on Trade-Related Aspects of Intellectual Property Rights, Weinheim 1996, 18-58

– Nach „GATT und WIPO'': Das TRIPs-Abkommen und seine Anwendung in der Europäischen Gemeinschaft, GRUR Int. 1994, 777-788

Eeckhout, Piet, The domestic legal status of the WTO Agreement: interconnecting legal systems', 34 CMLRev. (1997), 11-58

Ehlermann, C.-D., Mixed Agreements: A List of Problems, in: O'Keeffe, David/ Schermers, Henry G. (Hrsg.), Mixed Agreements, Deventer 1983, 3-21

– Die innergemeinschaftliche Anwendung der Regeln des GATT in der Praxis der EG, in: Hilf, Meinhard/ Petersmann, Ernst-Ulrich (Hrsg.), GATT und Europäische Gemeinschaft, Baden-Baden 1986, 203-223

Epiney, Astrid, Zur Stellung des Völkerrechts in der EU, EuZW 1999, 5-11

Everling, Ulrich, Reflections on the Structure of the European Union, 29 CMLRev. (1992), 1053-1077

– Die Zukunft der Europäischen Gerichtsbarkeit in einer erweiterten Europäischen Union, EuR 1997, 398-418

– Richterliche Rechtsfortbildung in der Europäischen Gemeinschaft, JZ 2000, 217-227

Fischer, Klemens H., Der Vertrag von Nizza, Zürich 2001

Flemisch, Christiane A., Umfang der Berechtigungen und Verpflichtungen aus völkerrechtlichen Verträgen, Die Frage der unmittelbaren Anwendbarkeit, dargestellt am Beispiel des WTO-Übereinkommens, Frankfurt am Main 2002

Gaja, Giorgio, The European Community's Rights and Obligations under Mixed Agreements, in: O'Keeffe, David/ Schermers, Henry G. (Hrsg.), Mixed Agreements, Deventer 1983, 133-140

Geiger, Rudolf, EUV/ EGV Vertrag über die Europäische Union und Vertrag zur Gründung der Europäischen Gemeinschaft, 3. Auflage, München 2002

– Vertragsschlusskompetenzen der Europäischen Gemeinschaft und auswärtige Gewalt der Mitgliedstaaten, Zur neueren Rechtsprechung des Europäischen Gerichtshofs, JZ 1995, 973-1024

Gilsdorf, Peter, Die Außenkompetenzen der EG im Wandel, Eine kritische Auseinandersetzung mit Praxis und Rechtsprechung, EuR 1996, 145-166

Grabitz, Eberhard/ Hilf, Meinhard (Hrsg.), Das Recht der Europäischen Union, Altband II, Art. 137-248 EGV (Maastrichter Fassung), EWGV (Römische Fassung), 14. Ergänzungslieferung, München Oktober 1999 (zitiert: Bearbeiter, in: Grabitz/Hilf, EWGV)

– Das Recht der Europäischen Union, Band I, EUV/EGV, Art. 6-10, 29-53 EUV, Art. 2-104 EGV, 20. Ergänzungslieferung, München August 2002 (zitiert: Bearbeiter, in: Grabitz/Hilf, EU/EGV)

Granvik, Lena, Incomplete Mixed Environmental Agreements of the Community and the Principle of Bindingness, in: Koskenniemi, Martti (Hrsg.), International Law Aspects of the European Union, Den Haag, London, Boston 1998, 255-272

Groeben, Hans von der/ Thiesing, Jochen/ Ehlermann, Claus-Dieter, Kommentar zum EU-/EG-Vertrag, Artikel 137-209a EGV, Band 4, 5. Auflage, Baden-Baden 1997 (zitiert: Bearbeiter, in: GTE, EU/EGV)

Groeben, Hans von der/ Schwarze, Jürgen, Kommentar zum Vertrag über die Europäische Union und zur Gründung der Europäischen Gemeinschaft, Artikel 1-53 EUV, Artikel 1-80 EGV, Band 1, Artikel 189-314 EGV,

Band 4, 6. Auflage, Baden-Baden 2003/2004 (zitiert: Bearbeiter, in: von der Groeben/Schwarze, EU/EGV)
Groh, Thomas/ Windisch, Sebastian, Die Europäische Gemeinschaft und TRIPS: Hermès, Dior und die Folgen, GRUR Int. 2001, 497-506
Groux, Jean/ Manin, Philippe, Die Europäischen Gemeinschaften in der Völkerrechtsordnung, Brüssel, Luxemburg 1984
Hailbronner, Kay, Die Freizügigkeit türkischer Staatsangehöriger nach dem Assoziations-Abkommen EWG/Türkei, EuR 1984, 54-84
– Die deutschen Bundesländer in der EG, JZ 1990, 149-200
Hallstein, Walter, Die echten Probleme der europäischen Integration, Kiel 1965
Hermann, Christoph, Vom misslungenen Versuch der Neufassung der gemeinsamen Handelspolitik durch den Vertrag von Nizza, EuZW 2001, 269-274
Hermes, Christoph Julius, TRIPS im Gemeinschaftsrecht, Zu den innergemeinschaftlichen Wirkungen von WTO-Übereinkünften, Berlin 2002
Hilf, Meinhard, Die Anwendung des GATT im deutschen Recht, in: Hilf, Meinhard/ Petersmann, Ernst-Ulrich (Hrsg.), GATT und Europäische Gemeinschaft, Baden-Baden 1986, 13-61
– EG-Außenkompetenzen in Grenzen, Das Gutachten der EuGH zur Welthandelsorganisation, EuZW 1995, 7-8
– The ECJ's Opinion 1/94 on the WTO – No Surprise, but Wise?, 6 EJIL (1995), 245-259
Hilpold, Peter, Die EU im GATT/ WTO-System, Aspekte einer Beziehung „sui generis'', 2. Auflage, Frankfurt am Main 2000
Hirsch, Günter, Die Rechtsprechung des Europäischen Gerichtshofs zu Assoziierungsabkommen, BayVBl. 1997, 449-454
Hobe, Stephan, Europarecht, Köln, Berlin, Bonn, München 2002
Hyett, Stephen, The Duty of Co-operation: A Flexible Concept, in: Dashwood, Alan/ Hillion, Christophe (Hrsg.), The General Law of the E.C. External Relations, London 2000, 248-253
Koenig, Christian/ Haratsch, Andreas, Europarecht, 4. Auflage, Tübingen 2003
Kreibich, Sonja, Das TRIPs Abkommen in der Gemeinschaftsordnung – Aspekte der Kompetenzverteilung zwischen WTO, Europäischen Gemeinschaft und ihren Mitgliedstaaten, Frankfurt am Main 2003
Krenzler, Horst. G./ Schneider, Henning C., Die Gemeinsame Außen- und Sicherheitspolitik der Europäischen Union – Zur Frage der Kohärenz, EuR 1994, 144-160
Krück, Hans, Völkerrechtliche Verträge im Recht der Europäischen Gemeinschaften: Abschlußkompetenzen, Bindungswirkung, Kollisionen, Heidelberg 1977
– Die Freizügigkeit der Arbeitnehmer nach dem Assoziierungsabkommen EWG/ Türkei, EuR 1984, 289-310
Lenz, Carl Otto, Borchardt, Klaus-Dieter (Hrsg.), EU- und EG-Vertrag, Kommentar zu dem Vertrag zur Gründung der Europäischen Union und

zu dem Vertrag zur Gründung der Europäischen Gemeinschaft, 3. Auflage, Köln 2003 (zitiert: Bearbeiter, in: Lenz/Borchardt, EU/EGV)

Lück, Michael, Die Gemeinschaftstreue als allgemeines Rechtsprinzip im Recht der Europäischen Gemeinschaft, Ein Vergleich zur Bundestreue im Verfassungsrecht der Bundesrepublik Deutschland, Baden-Baden 1992

MacLeod, Ian/ Hendry, I.D. and Hyett, Stephen, The External Relations of the European Communities, Oxford 1996

Mauderer, Sabine, Der Wandel vom GATT zur WTO und die Auswirkungen auf die Europäische Gemeinschaft unter besonderer Berücksichtigung der unmittelbaren Anwendbarkeit des primären WTO-Rechts, Osnabrück 2001

McGoldrick, Dominic, International Relations Law of the European Union, London, New York 1997

Meessen, Karl Matthias, Das Abkommen von Lomé als gemischter Vertrag, EuR 1980, 36-50

Meng, Werner, Gedanken zur Frage unmittelbare Anwendung von WTO-Recht in der EG, in:, Ulrich, Beyerlin/ Michael, Bothe/ Rainer, Hofmann/ Ernst-Ulrich Petersmann (Hrsg.), Recht zwischen Umbruch und Bewährung, Festschrift für Rudolf Bernhardt, Berlin 1995, 1063-1086 (zitiert: Meng, Gedanken zur Frage unmittelbare Anwendung von WTO-Recht, in: FS Bernhardt)

Nettesheim, Martin, Kompetenzen, in: von Bogdandy, Armin (Hrsg.), Europäisches Verfassungsrecht, Theoretische und dogmatische Grundzüge, Heidelberg 2003, 415-477

Neuwahl, Nanette A., Joint Participation in International Treaties and the exercise of powers by the EEC and its Member States: Mixed Agreements, 28 CMLRev. (1991), 717-740

Nicolaysen, Gert, Zur Theorie von den Implied Powers in den Europäischen Gemeinschaften, EuR 1966, 129-142

Nolte, Georg, Anmerkung zur Rechtssache 12/86, Urteil vom 30.09.1987, 25 CMLRev. (1988), 403-415

Oehmichen, Alexander, Die unmittelbare Anwendbarkeit der völkerrechtlichen Verträge der EG: die EG-Freihandels- und Assoziierungsverträge und andere Gemeinschaftsabkommen im Spannungsfeld von Völkerrecht, Gemeinschaftsrecht und nationalem Recht, Frankfurt am Main 1992

Oppermann, Thomas, Europarecht, 2. Auflage, München 1999

– Die Europäische Gemeinschaft und Union in der Welthandelsorganisation (WTO), RIW 1995, 919-928

Ott, Andrea, GATT und WTO im Gemeinschaftsrecht, Köln, München 1997

Pechstein, Matthias, Rechtsubjektivität für die Europäische Union?, EuR 1996, 137-144

Pechstein, Matthias/ König, Christian, Die Europäische Union, 3. Auflage, Tübingen 2000

Pernice, Ingolf/ Hoffmeister, Frank, The Devision of Economic Policy Powers between the European Community and its Member States – STATUS QUO and Proposal DE LEGE FERENDA, in: von Bogdandy, Armin/ Mavroidis, Petros C./ Mény, Yves (Hrsg.), European Integration and International Co-ordination, Studies in Transnational Economic Law in Honour of Claus-Dieter Ehlermann, Den Haag 2002, 363-382 (zitiert: Pernice/Hoffmeister, The Devision of Economic Policy Powers)

Pescatore, Pierre, Die Rechtsprechung des Europäischen Gerichtshofs zur gemeinschaftlichen Wirkung völkerrechtlicher Abkommen, in: Bernhardt, Rudolf (Hrsg.), Völkerrecht als Rechtsordnung, internationale Gerichtsbarkeit Menschenrechte, Festschrift für Hermann Mosler, Berlin 1983, 661-689 (zitiert: Pescatore, Die Rechtsprechung des EuGHs zur gemeinschaftlichen Wirkung völkerrechtlicher Abkommen, in: FS Mosler)

– External Relations in the Case-Law of the Court of Justice of the European Communities, 16 CMLRev. (1979), 615-645

Petersmann, Ernst-Ulrich, Auswärtige Gewalt, Völkerrechtspraxis und Völkerrechtsbindung der EWG, ZaöRV 1975, 213-281

Pitschas, Christian, Die völkerrechtliche Verantwortlichkeit der Europäischen Gemeinschaft und ihrer Mitgliedstaaten, Berlin 2001

Rengeling, Hans-Werner/ Middeke, Andreas/ Gellermann, Martin, Rechtsschutz in der Europäischen Union, München 1994

Ress, Georg, Die Europäische Union und die neue juristische Qualität der Beziehungen zu den Europäischen Gemeinschaften, JuS 1992, 985-991

Schermers, Henry G., A Typology of Mixed Agreements, in: O'Keeffe, David/ Schermers, Henry G. (Hrsg.), Mixed Agreements, Deventer 1983, 23-33

– The Internal Effect of Community Treaty-making, in: O'Keeffe, David/ Schermers, Henry G. (Hrsg.), Essay in European Law and Integration, Deventer 1982, 167-178

Schmidt-Aßmann, Eberhard, Deutsches und Europäisches Verwaltungsrecht – Wechselseitige Einwirkungen, DVBl. 1993, 924-936

Schwarze, Jürgen (Hrsg.), EU-Kommentar, Baden-Baden 2000 (zitiert: Bearbeiter, in: Schwarze, EU-Kommentar)

Schweitzer, Michael/ Hummer, Waldemar, Europarecht, 5. Auflage, Neuwied, Kriftel, Berlin 1996

Siems, Kirsten, Das Kohärenzgebot in der Europäischen Union und seine Justitiabilität, Baden-Baden, 1999

Simmonds, K. R., The UN Convention on the Law of the Sea 1982 and the Community'S Mixed Agreemtent Practice, in: O'Keeffe, David/ Schermers, Henry G. (Hrsg.), Mixed Agreements, Deventer 1983, 199-206

Stein, Klaus D., Der gemischte Vertrag im Recht der Außenbeziehungen der Europäischen Wirtschaftsgemeinschaft, Berlin 1986

Stein, Torsten, Richterrecht wie anderswo auch? Der Gerichtshof der Europäischen Gemeinschaften als „Integrationsmotor'', in: Reinhart, Gert (Hrsg.), Richterliche Rechtsfortbildung: Erscheinungsformen, Auftrag und Grenzen, Festschrift der Juristischen Fakultät zur 600-Jahr Feier der Ruprecht-Karls-Universität Heidelberg, Heidelberg 1986, 619-641 (zitiert: Stein, Richterrecht wie anderswo auch?, in: FS der Jur. Fakultät Heidelberg)

Stoll, Peter-Tobias/ Schorkopf, Frank, WTO – Welthandelsordnung und Welthandelsrecht, Köln, München 2002

Streinz, Rudolf, Europarecht, 5. Auflage, Heidelberg 2001

– (Hrsg.), EUV/EGV, Vertrag über die Europäische Union und Vertrag zur Gründung der Europäischen Gemeinschaft, München 2003 (zitiert: Bearbeiter, in: Streinz, EU/EGV)

Timmermans, Christiaan, Liabilitiy for Mixed Agreements, in: O'Keeffe, David/ Schermers, Henry G. (Hrsg.), Mixed Agreements, Deventer 1983, 125-132

– Organising Joint Participation of EC and Member States, in: Dashwood, Alan/ Hillion, Christophe (Hrsg.), The General Law of the E.C. External Relations, London 2000, 239-247

Trüe, Christiane, Verleihung von Rechtspersönlichkeit an die Europäische Union und Verschmelzung zu einer einzigen Organisation – deklaratorisch oder konstitutiv?, Europa-Institut der Universität des Saarlandes, Saarbrücken 1997, 5-63

Unruh, Peter, Die Unionstreue, EuR 2002, 41-66

Vedder, Christoph Wilhelm, Die Auswärtige Gewalt des Europa Der Neun, Göttingen 1980

Weissenberg, Paul, Die Kompetenz der Europäischen Wirtschaftsgemeinschaft zum Abschluß von Handels- und Kooperationsabkommen gemäß Art. 113 EWG-Vertrag, Berlin 1977

Wessel, Ramses A., Revisiting the International Legal Status of the EU, 5 EFARev. (2000), 507-537

Wuermeling, Joachim, Kooperatives Gemeinschaftsrecht, Die Rechtsakte der Gesamtheit der EG-Mitgliedstaaten insbesondere die Gemeinschaftskonventionen nach Art. 220 EWGV, Kehl, Strassburg, Arlington 1988

Zuleeg, Manfred, Die innerstaatliche Anwendbarkeit völkerrechtlicher Verträge am Beispiel des GATT und der Europäischen Sozialcharta, ZaöRV 1975, 341-363 (zitiert: Die innerstaatliche Anwendbarkeit völkerrechtlicher Verträge)

Martina Schmid

Die Grenzen der Auslegungskompetenz des EuGH im Vorabentscheidungsverfahren nach Art. 234 EG

Dargestellt am Beispiel der überschießenden Richtlinienumsetzung

Frankfurt am Main, Berlin, Bern, Bruxelles, New York, Oxford, Wien, 2005.
XXIV, 239 S.
Studien zum vergleichenden und internationalen Recht. Herausgegeben von Bernd von Hoffmann, Erik Jayme und Heinz-Peter Mansel. Bd. 114
ISBN 3-631-54341-7 · br. € 45.50*

Die Arbeit behandelt das Zusammenspiel von Gemeinschaftsrecht und nationalen Privatrechten im Fall der sogenannten überschießenden Richtlinienumsetzung. Vor dem Hintergrund des zum 1.1.2002 in Kraft getretenen Schuldrechtsmodernisierungsgesetzes beschäftigt sich die Arbeit zunächst ausführlich mit der materiell-rechtlichen Frage der („quasi-richtlinienkonformen") Auslegung des überschießend angeglichenen nationalen Rechts. Im Anschluss daran erfolgt eine umfassende Untersuchung der prozessualen Problematik, ob im überschießenden Bereich eine Vorlage an den EuGH nach Art. 234 EG erfolgen darf (bzw. muss) und ob die nationalen Gerichte in der Folge an die Judikatur des EuGH gebunden sind. Dabei wird stets sowohl die Sicht des Gemeinschafts- als auch des nationalen Rechts berücksichtigt. Im Ergebnis werden Vorlagerecht und Bindungswirkung grundsätzlich bejaht, gleichzeitig werden Vorschläge für mögliche Beschränkungen des Vorlagerechts gemacht.

Aus dem Inhalt: Die „Heininger"-Entscheidungen des EuGH und des BGH · Zusammenspiel von Gemeinschaftsrecht und nationalen Privatrechten · Schuldrechtsmodernisierungsgesetz · Verbrauchsgüterkaufrichtlinie · uvm.

FSC
www.fsc.org
MIX
Papier | Fördert gute Waldnutzung
FSC® C083411

Kolibri 360 GmbH
Ferdinand-Jühlke-Straße 7
99095 Erfurt, Deutschland
produktsicherheit@kolibri360.de

Druck:
CPI Druckdienstleistungen GmbH
im Auftrag der
Kolibri 360 GmbH
Ferdinand-Jühlke-Str. 7
99095 Erfurt